JN239618

欧米小売企業の国際展開

その革新性を検証する

佐々木 保幸 [編著]
鳥羽 達郎

丸谷 雄一郎 [著]
李　　東勲
真部 和義
戸田 裕美子
井原　　基
川端 庸子
土屋 仁志
白　　貞壬
今井 利絵
山口 夕妃子
星田　　剛

中央経済社

はしがき

　19世紀半ばにパリに百貨店が登場して以来，小売業の発展は業態の成立とともに歩んできたといってよい。そして，戦後の小売企業はさまざまな業態を生み出し，その業態を中心として国内のみならず国際的にも事業を展開していった。業態開発と国外事業等をテコとして，小売企業，とりわけ大規模小売企業は高い資本蓄積を可能にしてきた。それは，小売マーケティングが国際マーケティングの特質を備えながら，全面的に強化されていく過程でもあった。しかしながら，近年では，国外事業を整理したり，主要業態の変更を伴う本国事業の軌道修正を余儀なくされたりする状況もみられるようになっている。

　このような小売事象をとらえ，流通研究において，これまで業態研究や小売マーケティング研究，小売国際化研究等が進展してきた。それらはまた，小売業の革新性ないし小売業の発展の基礎を追究する意図を有していた。本書では，従前の研究蓄積を踏まえ，流通論やマーケティング論の分析枠組みに基づき，欧米の小売企業の成長発展の軌跡を歴史的に考察しようと試みている。欧米の小売企業が独自の業態を生み出した経緯や国内市場で成長してきた過程をとらえて，さらにその国際展開の取り組みを分析する。

　百貨店を嚆矢とする小売業の業態ないし近代小売産業の確立は，生産力の発展に対応すべく，小売業の領域において，資本－賃労働関係を導入し大規模経営の道を切り開いていく過程であった。そして，資本主義に固有の生産と消費の矛盾あるいは販売の問題は，世界恐慌以降，スーパーマーケット方式による低価格販売と大量販売の実現を通して，「小売商業という流通経路の最末端において，この矛盾の解決を，暴力的にではなく，なしくずし的に中和させる機能を果たすこの革新的な販売方法を，たんなる一時的な販売方法に終わらせずに，恒久的な制度」（佐藤 1971，124-125頁）と化すことによって対処されてきた。戦後の小売業の業態は，概ねこのようなメカニズムに基づいて，食料品および非食料品専門小売業と総合小売業の部門で発展してきたといってよい。

　ただし，近年，このスーパーマーケット方式による低価格販売と大量販売に

よって，食料品部門および非食料品部門双方で，大量の商品廃棄が問題となり，資本主義の下での販売の問題がいっそう激化していることにも留意しなければならない。また，業態にも重要な変化がみられるようになっている。第1に，「業態の溶解」と呼ばれるような業態の垣根を越えて，特定の業態が他業態の特質を兼ね備える傾向である。わが国で，ドラッグストアが食料品の取り扱いを増やし，食品スーパー化しているのは，その典型である。第2に，オムニチャネルの発展に伴う変化である。現在，大規模小売企業はEコマースの拡大を背景に，この領域での事業を強化したり，店舗販売にEコマースを取り入れた無店舗販売形態を組み合わせたりして，業態改革を進めている。この点は，いくつかの章において考究されている。

　ともあれ，低価格販売と大量販売方式は大量仕入れを前提とし，商業経営の大規模化を要請する[1]。この商業経営の大規模化は，百貨店やチェーンストアの成立以来，単位店舗を大型化する様式や共通のオペレーションに基づき多店舗を展開する様式，そしてそれらを融合した様式を志向し，新しい業態を招来させた。このことは，総合型小売業と食料品および非食料品専門小売業において現れてきた。そして，新たな業態の確立に伴い，小売業独自のマーケティングも発展していった。

　大量仕入れ－大量販売を遂行するために経営の大規模化を進めた小売業は過剰資本の存在と相まって，必然的に国外市場の開拓を志向するようになる。そして，国内外の環境諸条件に沿って，小売業の「国際化」は進展し今日に至っている。小売国際化に関する研究の到達点に関しては，鳥羽（2017）で整理されており，さまざまな論点の存在が確認できるが，小売業の国際的な事業展開においては，進出先現地市場での成長すなわち，業態や小売マーケティングに具体化される小売企業の資本蓄積活動の分析が重要となる。

　以上のような認識をもとに，本書では，欧米小売企業の成長発展の軌跡を歴史的に考察している。取扱商品を総合化している小売企業と専門化している小売業の特質がいっそう明らかになるように，第Ⅰ部「総合小売企業」と第Ⅱ部「専門小売企業」という編成をとった。本書は以下の全14章から構成される。なお，コストコについては取扱商品の総合性があるが，会員制ホールセールクラブという業態特性をかんがみて第Ⅱ部で取り扱うこととした。

考察対象は，欧米のディスカウントストア，ハイパーマーケット，ゼネラルマーチャンダイズストア（GMS），ハードディスカウント，会員制ホールセールクラブ，専門量販店チェーン，Eコマース等を中核事業とする小売企業であるが，サービス業として国際的事業展開の著しい体験型テーマパーク企業も加えた。そして，すべての章では，最初に国内での事業展開について考察し，その後国際的な事業展開を対象とするようにしている。小売企業の国内展開では，各小売企業の創業についてまとめ，次に業態の開発や小売マーケティング活動について考察している。

　また，小売企業の国際展開では，業態や小売マーケティングのみならず，いくつかの章で，小売業務システムや商品調達システム，商品供給システムを含んだ「小売事業モデル」に踏み込んで分析している[2]。以上のような方法は，前述のとおり，戦後の資本主義発展の下で，販売の問題に対応する小売業が流通の末端で，いかなる販売方法を生み出したかを明らかにし，それを国外にま

で適応させていく過程を析出していくためである。

　最後に，本書の出版を引き受けてくださった株式会社中央経済社代表取締役社長の山本継氏や編集を担当していただいた酒井隆氏をはじめとする皆様に厚く御礼申し上げたい。

■注

(1)　商業資本が資本主義的商業資本として存立するためには，経営の大規模化が前提となり，資本主義の発展がそのことを商業資本に求めることになる（橋本・阿部編 1978，58頁）。

(2)　小売業務システム，商品調達システム，商品供給システムといったサブシステムから構成される「小売事業モデル」は，小売イノベーション・モデルにかかわる（矢作 2007，33頁）。

■参考文献

　佐藤　肇（1971）『流通産業革命』有斐閣。

　鳥羽達郎（2017）「流通業の国際化：小売国際化研究の成果と課題」『流通』（40），日本流通学会，55-70頁。

　橋本　勲・阿部真也編（1978）『現代の流通経済』有斐閣。

　マーケティング史研究会編（2008）『ヨーロッパのトップ小売業』同文舘出版。

　矢作敏行（2007）『小売国際化プロセス』有斐閣

　矢作敏行編著（2000）『欧州の小売りイノベーション』白桃書房。

2019年9月吉日

執筆者を代表して

佐々木保幸

目　次

第 I 部

総合小売企業

第 1 章

ウォルマート

──ネット小売普及以前最後の世界王者が迎えた最大の試練

▍1　はじめに

　ウォルマート（Wal-Mart）は1990年代以降四半世紀にわたり，世界最大の売上高を維持し続けてきた小売業者である。フォーチュン誌が年1回発表する世界企業ランキング（フォーチュン・グローバル500）でも，世界の名だたる有力企業を抑えて2017年度も1位を堅持し，営業収入は4,858億ドル（約54兆円）であり，2位の中国のエネルギー関連企業である国家電網の3,151億ドル（約35兆円）の1.5倍以上である。

　ウォルマートはアメリカという巨大母国市場での店舗展開のみで世界一となった。しかし，新興市場を中心に世界29ヵ国に店舗を展開し，2016年度には海外の売上高が世界全体の売上高の約4分の1の24.3％となり，海外の売上高だけで世界第2位の売上高のコストコ（Costco）の世界全体での売上高（1,187億ドル）を上回ってしまうほど多い。

　こうした数値をみると，ウォルマートの存在感の大きさがわかる。しかし，時価総額では2015年にライバルとなったネット小売業者アマゾン・ドット・コム（Amazon.com）に抜かれ，その差は拡大するばかりである。同社もネット事業の重要性を認識し，2016年以降急激にネット重視路線に舵を切ったが，その成果はその他の小売業者に比べれば出ているが，未だ十分とはいえない状況にある。

　本章ではウォルマートが巨大母国市場での成功を踏まえて，国際展開におい

て１度目の転機となった新興市場重視への転換を図り，世界的成功を手にした後，ネット小売重視という２度目の転機を迎えているという現状について考察した上で，若干の展望を示していく。

▎2　国内展開：誕生と成長・発展の軌跡

(1)　ウォルマート１号店開店まで

ウォルマートは1962年７月にアメリカ・アーカンソー州ロジャースに第１号店を開店している（**図表１－１**参照）。創業者サム・ウォルトン（Sam Wal-

▎図表１－１▎ウォルマートの国内展開▎

	年	出　来　事
(1)　ウォルマート１号店開店まで	1918	創業者サム・ウォルトン誕生
	1945	ベン・フランクリンに加盟
	1960	ベン・フランクリンのトップ・フランチャイジーになる
	1962	ウォルマート１号店開店
(2)　世界最大の小売チェーンに	1970	株式店頭公開
	1981	大型買収で全米第２位のディスカウントストアチェーンになる
	1983	MWC（会員制ホールセールクラブ）１号店開店
	1988	デイヴィッド・グラスCEO就任。スーパーセンター出店開始
	1991	世界最大の小売チェーンになる，メキシコへ本格海外進出開始
(3)　食品取扱業態全国展開を通じた更なる成長	1992	創業者サム・ウォルトン死去
	1998	ネイバーフッド・マーケット出店開始
	2000	ネット小売開始
	2015	ダグ・マクミロンCEO就任
(4)　ネット小売普及への対応	2016	マーク・ロア氏米国Eコマース部門CEO就任
	2018	社名からストアーズを外す。

出所：丸谷（2018）などの内容に基づいて作成。

ton）は，1945年ベン・フランクリン（Ben Franklin）というバラエティ・ストア・チェーンに[1]，フランチャイジーとして加盟した。

　サムは当時アメリカ中に幅広く展開されていたこの業態のフランチャイズ・チェーンに加盟し，自分の名前を冠したウォルトンズ・ファイブ＆ダイム・ストアを開業し，世界最大の小売業者となる第1歩を踏み出した。彼はベン・フランクリンの提供するマニュアルや会計システムから，自営業者の販売管理の基本的内容の多くのことを学び身に付け，1960年にはこのチェーンに加盟するフランチャイジーのうち売上高トップとなった。

　しかし，サムはフランチャイズ・チェーンが提供する内容を評価しつつも（Walton with Huey 1992, pp. 29-31），5セントと10セントで販売可能な非食品という限られた商品カテゴリーの販売というこの業態に限界を感じるようになっていた。1950年代にはより幅広い耐久消費財をセルフサービス方式で低価格販売する大規模店舗であるディスカウントストアという新たな小売業態が普及し始めていた[2]。

　彼は加盟していたベン・フランクリンにディスカウントストア進出の資金援助を求めたが，トップとはいえ田舎のフランチャイジーに過ぎなかった彼の希望は受け入れられなかったが，1962年7月にディスカウントストア1号店を開店した。

⑵　世界最大の小売チェーンに

　彼は資金繰りが厳しい中でもなんとか店舗を拡大し，1967年には24店舗まで店舗網を拡大し，1970年10月1日に株式店頭公開を果たした。株式公開後，同社の拡大ペースは加速するが，1970年代までは同社と同年に創業したKマート（K-Mart），ターゲット（Target）という現在の競合他社や，バラエティ・ストアの祖である当時最大手だった老舗ウールワースが展開したウールコ（Woolco）に比べても比較的緩やかであった。

　彼は自ら先頭に立ってエブリディ・ロー・コスト（ELC）に徹底的に磨きをかけた。今でも低コストの象徴となっている小さな本部の実現，社員全員が力を合わせてサービス改善やロー・コスト・オペレーションに取り組む社風を構

築した。そして，単品管理をベースにした「死に筋カット」「商品の絞り込み」「売れ筋の品切れ防止」を徹底する業務改革を進め，チラシも簡素化しコストを削減し，ハイテクと呼ばれたIT技術を先制導入し，売上高対経費率を引き下げていった。1981年の売上高は約16億ドル，店舗数も330店舗であり，全米売上高第33位の小売チェーンにすぎなかったが，売上高対経費率では先行するライバルKマート22.3％に対し，23.3％と優位に立った（森 1990, 34-37頁）。ちなみに，ライバルKマートはすでに売上高約142億ドルで，シアーズ（Sears）に次ぐ全米第2位のチェーンになっていた（丸谷 2003, 48頁）。

　ウォルマートは1980年代に入りELCをさらに徹底すると同時に，店舗網の拡大も図り飛躍的な成長を始めた。1981年にテネシー州ナッシュビルに本社を置くクーンズ・ビッグKストアーズ社（Kuhns Big K Stores Corporation）を買収し，ディスカウントストア業態でKマートに次ぐ売上高第2位のチェーンとなった。1983年には会員制ホールセールクラブ（MWC）業態への進出を果たし，その後も出店を続け，1989年には純利益で1991年には売上高で全米第1位（世界第1位）の小売チェーンとなった。

⑶　食品取扱業態の全国展開を通じた更なる成長

　サム・ウォルトンは1992年に亡くなるが，同社のCEOは1988年にデイヴィッド・グラス（David Glass）に引き継がれた。彼は創業当初の混乱の際に，サムに事業を辞めるように助言した人物である。しかし，サムの説得で入社した後には，CFO（最高財務責任者）として財務を統括し，サムが興味を示さなかった情報化を促進し，サムを裏方で支えた人物である。

　彼のCEO就任時，ディスカウントストアの国内展開は限界が近づいており，事業モデルの転換が急務となっていった。彼は非食品中心の品揃えのディスカウントストアから段階的に軸足を非食品と食品の双方を取り扱うスーパーセンーに移していくことにより国内展開の限界を先延ばしした。

　スーパーセンターは，ディスカウントストアで取り扱う耐久消費財に食品を加えた究極のワンストップショッピング業態である。従来のディスカウントストアは，短期的に安く仕入れられた商品を売上の数パーセントをかけたチラシ

などの集客手段を用いて主に販売してきた。同社は機能，用途，顧客世代，嗜好といったように需要面から商品品揃えを絞り込み，絞り込むことで低価格を実現し，なおかつITを用いた商品供給システムを用いて，欠品を少なく継続的に提供していくという方法に変更した。

　例えば，ノートなら機能が学習用かメモ用かによって異なるし，用途ならビジネス用かプライベート用では異なるし，世代別にデザインや色も異なるし，嗜好別にシックか派手かなどで異なるので（吉田 2003, 130頁），各需要にはしっかりと対応する。さらに，品揃えだけではなく，あらゆる日常的なサービスに対するニーズに対応し，24時間営業を行い，返品など顧客第一主義を貫き，商品供給効率を改善しつつ，不便を解消する田舎立地を埋める新規出店を積極的に行うことによって，地域の競合他社での購買可能性をつぶし，ハレの日の買物以外はスーパーセンターによってすべてまかなうというビジネスモデルを確立したのである。

　その後も1998年にウォルマートが展開する食品スーパーのネイバーフッド・マーケット，コンビニエンスストアのウォルマート・エクスプレスと創業当初から世界一になるまでは注力してこなかった，食品を取り扱う業態の開発と出店を行うことによって国内展開の限界を乗り越えるための努力を行ってきた。

⑷　ネット小売普及への対応

　ウォルマートの現CEOダグ・マクミロン（Doug McMillon）は2016年1月に同社がクレイトン・クリステンセン（Clayton Christensen）のいうところの「イノベーションのジレンマ（業界トップになった企業が顧客の意見に耳を傾け，さらに高品質の製品サービスを提供することがイノベーションに立ち後れ，失敗を招くという考え方）」に陥っていたことを認めた（Fisher *et al.* 2017, pp. 68-69〔倉田訳 2018, 71-72頁〕）。

　同社は2000年にネット小売を開始してはいたが，それほど注力してこなかった。2016年になり従来の業態の改善や店舗拡大といった店舗による消費者へ対応を前提とした戦略を転換し，ネット小売事業重視を鮮明にしたのである。こうした戦略転換は1990〜2010年代前半まで世界の小売産業を牽引してきたウォ

ルマートがアマゾン・ドット・コムによる従来の小売産業におけるゲームの
ルールの変更を認めたといっても過言ではない。

　アマゾン・ドット・コムは従来の小売産業の制約条件であった店舗出店とい
う品揃えに関する物理的制約をいとも簡単に乗り越え，ウォルマートがITの
積極的導入などによる努力の末実現した低コストでの幅広い品揃えを実現して
しまったのである（島田2018，60頁）。

　ウォルマートは2016年1月にはこれまで注力してきた小型店舗であるアメリ
カ国内のウォルマート・エクスプレス102店舗の閉鎖を行った後，2016年9月
にアマゾン・ドット・コムに対抗してきた企業ジェット・ドット・コム（Jet.

| 図表1－2 | ウォルマートのオムニチャネル対応 |

空間	消　費　者　の　購　買　行　動				
	選　択	購　入	決　済	受　取	使　用
オフライン	店舗ならではの展示	スキャン端末	セルフレジ	店頭受取	
オンライン	ショールーミングに対応したサイト	充実したサイト	多様な決済方法	物流整備	利用後のコミュニケーション
ウォルマートの対応	店内オンライン化	スキャンアンドゴー	セルフレジ	ピックアップ・タワー ピックアップ・ディスカウント 店内ロッカー ピックアップ・グロサリー ストア・ピックアップシップ・フロム・ストア サムズクラブ倉庫に転換	
アマゾンの対応	アマゾン・ダッシュ・ボタン アマゾン・エコー アマゾン・ゴー	アマゾン・ブックス	アマゾン・ペイ	アマゾン・ロッカー ロジスティックス充実	アマゾンＰＢ
その他企業の対応	フィッティング（ボノボス）		アリペイ（アリババ）		

出所：ベルら（2014），牧田（2017），奥谷・岩井（2018）を参考に作成。

com）を率いてきたマーク・ロア（Marc Lore）をアメリカEコマース部門CEOに就任させ，彼を中心に買収を含めて体制を強化している。

　2018年1月には業績は好調であったが，Eコマースの物流拠点として利用したが有効と考えたサムズクラブ63店舗の閉鎖を発表し，閉鎖店舗のうち12店舗がまずは物流拠点に使われることになった。同年2月には社名も「ウォルマート・ストアーズ」から実店舗をイメージさせる「ストアーズ」を外し，ネット通販部門の更なる拡大を目指すことを印象づけ，オムニチャネル対応を積極化している（**図表1－2**参照）。同社がこれまで蓄積した店舗という財産をいかに活用してアマゾン・ドット・コムに対抗していくかが注目される。

3　国際展開：経緯と現状分析

(1)　国際展開の経緯

　ウォルマートの国際展開は既述の食品取扱業態による当初の事業モデルの限界の先延ばしと並んで，ディスカウントストアによる国内展開の限界を乗り越えるための1つの戦略として，創業者サム・ウォルトンの死後に備えた取り組みであった。以下ではサム・ウォルトンの死後に進められた同社の国際化について，6期に分けて示す（**図表1－3**参照）。

①　参入初期（1991年〜1994年）

　当初の展開は非常にシンプルな考えに基づいており，1991年メキシコ進出と1994年カナダ進出は，アメリカの2つの隣国への国際展開を容易にする北米自由貿易協定（NAFTA）締結といった動向も踏まえての進出であった。隣国の進出は小売業の初期参入段階における地理的・心理的距離の近い諸国への進出に関しては小売国際化の既存研究で明らかにされており（Alexander 1997, pp. 123-140)，この選択自体は合理的であったといえる。

　この時に進出した両国での展開に関しては，当初試行錯誤もあったが，それぞれ5年，3年で黒字化し，業界首位に立つ成功を収め，同社の国際展開の中核的な地位を維持している。

│図表 1 － 3 │ ウォルマートの国際展開の経緯 │

時　　期	年	国　際　化　に　関　連　す　る　出　来　事
①参入初期 （1991－1994）	1991	メキシコ進出
	1993	国際部門創設，部門CEOボブ・マーチンを招聘
②店舗網拡大期 （1994-1999）	1994	カナダ進出
	1995	アルゼンチン，ブラジル進出
	1996	中国進出
	1997	ドイツ進出
	1998	韓国進出
③試行錯誤期 （1999-2006）	1999	イギリス進出
	2002	日本進出
	2004	ブラジル買収による店舗網拡大
	2005	中米地峡諸国5ヵ国進出
	2006	韓国，ドイツ撤退
④新興市場重視期 （2006－2010）	2007	中国買収による店舗網拡大
	2008	アジア地域本社を香港に設立
	2009	マイケル・デュークが国際部門CEO出身初の全社CEO就任
	2009	チリ進出
	2010	インド進出（卸売のみ）
⑤組織再編期 （2010－2016）	2010	ラテンアメリカ地域事務所をフロリダに設立
	2011	アフリカ進出
	2011	地域マネジメントチーム（現ウォルマートEMEA）設置
⑥ネット事業重視期 （2016－）	2016	国際部門リストラ策を発表し実施
	2018	ジュディス・マッケンナが女性初の国際部門CEO就任
	2018	ブラジルで少数保有に切り替え，インドの大手ネット企業買収

出所：ホームページ等の情報を参考に作成。

② **店舗網拡大期（1994年～1999年）**

　1993年の国際部門創設にあたり部門CEOとしてボブ・マーチン（Bob Martin）が招聘され，同社の店舗網拡大が開始された。1994年カナダ進出，1995年アルゼンチンとブラジル進出，1996年中国進出，1997年ドイツ進出，1998年韓国進出，1999年イギリス進出というように出店地域を急激に拡大した。

③　試行錯誤期（1999年〜2006年）

2000年に物流部門を歩んできたリー・スコット（Lee Scott）がCEOになったこの時期，同社の国際化は試行錯誤の時期を迎えた。イギリスではウォルマートのスーパーセンターに近い業態を展開し成功していた企業アズダ（Asda）を買収して進出したため，一定の成果をあげた。

しかし，その他の市場ではかなりの期間苦労しており，経験不足に伴う戦略的でない場当たり的な国際化による失敗を経験している。アルゼンチンではゼロから，ブラジルでもほぼゼロからの出店であった上，経済危機のために成長できなかった。中国では出店規制による制約により伸び悩んだ。ドイツと韓国では詳細は後述するが環境不適合により撤退を余儀なくされた。

1999年に国際部門CEOとなったジョン・メンツァー（John Mentzer）は，1995年に外部からCFOとして入社した人物であった。彼は店舗網拡大（2002年日本，2005年中米地峡諸国5ヵ国進出）を行うと同時に，韓国，ドイツでは試行錯誤がなされた。

韓国とドイツ市場での苦戦の主因は参入時に買収した企業の選択にあった。韓国では買収した外資のマクロが店舗数が少なく，地元の有力小売業者にそもそも対抗できていなかったにもかかわらず，適切な追加策を打てずにいた。

ドイツでは巨大市場にしては規模が小さすぎた。そのため参入時に買収したベルトカウフ（Wertkauf）に加えて，74店舗のハイパーマーケットを有するスパー（Spar Handels AG）を追加買収した。しかし，スパーは多様な形態の店舗の寄せ集めのチェーンであり，店舗の多くの立地は悪く，リースの店舗が多かった。本国から導入しようとした無料のレジ袋，袋詰めサービス，長時間営業，クレジットカード使用，店員のホスピタリティなどのウォルマート流の手法は，環境意識の高い消費者，小売営業時間に対する規制，現金利用，国民性の相違によってすべてが現地にうまく適応化できず，ウォルマートのサービスに対する評価は中間に留まった。後任の国際部門CEOとなったマイケル・デューク（Michael Duke）は2005年に就任した翌年の2006年に韓国とドイツの可能性を見切り撤退に踏み切った。

④　新興市場重視期（2006年〜2010年）

　韓国とドイツでの試行錯誤の末の撤退と日本市場での苦戦などの結果を受けて，相対的に好調であったBRICs諸国などを重視する新興市場重視路線がこの時期とられることになった。

　メキシコでは1997年に合弁パートナーのシフラを買収した後，シフラが低所得階層向けに一部で展開していた倉庫を意味するボデーガと呼ばれる倉庫型ディスカウントストアの全国展開を開始した（**写真1−1**参照）。さらに，大都市への展開が一巡する2004年頃からは，店舗規模を3つに細分化し，中規模都市以下の地域や大都市の郊外へも出店地域を拡大し，従来標的として重要視してこなかった低所得階層を取り込んだ。シフラとともにかつて4強を形成していたライバル達（コメルシ，ヒガンテ，ソリアーナ）は後発のソリアーナ（Soriana）により合併され1社となった。ウォルマートは，NAFTA締結以降，全国の都市部中心に店舗を拡大してきたコンビニエンスストアのオクソ（OXXO）を展開する現在小売市場シェア2位のフェムサ社にも，小売シェアで2倍以上の大差をつけている[3]。

｜写真1−1｜ 倉庫型ディスカウントストア・ボデーガの店内 ｜

注：在庫積み上げや人件費の安さを利用した手動での商品補充は低コストを象徴し，多くの商品は低価格PBである。
出所：筆者撮影。

　なお，メキシコで大成功を収めた倉庫型ディスカウントストアはウォルマート・ラテンアメリカに属する中米地峡市場5ヵ国（グアテマラ，エルサルバドル，ホンジュラス，ニカラグア，コスタリカ），アルゼンチン，チリ，ブラジルにも展開され，新興市場での低所得階層の取り組みにおいて大きな成果をあげている（丸谷 2017，244-245頁）。

　中国では2001年世界貿易機関（WTO）加盟までは年間数店舗の出店に留まっていた。しかし，2004年に出店の地域制限や出資制限の撤廃などに関する規制緩和がなされると，出店ペースは加速された。2007年には地元企業トラストマートを買収し，店舗数を3倍弱の202店舗へと急増させた。ネット通販市場への出資も2010年12月には家電ネット通販大手の京東商城（360buy.com）へのマイナー出資を皮切りに早期に進め，2012年2月には，2011年にすでに出資していた中国インターネット通販企業「1号店」（www.yihaodian.com）への出資を51％に引き上げた。

　ブラジルでは2004年に地元小売チェーン・ボンプレッソ（BomPreço）が，2005年にポルトガル資本の小売チェーン・ソナエ（Sonae）の店舗を買収し，店舗数が買収以前の10倍以上の295店舗へと急増させ，出店が厳しく発展が遅れたアマゾン川流域地方を含む北部以外の全域に店舗網を拡大した[4]。

　2009年には国際部門担当副会長であったマイケル・デュークが国際部門出身として初のCEOに就任し，国際部門CEOには現CEOであるダグ・マクミロンが就任した。ウォルマートのサムの後継2代のCEOは，アメリカ国内事業を影で支えた金融や物流といった部門からの登用であり，国際部門が本国事業部門に次ぐ売上をあげていたサムズクラブ部門を抜いたこのタイミングでの国際部門からの登用は同部門の社内での位置づけの高まりを示した人事といえた。

　マイケル・デュークの国際事業への影響力は維持されながらも，次期CEOの有力候補であった本社の地元出身でアルバイトからのたたき上げのダグ・マクミロンが国際部門CEOとなったのも国際部門の重要性を示した人事といえた。彼は2009年にD&S社買収によるチリ市場進出，2010年バルディとの合弁によるインドへの卸売による進出，2011年マスマートへの51％出資による南アフリカおよびその周辺地域への進出というように，マイケル・デュークの新興市場重視路線を継承した。

⑤　組織再編期（2010〜2016年）

　ダグ・マクミロンは新興市場重視と同時に，国際部門の組織再編を進めた。就任直前の2008年にアジアから開始された組織再編を本格化し，2011年までに国際部門の下に，アジアを統括するウォルマート・アジアを香港に，ウォルマート・ラテンアメリカをフロリダに，その他地域を統括する地域マネジメント・チーム（現ウォルマートEMEA）をイギリスに設置し，世界3極体制を確立した（**図表1－4**参照）。これらの地域本部はアメリカ本社，国際部門と連携し，中米，サブサハラ・アフリカといったサブ地域，各国といった多階層化された組織間での連携を促進している。

　2014年にはダグ・マクミロンがウォルマート本社のCEOに就任した。国際部門CEOは上記の組織再編後に地域本部の1つである現ウォルマートEMEAの長として彼を支えたデイヴィッド・チーズライト（David Cheesewright）が就任した。その他の主要2部門のCEOには，彼の国際部門CEO時代を支えた2人を登用した。その2人とは，アメリカ事業CEOに中国部門トップとして彼を支えたグレッグ・フォラン（Greg Foran）とサムズクラブ部門CEOにフォランを中国事業担当者として支えたジョン・ファーナー（John Furner）

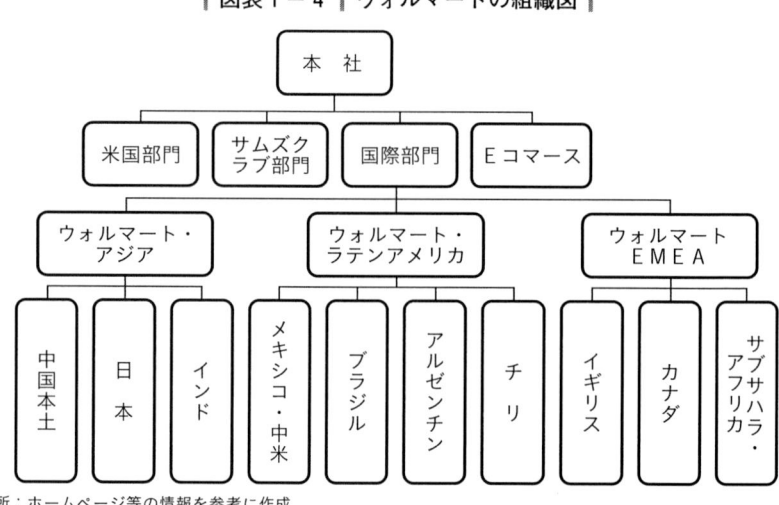

┃ **図表1－4** ┃ **ウォルマートの組織図** ┃

出所：ホームページ等の情報を参考に作成。

である。さらに，自身肝いりのネット事業買収により獲得した人材マーク・ロア（Marc Lore）を，3部門と並んで重視されるようになったアメリカにおけるEコマース部門のCEOとして登用した。

⑥　ネット事業重視期（2016年以降）

　ダグ・マクミロンCEOは2016年に，国内展開の最後の部分で示したように，従来の業態の改善や店舗拡大といった店舗による消費者へ対応を前提とした戦略を転換し，ネット小売事業重視を鮮明にした。

　こうした全社的戦略転換は国際展開にも大きな影響を及ぼしている。これまで国際部門の成長を牽引してきたラテンアメリカ部門におけるリストラ策が実行された。2016年ブラジル58店舗，2017年チリ32店舗を減らし，2018年6月には赤字に陥っていたブラジル子会社の株式の80％を米投資ファンドのアドベント・インターナショナルに売却することを発表した。2019年1月期以降に関しても，顧客のデジタル体験を優先するために，新店舗出店もアメリカ国内で25店舗以下に抑え，海外もメキシコと中国を中心の255店舗としている。

　2018年2月にはイギリス・アズダ出身のジュディス・マッケンナ（Judith McKenna）が国際部門CEOに就任した。彼女はダグ・マクミロンCEOと同じ51歳の初女性国際部門CEOであり，同社の若返りと多様性を象徴する人事となった。

　ネット小売に関してはラテンアメリカにおいてもアルゼンチン出身のメルカード・リブレが台頭するなど，世界中を席巻しており，ネット小売の普及が先行している本国での店舗とネットの融合の取り組みや，ネット小売先進国である中国やインドでの知見を，今後国際部門にも拡大していくとみられる。2018年5月には潜在性が高いが有店舗での展開が規制により自由にできないインドにおいて大手ネット小売のフリップカート（Flipkart）の株式の77％を取得したことを発表した。マクミロンは同会見においてインドとともに，中国，中南米を優先地域であることを示した上で，投資先候補は見つかっており，精査し取り組みを行っているとしている。

(2)　現状分析：２度目の転機を迎える現在

①　１度目の転機：新興国重視への転換

　ウォルマートの国際化戦略は，現在２度目の転機を迎えている。最初の転機は，2006年のドイツと韓国からの撤退であった。当時，新興国の台頭が目覚ましく，BRICs諸国（ブラジル，ロシア，インド，中国）やポストBRICs諸国（2009年のリーマンショック後にG20を先進諸国とともに構成することになったアルゼンチン，インドネシア，韓国，メキシコ，サウジアラビア，南アフリカ，トルコ）などへの注目が集まっていた。

　ウォルマートの国際部門を牽引していたのが，ポストBRICs諸国の一角を占めるメキシコであったこともあり，中国，ブラジルにおいて追加買収を行うなど，新興市場重視の展開を進めることになった。拡大した地域を３地域に区分する組織再編を行うと同時に，2010年インド市場（卸売のみ），2011年アフリカ進出を行い，南アフリカを入れて５ヵ国となったBRICS諸国のうち，ロシアを除く４ヵ国への進出を達成した。

　ウォルマートではこの時点でグローバル配置が一定程度達成されたといえ，現在では配置された拠点間での調整戦略（グローバル調整戦略）も積極的に行われている。その代表的取り組みとしては，メキシコで開発した倉庫型ディスカウントストアという小売業態に関するノウハウの他国市場への移転や，イギリス，日本，チリ，コスタリカなどで開発したプライベートブランドの他国市場への展開があげられる。

　特に，上記の取り組みはいずれもイノベーション創造による売上拡大という現地化のメリットを享受した後，その他の市場に獲得した経営資源を移転することによって，規模の経済性や独自にノウハウを開発するための時間の短縮という標準化のメリットをもたらしている（三浦 2017，132-133頁）。

　ウォルマートのこうした取り組みは小売業者のグローバル・マーケティング戦略において他社に先行してなされてきた先駆的事例といえる。その試行錯誤の過程は，同社が母国市場アメリカでも行ってきた買収した企業や競合他社からのノウハウの獲得，絶え間なく行ってきたトライアル＆エラーを通じて獲得したノウハウの改善，および他国市場での積極的活用と更なる改善という他社

が参考にすべき重要な示唆を多く含んでいるといえる。

②　2度目の転機：ネット重視に伴う市場の選別

　2度目の転換期の始まりは2016年であり，2018年には従来緩やかであった本格的改革が国際部門へも及び始めた。買収を含めたテコ入れを行っても赤字からの脱出が難しいブラジルは株式の所有保有に切り替えられた。比較的好調なチリやメキシコにおいても，チリでは小型業態がリストラされ，メキシコではレストラン事業や衣料専門店といった事業が売却された。アルゼンチンでも都市部のスーパーセンターの一部が売却され，有力業態である大型倉庫型ディスカウントストアへの絞り込みが進められている。

　他方，中国，インド，メキシコおよびチリでは，ネット小売の可能性を考慮し積極的な取り組みがなされている。中国ではアマゾン・ドット・コムに次ぐ世界的ネット小売企業アリババに対抗する京東との提携が進められている。インドではアマゾン・ドット・コムに対抗するフリップカートの株式の過半数取得が発表されている。インドに関しては，ウォルマートのネット小売買収の一報が流れると，国内の小売業者から早速反発がおきるなど世論を揺るがす状況になり，2019年2月1日にはネット通販大手の影響を制限する規制が施行された。ネット小売の急速な普及に関しては，インドだけではなく各国の法制度やネット小売を支える物流システムなどのインフラが追いついていけない状況にあるだけに，「パパママストア」を守るための外資の総合小売業者への厳しい規制の対象外にある領域への展開に関してどのような対応がなされるのか注目していくべきである。メキシコおよびチリでは，ネット小売普及に伴って発展し，両国で買い物代行サービスを展開するコーナーショップ（Cornershop）[5]を本社が買収し，ウォルマート・メキシコが運営することになった。

　2度目の転機を迎える国際化においては，本国アメリカにおけるネット小売による小売業者の淘汰やネット先進市場の中国・インドで進む地方への先行的なネット小売普及といった動向を踏まえて，オムニチャネル化を前提とした企業の買収や戦略的提携による更なる新市場への進出など，従来の店舗小売の展開とは異なる文脈を踏まえた戦略的な取り組みがなされる可能性もあるだけに，同社と競合するネット小売企業のグローバル展開にも注目すべきである。

▌4　おわりに

　ウォルマートは世界最大の小売市場を有する本国アメリカのみの事業活動によって，世界第1位のポジションを獲得した。カリスマ創業者の引退とその後の死去の後，国際展開を本格的に開始した。

　国際展開では2度の転機を経て現在を迎えている。第1の転機は2006年の韓国とドイツからの撤退という決断を行った時期であり，新興市場重視路線を明確にし，グローバル調整戦略を積極化することによって一定の成果をあげた。

　第2の転機は2016年であり，ネット事業重視のために，この年にリストラを進め，2018年にはリストラによっても早期の改善が見込めないブラジルの事業を少数保有に切り替え，市場の選別を進めた。他方，本国アメリカとともに，今後ネット事業の可能性が高いインドでは，同社が本国で熾烈な競争を繰り広げているアマゾン・ドット・コムと同じく対抗している大手ネット小売フリップカートを買収するなど積極的な取り組みを開始している。

　2度目の転機を迎えた国際部門はネット事業重視という全社的な方針を踏まえ，今後市場の選別が行われていくと考えられる。アメリカと状況が近い先進諸国である日本，カナダ，イギリスではネット小売との競合がすでに激化しており，イギリスでの少数保有への切り替えにみられるように，各国での状況によっては大幅なリストラや撤退の可能性も検討されるとみられる。

　ネット小売普及が相対的に進んでいないラテンアメリカ（メキシコ，中米地峡諸国，アルゼンチン，ブラジル）やアフリカではネット小売というよりは新興市場ブームの終焉が業績に強く影響してきた。ネット重視への戦略転換がなければ，ブーム終焉は業績が低迷した企業を生み出すため，買収を通じた事業拡大の機会ともなりうると考えられてきた。

　しかし，ネット事業重視への戦略展開は事業拡大に向けての多額の費用の支出を不可能にしており，新興市場においては既存事業におけるしっかりとした体質改善による収益性の確保が重要となってきている。

　また，通信規制緩和に伴ってアマゾン・ドット・コムの本格参入によりネット小売が急激に普及するメキシコ市場の事例にみられるように（丸谷 2018b），

│ 図表1−5 │ ラテンアメリカ主要国とウォルマート主要進出国におけるネット小売の普及状況 │

	年	メキシコ	ブラジル	アルゼンチン	チリ	中　国	インド	日　本
小売全体	2012	2,650.2	717.1	428.2	27,400.2	9,772.4	22,509.3	105,280.1
	2017	3,482.9	932.9	1,747.9	36,164.4	15,000.3	39,995.9	111,249.6
有店舗	2012	2,511.7	663.4	404.4	27,508.0	9,240.2	22,261.3	92,934.4
	2017	3,236.4	839.5	1,600.0	34,510.7	11,751.2	37,838.5	95,997.0
無店舗	2012	138.5	53.7	23.8	932.3	532.2	248.1	12,345.7
	2017	246.4	93.4	147.9	1,653.8	3,249.1	2,157.4	15,252.6
うちネット	2012	25.4 (0.04％)	25.3 (3.52％)	9.4 (2.19％)	537.0 (1.96％)	423.7 (0.10％)	155.8 (0.69％)	5,057.1 (4.80％)
	2017	108.4 (3.1％)	59.0 (6.3％)	86.1 (4.9％)	1,196.5 (3.3％)	3,060.3 (20.4％)	1,959.8 (4.9％)	8,841.7 (7.9％)
うちモバイル	2012	2.5	0.8	0.6	29.6	23.1	8.3	1,011.4
	2017	27.9	13.0	18.1	135.2	2,448.3	344.9	4,008.0

注：金額の単位は各国通貨で10億であり，メキシコ，アルゼンチン，チリはペソ，ブラジルはレアル，中国は元，
　　インドはルピー，日本は円である。
出所：ユーロモニター社の各国の小売報告の内容に基づいて作成。

　ネット小売普及が先進諸国市場や中国やインドといった巨大新興市場に比べて相対的に遅れてきたウォルマートの国際展開を支えてきたネット小売後発諸国においても，ネット小売普及は大都市部を中心に段階的に進みつつあるとみられる（**図表1−5**参照）。
　ネット小売普及以前最後の王者として四半世紀世界の小売産業に君臨してきた巨人ウォルマートが，ネット小売普及以降も一定の地位を保ちうるためには，グローバルに店舗を展開していることのメリットを踏まえて，ネット小売先進諸国であるアメリカ，中国，インドなどで獲得しつつあるノウハウを，ネット小売後発諸国での個別事情も考慮した上で移転していくといった取り組みが適切になされていけるか否かが鍵を握るとみられる。

■注
(1)　バラエティストアとはアメリカの実業家ウールワース（Woolworth）がニューヨーク州ユティカ

で日用品を5セントという均一価格で販売し成功した後，ペンシルバニア州ランカスターで10セントの商品も拡充した後普及した小売業態である。彼は1919年に亡くなるまでに全米各地に1,000店舗以上のウールワースを開店させた。日本で現在幅広く展開されている業態でいえば小振りの百円均一店に近い。

(2) 1966年に倒産することにはなるが，当時ディスカウントストアの大手チェーンであったコーベットは，すでに全米で約2,000店舗出店していた。

(3) 2017年のメキシコでの小売シェアは1位ウォルマート11.4％，2位フェムサ4.7％である。

(4) ブラジルでは広大な国土を北部，中西部，北東部，南東部，南部の5地域に区分されることが多く，北部はマナウスなど一部の都市以外は発展からは取り残されている。なお，中西部には首都ブラジリア，北東部には植民地時代の首都がおかれたサルヴァドール，南東部にはリオデジャネイロ，サンパウロ，南部にはポルトアレグレ，クリチバなどの都市がある。

(5) コーナーショップは顧客がスマートフォンのアプリを通じてスーパーマーケット，ドラッグストア，専門店などの商品の中から買いたいものを注文すると，ショッパーと呼ばれる登録された代行者が買い物を代行して宅配するサービスを展開するスタートアップ企業であり，メキシコではメキシコシティ，グアダラハラ，モンテレイ，プエブラ，ケレタロ，レオンという主要6都市でサービスを展開し，90分以内での宅配を実現している。

■参考文献───────────────────────────────

【日本語文献（五十音順）】

奥谷孝司・岩井琢磨（2018）『世界最先端のマーケティング：顧客とつながる企業のチャネルシフト戦略』日経BP社。

島田陽介（2018）「ノベーションの本質を見極めよ！　チェーンストアを『革新』たらしめるもの：Death by Amazon後の世界をどう生きるのか　EC融合と対応の食品業態『進化論』」『販売革新』56(5)，商業界，58-62頁。

白石善章（2010）「ウォルマート社のマーケティング：世界のトップ企業としての成功戦略」マーケティング史研究会編『海外企業のマーケティング』同文舘出版，70-87頁。

牧田幸裕（2017）『デジタルマーケティングの教科書：5つの進化とフレームワーク』東洋経済新報社。

丸谷雄一郎（2003）『変貌するメキシコ小売産業：経済開放政策とウォルマートの進出』白桃書房。

丸谷雄一郎（2017）「小売業者のグローバル・マーケティング戦略」『グローバル・マーケティング戦略』有斐閣，227-247頁。

丸谷雄一郎（2018a）『ウォルマートのグローバル・マーケティング戦略（増補版）』創成社。

丸谷雄一郎（2018b）「ラテンアメリカの先進小売市場メキシコにおけるインターネット小売業の現状：バック・システムの構築を目指した取り組みを中心に」『東京経済大学会誌（経営学）』(300)，東京経済大学，19-39頁。

三浦俊彦（2017）「標準化／現地化とグローバル・ブランドによる展開」『グローバル・マーケティング戦略』有斐閣，130-161頁。

森　龍雄（1990）『世界最強のディスカウントストアウォルマートの成長戦略』商業界。

吉田繁治（2003）「サム・ウォルトンの成功原則100第2弾」『商業界』56(11)，商業界，120-133頁。

【外国語文献（アルファベット順）】

Alexander, N. (1997) *International Retailing*, Blackwell.

Bell, D.R., Gallino, S., Moreno, A. (2014) "How to Win in an Omnichannel World," *MIT Sloan Management Review*, 56 (1), pp. 45-53.

Fisher, M., Gaur, V., and Kleinberger, H. (2017) "Curing the Addiction to Growth," *Harvard Business Review*, 95 (1), pp. 66-74.〔倉田幸信訳 (2018)「小売業界から高利益率を維持する施策を学ぶ：成長から成熟への戦略分岐点」『Diamondハーバード・ビジネス・レビュー』43 (4), 68-82頁〕

Walton, S. with Huey, H. (1992) *Sam Walton, Made in America: My Story*, Doubleday.

（丸谷　雄一郎）

第 **2** 章

カルフール
──ハイパーマーケットと巨大流通企業グループの創設

▌ 1　はじめに

　本章では，フランスを代表する大規模流通企業であるカルフール（Carrefour）を取り上げる。カルフールは，ハイパーマーケット（hypermarché）を中心に小売業の多角化を進め，巨大流通企業グループとしての側面を有する一方で，積極的な国外出店活動を展開する国際的流通企業グループとして位置づけられる。ハイパーマーケットは，フランス独特の小売業態であり，多様な小売マーケティング活動も実践されている。以下では，カルフールを通して，ハイパーマーケット業態の特性を明らかにするとともに，電子商取引市場の拡大する近年の小売環境変化に対応するカルフールの戦略を考察する。

▌ 2　国内展開：ハイパーマーケットと流通企業グループの創設

⑴　カルフールによるハイパーマーケットの創設とロワイエ法の制定

　戦前のフランス小売業は，伝統的な小規模零細小売業が圧倒的多数を占め，百貨店（grand magasin）や大衆百貨店（magasin populaire），消費者協同組合等が存在する程度であった。しかし，戦後の経済成長期において，急激な人口増加，都市化，モータリゼーション，フランス国民の可処分所得の増大とそれに伴う消費構造の変化，女性の社会進出等が進行し，小売商業構造も，この

ような劇的な環境変化の下で，販路の拡大に対応し，大量流通システムを担うことのできる新しい小売業としてスーパーマーケットやハイパーマーケットが台頭し，大きく変貌することとなった。

フランスでは，1948年から小売業にセルフサービス方式が導入され，また1957年に最初のスーパーマーケットがパリで開設された。その後，1950年代末から1960年代にかけてスーパーマーケットへの参入が相次いだ。ハイパーマーケット第1号は，1963年にパリから25km離れたサント・ジェヌヴィエーヴ・デ・ボワ（Sainte-Geneviève-des-Bois）に開設されたカルフールであった。

ハイパーマーケットは売り場面積2,500㎡以上で，主に郊外に立地し，広い駐車場を有し，セルフサービス方式で販売し，幅広い大量消費品を低価格で販売する小売業と定義された（Villermet 1991, p. 131）。

カルフールを創設したのは，マルセル・フルニエ（Marcel Fournier）とデフォレイ（Defforey）兄弟である。オート・サヴォワ（Haute-Savoie）県アヌシー（Annecy）で「小型百貨店」を経営していたフルニエやデフォレイらは，アメリカのオハイオ州デイトン（Dayton）でともにNCR（National Cash Register）社のベルナルド・トルヒージョ（Bernard Trujillo）の主催する近代商業の原理に関するセミナーに参加し，セルフサービス方式や低価格，モータリゼーションへの対応などの原理を学んだ（Brudey and Ducrocq 2005, p. 8）。

その後，フルニエはデフォレイ兄弟と共同経営で，1960年に売り場面積650㎡のスーパーマーケットをアヌシー郊外に開業した（Vigny 1990, p. 48）。そして，NCR社のセミナー内容をいっそう現実化させるべく，ついに1963年に売り場面積2,500㎡のハイパーマーケットを開設するのである。フルニエらは，当初この店舗および小売業態を「セルフサービス百貨店」（grand magasin en libre-service）と呼んでいた[1]。

この店舗は，14m以上に及ぶ食肉販売売り場や10m以上の乳製品売り場を設け，12台のレジスターを設置していたほか，店舗内に軽食堂も備え，月曜日から土曜日にかけて，午前10時から午後10時まで営業していた（Villermet 1991, pp. 130-131）。

一方，後にカルフールと合併するプロモデス（Promodès）はノルマンディの2つの卸売業者が合併し，1961年に設立された（当初はLLC Promodis）。同

社は，翌年にはマント・ラ・ビユ（Mantes-la-Ville）でスーパーマーケットを開設し，1969年にはシャンピオン（Champion）という名称でスーパーマーケット事業を拡大した。ハイパーマーケット事業には，1972年になってコンティナン（Continent）という店舗名で参入した。

プロモデス以外にも，オーシャン（Auchan）やカジノ（Casino），ルクレール（E. Leclerc），アンテルマルシェ（Intermarché）等の参入も相次いだ。このような急激なハイパーマーケットの成長の下で，独立中小小売業の衰退が進行し，フランスの小売商業構造は激変することとなった。その結果，1970年代に入る頃から，フランスではハイパーマーケットの事業活動を規制し，独立中小小売商の営業を保護する政策が指向されるようになった。

このような政策方向は，1973年に制定されたロワイエ法（La loi n° 73-1193 du 27 décembre 1973 d'orientation du commerce et de l'artisanat, 商業・手工業基本法）に結実した。ロワイエ法は，主要にはハイパーマーケットの出店活動等を規制する役割を果たすものであったことから，同法に基づく規制の強弱に応じて，カルフールの国内外での出店政策は大きな影響を受けることとなった。

⑵　小売業態としてのハイパーマーケット

ここで，ハイパーマーケットという小売業態について検討しておこう。

カルフールの創始者であるフルニエたちがアメリカのスーパーマーケット業態を学び，まずスーパーマーケットを確立し，その後それを特殊フランス的に応用し適用したものがハイパーマーケットであった。

スーパーマーケットは，資本主義に固有の生産と消費の矛盾あるいは販売問題に対して，低価格販売と大量販売の実現を通して，流通経路の最末端で，暴力的にではなく，なし崩し的に対応していったのであるが，このようなイノベーションを，一過性ではなく恒久的な制度に化していったのである（佐藤1971，124-125頁）。

そして，戦後のアメリカ社会に定着したスーパーマーケットは，1960年代以降，基本業態であるスーパーマーケットの業態分化，あるいはその漸進的な改

良としての業態イノベーションを進行させたのである（中野 2007，161-162頁）。つまり，1960年代以降のアメリカでは，食品部門でスーパーマーケット業態に代わるような新業態が成立し成長するというよりも，「基本業態であるスーパーの枠内でなし崩し的型業態イノベーションの展開としてさまざまな亜業態が生まれたのである。それはまず，1950年代後半から急速な発展をみる画期的新業態ディスカウントストアの影響を受け，それとの部分的相互浸透という形態」（中野 2007，184頁）をとりながら進行した。

　1960年代のフランスで成立，発展するハイパーマーケットは，このような認識に沿って，基本業態であるスーパーマーケットの派生形態として位置づけることができる。ハイパーマーケットはスーパーマーケットの販売面でのイノベーションを継承しながら，非食料品も加えた総合的な品揃えを採用している点で，ディスカウントストアとの部分的相互浸透を実現している。

　一方，ハイパーマーケットはアメリカの小売業態の単純な模倣ではない。ハイパーマーケットは食品部門におけるスーパーマーケット，非食品部門におけるディスカウントストアといった複数の業態を併存させるアメリカ型とは異なり，それらを総合化し，単一の業態を構築したフランス独自の小売業態でもある（白石 2015，15頁）。

　それでは，以下において，カルフールの国内での活動を業態開発とPB（プライベートブランド）商品開発の面からみていこう。

(3)　国内出店政策：巨大流通企業グループの成立

①　M&Aを活用した国内出店政策

　カルフールのフランス国内におけるハイパーマーケットの店舗数は，1990年代後半にほとんど増加しなかった。それは，ロワイエ法による出店規制の強化に基づくもので，この期間は，政府による大型店出店凍結措置がとられ，加えてラファラン法が制定される（1996年）等，カルフールの国内出店活動にとって極めて厳しい経営環境であった。

　国内での巨大なハイパーマーケットの新規出店が制約されたため，カルフールは，国内における資本蓄積方法あるいは量的拡大政策の柱として，次の2つ

の戦略を重視するようになる。それは，M&Aとハイパーマーケット以外の業態開発の活発化である。そして，M&Aと業態開発は連動して進められていく。

まず，カルフールは，1977年にホームセンター業態に相当するカストラマ（Castorama）の株式の47％を取得し，1979年には，ラダー（Radar）と提携しハードディスカウント業態のEDを開設した。1984年になると，コントワール・モデルヌ（Comptoires Modernes）の株式を一部取得し，1991年には，ハイパーマーケットを展開するユーロマルシェとモントロー（Montlaur）を吸収した。コントワール・モデルヌは，その後の1998年に支配下におかれ，ハイパーマーケットのマムー（Mammouth）16店がカルフールに改称された（Carrefour HP）。

そして，1999年にカルフールはプロモデスと合併を表明し，ヨーロッパ第1位，世界第2位に位置し，全世界で従業者29万7,290人（国内で11万7,194人）を抱える巨大流通企業グループが誕生することとなった。

また，カルフールはハイパーマーケットという主力業態の出店が困難な中で，M&Aの展開のみならず，過剰資本のはけ口を多様化させた。1970年代後半以後，カルフールは過剰資本の投下先として次の領域を追求するようになった。それは，ハイパーマーケット以外の小売業態の開発と異業種への参入である。

カルフールは，上述したM&AによるカストラマやEDへの関与によって，DIY店（Bricolage）およびハードディスカウント業態への進出を図ったほか，独自に業態開発等を進めている（Carrefour HP）。キャッシュ・アンド・キャリーやスーパーマーケット事業は，1965年にプロモキャッシュ（Promocash），1967年にストック（Stoc）を開業するといったように，比較的早い時期から整備している。

また，カルフールはカード事業にも参入し（Carte Pass），さらに1984年には保険事業を始めた。1990年代になると，カルフールは自動車のオイル交換事業（1990年），カー用品販売（1993年），チケット販売（1994年），眼鏡店（1995年）など業容を拡大した（相原 2000，72頁）。

このようなハイパーマーケット以外の小売業態の拡充，換言すれば，小売業内部の多角化は1960年代から進められているが，ロワイエ法制定後はその方針が強化され，コンビニエンスストアやハードディスカウントといった新業態の

開発に向かっていった。そして1980年代以降，金融やサービス部門への進出が目立つようになる。第二次石油危機後，フランス市場は国内消費が減退し，また成熟化していった。加えて，ロワイエ法の運用も強化されていく状況下において，カルフールは小売業以外の分野へ進出し，全面的な事業多角化を志向し，巨大流通企業グループを形成するようになったのである。

② 　カルフールブランドに統一した中小型店出店政策

　そして，カルフールはロワイエ法およびその規制強化法としてのラファラン法に抵触しない出店政策や利便的な商品購買を選択するフランスの消費者の変化，日曜営業への対応等のさまざまな環境変化に適応していくために，2000年代以降，カルフールの看板に統一したスーパーマーケットやコンビニエンスストアに該当する中小型店の開発を進めた。近年では，ハイパーマーケットの収益力に陰りがみえ，中小型店展開に拍車がかけられている。

　図表2－1は，国内のハイパーマーケット店舗数と販売額である。ハイパーマーケットは2012年から2017年にかけて15店増加しているが，販売額は23億4,500万ユーロ減少している。すなわち，ハイパーマーケットの販売額のみならず販売効率の低下が進んでいるのである。このことは，ハイパーマーケット業態の競争力の低下を示唆している。

　一方，2000年代後半以降，カルフールのスーパーマーケット等は，カルフールの看板に統一した名称で展開されている（Carrefour HP）。2007年には，カルフール・エクスプレス（Carrefour Express）が開設された。これは売り場面積60〜300㎡でコンビニエンスストアに該当し[2]，これまでのシャンピオン（Champion）やショッピ（Shopi）を改めたものである。2008年には，カルフール・コンタクト（Carrefour Contact）が創設された。これは売り場面積

｜図表2－1｜カルフール・ハイパーマーケットの店舗数と販売額（百万ユーロ）｜

年	2012	2013	2014	2015	2016	2017
店舗数	232	234	237	242	243	247
販売額	23,128	21,918	21,671	21,369	20,815	20,783

出所：*Le Monde*, le 24 janvier 2018より作成。

｜図表2－2｜カルフール・グループの業態別店舗数および販売額構成比｜

年＼業態	CVS	SM	HM	その他	HM	その他
2012	5,479	2,986	1,366	164	58％	42％
2016	7,075	3,227	1,328	305	51％	49％
2019	9,000	3,700	1,450	350	50％以下	50％超

注：2019年は予測。CVS＝コンビニエンスストア，SM＝スーパーマーケット，HM＝ハイパーマーケット。
出所：Carrefour, *INVESTOR PRESENTAION 2017*より作成。

900㎡程度で，カルフール・エクスプレスと同様にショッピを改組したものである。2009年には，カルフール・シティ（Carrefour City）が設けられた。これは売り場面積200～300㎡で，コンビニエンスストアと小型スーパーマーケットの中間的形態をなしている。これも，従来のショッピやディア（Dia），ユイット・ア・ユイット（8 à huit），マルシェ・プリュス（Marché Plus）に代替するものである。その他，2010年にはカルフール・モンターニュ（Carrefour Montagne）がカジノの小型店舗との競争上設置され，また，中型スーパーマーケットとしては，カルフール・マーケット（Carrefour Market）が開設されている。

　これらの中小型店は，現在のカルフールの資本蓄積活動において，非常に重視されている。**図表2－2**をみると，カルフールは国内外でコンビニエンスストアとスーパーマーケットの店舗数を増加させ，ハイパーマーケットの店舗数を抑制していく方向であることがわかる。とりわけ，カルフール・エクスプレスによるコンビニエンスストア事業の拡大が志向されている。もともと，カルフールの収益構造はハイパーマーケットに依拠していたが，中小型店を中心とした出店政策に伴い，グループ全体の販売額も，今後はハイパーマーケットへの依存度を50％以下に低めて，その他の比重を高めていく。

③　電子商取引市場への対応：オムニチャネル政策とドライブ

　2000年代とりわけ2010年代に入って，フランスでは電子商取引市場が拡大している。その販売額は2010年に約300億ユーロであったが，2017年に約820億ユーロに増大した（La Fédération du e-commerce et de la vente à distance 2018）。一方，上述のとおり，カルフールは実店舗であるハイパーマーケットの販売額

低迷に直面している。そこで，カルフールは国内外でオムニチャネル（Omni-canal）政策に注力するようになった。カルフールのオムニチャネル政策は，次の 3 つの部門から構成される（Carrefour 2018a）。

第 1 に，上述の小型店等を含む多業態展開である。2018年 1 月に発表された *Carrefour2022* では，ヨーロッパ大都市部における向こう 5 年間での小型店2,000店の開設を予定するほか，ブラジルでのキャッシュ・アンド・キャリーのアタカドン（Atacadão）の年間20店開設，アルゼンチンでのハイパーマーケットのマキシの16店開設，フランスでのプロモキャッシュの増設を計画している。

第 2 に，電子商取引への対応である。カルフールは，2018年に独自のプラットフォームとなるカルフール・ドット・フランス（Carrefour.fr）を開始するとともに，今後デジタル部門における大規模投資や食品電子商取引部門における大幅な販売額の増加を図る。この電子商取引では，利用者への戸別配送（Livraison Express.fr）とオンラインで注文した商品を最寄りの店舗内で受け取る方式であるクリック＆コレクト（Click & Collect）を拡大する方針であり，個別配送では今後それを26都市に適用し，かつ 1 時間以内の配送を15都市に拡大しようとしている。クリック＆コレクトは，2019年以後，店舗の半数以上に拡大する方向である。

第 3 に，ドライブの増設である。ドライブとは，利用者がオンライン（パソコンやスマートフォン）で商品を注文し，自家用車で店舗の敷地内や専用の施設に受け取りに行く形態である[3]。ドライブ施設には，ハイパーマーケットの広大な駐車場内に設置されるタイプや道路沿い等の立地に専用の施設が設置されるタイプがある。

ドライブは，2000年にオーシャンによって開設され，カルフールは2009年に導入した。**図表 2 － 3** に示されるように，カルフールは2012年以降ドライブを増加させ，2018年には520を超過している（Carrefour, *Rapport d'activité et*

| 図表 2 － 3 | カルフール・ドライブの店舗数の推移 |

年	2009	2010	2011	2012	2013	2014	2015
店舗数	3	3	36	206	341	416	453

出所：LSA, le 18 Juin 2015より作成。

d'engagement 2018）。現在，カルフールはハイパーマーケットの新設や改装に際して，店舗をドライブ併設型に転換している。

⑷　PB商品の開発・販売

　大規模小売業の資本蓄積活動において，出店活動とともに重要な位置にあるのがマーチャンダイジング（Merchandising）である。ここでは，PB商品に限定してみていこう（Carrefour HP）。

　カルフールは，1976年にプロドゥイ・リーブル（Produit Libres）の名称で独自商品の開発を試みている。これは中小製造業と提携し，カルフール独自の低価格商品の供給を企図したものであった。そして，カルフールは1980年代以降，本格的にPB商品開発に取り組むようになった。1982年にPB衣料品のテックス（Tex）が投入されてから，1985年にはプロドゥイ・カルフール（Produit Carrefour）とPB自転車のトップ・バイク（TOP bike）が販売され，1987年にはPB家具やAV機器のファーストライン（Firstline）が開発された。1980年代を通じて，カルフールのPB商品は食品から非食品に及んだのみならず，非食品の中でソフト・グッズからハード・グッズをカバーするようになった。

　1990年代になると，PB商品はいっそう多様化する。PB商品のコンセプトには，環境・安全，高級という2つの柱が新たに付け加えられた。環境への配慮や安全性の向上をうたったものとして，PB生鮮食品と加工食品のカルフール・ビオ（Carrefour bio）が開発された（1997年）。高級食材では，フィリエール・カリト（Filiere Qualite，1993年）とエスカパド・グルマンド（Escapade Gourmandes，1996年）が販売された。

　カルフール・ビオは1998年以降取扱商品を拡大し，2005年にテックスブランドでのBioコットン製品の販売，2008年にエココスメ商品，2009年に住宅用品の販売に及び，2010年には新たな業態としてパリにカルフール・ビオを開設した。カルフールは，2016年にフランスBio市場で20％を占有している。

　さらに，カルフールはルフレ・ド・フランス（Reflets de France）というPB商品を有している。これは，1996年にプロモデスによって開発されたPBであり，1999年の合併以降，カルフールが同ブランドも継承した。ルフレ・ド・

フランスは，フランスの地方の「料理遺産」を再現する製品であり，フランスの地方ごとに引き継がれてきた製法や原材を主に用いて，当該地域の中小企業と共同で生産され，カルフール・グループの全業態で販売されている。2018年時点で，232の生産者と取引し，21の地域に受け継がれてきた551の製品を製造販売している。

　そして，PB商品の種類は，現在では20以上に及んでいる。1990年代におけるPB商品開発は，環境と安全性の重視という今日的課題に応えながらも，基本的には他社との差別化をいっそう追求するものである。1980年代においてPB商品の「フル・ライン化」が推進されるが，それは，食品から非食品に至るあらゆる商品分野で高い粗利益を求める戦略であった。PB商品の「フル・ライン化」は，同時に他社との差別化戦略でもある。

▌3　国際展開：国際的流通企業グループの形成

　カルフールは多角化と同時に，過剰資本の処理の一環として，国外への出店活動にも積極的に取り組んだ。1969年のベルギー進出を嚆矢に，カルフールの国外出店は今日まで継続しているが，進出対象先から，その流れを4つの時期に区分してとらえることができる（相原 2000，73-75頁，Carrefour HP）。

　第1期は，近隣ヨーロッパ諸国への進出期である。1969年のベルギー進出後，1970年スイス（撤退後再進出），1972年イギリス（撤退），イタリア，1973年スペインに店舗展開している。

　第2期は，南米への進出期である。この期には，1975年にブラジル，1982年にアルゼンチンに出店している。ロワイエ法の運用が強化されたこの時期に，カルフールはヨーロッパ以外の南米市場をめざした。

　第3期は，進出対象先をグローバルに拡大する本格的進出期である。カルフールは1989年，台湾に出店しアジア市場に初めて進出した。そして，1991年ギリシャ，1993年トルコ，1994年メキシコ，マレーシア（2010年撤退）と，アジアの成長市場をターゲットにしながらも，新たなヨーロッパ市場および南米市場の開拓を図っている。

　第4期は，グローバル市場への進出強化期である。この期は，アジア市場へ

の進出拡大とヨーロッパ市場の深耕，南米市場のいっそうの開拓を企図している時期としてとらえることができる。アジアに対しては，1995年中国，1996年韓国（2006年撤退），タイ（2010年撤退），1998年インドネシアに出店し，2000年には日本に進出した（2005年撤退）。ヨーロッパでの出店活動は二様の方向で進められた。1つは，撤退国への再進出である。カルフールは，2000年にスイスに再出店した（2007年撤退）。また，1997年にポーランド，1998年にチェコ，2001年にルーマニアに出店するなど東欧諸国へ進出し，カルフールはヨーロッパ市場のさらなる深耕を図った。南米市場においては，1998年にチリとコロンビアに出店した。そして，カルフールは1995年にアラブ首長国連邦への提携による出店を嚆矢に，その後2000年にオマーン，カタール，2001年にチュニジア，2002年にエジプト，2004年にサウジアラビア，2007年にクウェート，ヨ

┃ 図表2－4 ┃ カルフールの国・地域別および業態別出店状況（2017年12月31日時点）

国＼業態	HM	SM	CVS	C&C	合 計
フランス	247	1,060	4,267	144	5,718
ベルギー	45	445	296	0	786
スペイン	203	119	654	17	993
イタリア	54	407	591	16	1,068
ポーランド	89	151	656	0	896
ルーマニア	33	228	53	9	323
その他	36	406	196	0	638
ヨーロッパ計（フランス以外）	460	1,756	2,446	42	4,704
アルゼンチン	90	106	402	7	605
ブラジル	103	41	119	146	409
ラテンアメリカ計	193	147	521	153	1,014
中国	220	0	39	0	259
台湾	64	50	0	0	114
その他	81	8	2	2	93
アジア計	365	58	41	2	466
その他	111	222	52	13	398
合　計	1,376	3,243	7,327	354	12,300

注：HM＝ハイパーマーケット，SM＝スーパーマーケット，CVS＝コンビニエンスストア，C&C＝キャッシュ・アンド・キャリー。フランスは海外県を含む。また，国外はフランチャイズ方式および合弁形態を含む。
出所：Carrefour, *Registration Document Annual Financial Report 2018*より作成。

| 図表 2 - 5 | カルフールの国内外販売額の推移（百万ユーロ） |

国 ＼ 年	2012	2013	2014	2015	2016	2017
フランス	35,341	35,438	35,336	36,272	35,877	35,835
ヨーロッパ（フランス以外）	20,873	19,220	19,191	19,724	20,085	21,112
ラテンアメリカ	14,174	13,786	13,891	14,290	14,507	16,042
アジア	6,400	6,443	6,288	6,659	6,176	5,907

出所：Carrefour, *Rapport d'activité et d'engagement responsible* 各年版より作成。

ルダンへと進出し，中東および北アフリカ市場の開拓を図った。

　カルフールの国外出店は，進出対象先に応じて，100％出資方式と合弁企業設立方式を使い分けている。ヨーロッパではチェコとポーランド，ヨーロッパ以外ではタイ，シンガポール，香港，韓国，日本で子会社を設置して展開したのに対して，それら以外の国あるいは地域では現地企業との合弁で出店した（二上 2000，111頁）。上記の中東および北アフリカ諸国での出店活動は，そのすべてが現地企業との合弁かフランチャイジングにより展開されている。

　図表 2 - 4 に示したように，現在のカルフールの国外出店活動は，ヨーロッパとりわけラテン系諸国および東ヨーロッパ諸国，そして南米に集中化されてきているといってよい。フランスを除くヨーロッパでの総店舗数は4,700を超え，本国に次ぐ地位を築いている。しかも，前述したように，スーパーマーケットやコンビニエンスストアへの傾斜が看取される。南米でも，同様の業態構成をとり，総店舗数も南米 2 ヵ国でイタリアに匹敵し，スペインやベルギーを上回っている。中国の店舗数，とりわけハイパーマーケットは整理されており[4]，アジアでは台湾で持続可能性を維持している。

　フランス以外のヨーロッパ諸国や南米市場を重視する国外出店政策は，図表 2 - 5 をみると明らかである。カルフールの国外販売額は，2013年以降，本国とアジアで減少傾向にあり，フランス以外のヨーロッパ諸国と南米で増加しているのである。

▌ 4　おわりに

　カルフールは，戦後のフランスにおいて，ハイパーマーケットという独自の

業態を確立した。それは，戦後の経済成長の下で，都市化やモータリゼーション，女性の社会進出等が進行するフランス社会に照応し，「１つ屋根の下」での商品購入を低価格で実現するものであった。カルフールに牽引された他の小売企業も続々とハイパーマーケットを開設し，その影響は小売商業構造を変容させ，新たな法的規制を招来させるほどであった。ハイパーマーケットを主要な規制対象とするロワイエ法制定以後，カルフールにとって，同法の運用は経営戦略に作用する大きな環境要因となった。このことが，カルフールを巨大流通企業グループに，また国際的流通企業グループに発展させる動因の１つとなったといえる。

　ハイパーマーケットは，フランスの消費者の買い物行動に根づいていったが，**図表２－１**でみたように，近年その地位が低下している。それは，フランス消費者の買い物行動が変化しているからであり，かつハイパーマーケットの業態としての飽和期から衰退期への移行を示しているのかもしれない。それゆえ，カルフールは**図表２－２**で考察したとおり，ハイパーマーケットへの経営依存度を減じようとしている。そして，カルフールは前述の*Carrefour 2022*において，ハイパーマーケットの経営改革やデジタル化への対応，国際化戦略の変更等を提示している。

　カルフールを研究することは，小売業態発展論を精緻化させるのみならず，流通政策論や小売業国際化論の内容を豊富化させよう。

■付記
本研究は，JSPS科研費18K01900の助成を受けた研究成果の一部である。

■注

(1) ハイパーマーケットという名称は，LSA（Libre-Service Actualité）誌の記者によって名づけられた（Villermet 1991, p. 131）。
(2) フランスでは，コンビニエンスストアや小型スーパーマーケットのような商圏の狭い小売業をプロキシミテ（Proximité）と総称している。
(3) ドライブの利用によって，消費者の購買利便性の追求が増大する一方で，店舗内でのいわゆる衝動買いが減少していく。それゆえ，カルフール等には電子商取引の仕組みを通した新たな販売促

進活動が求められることになると，森脇丈子氏は指摘している（森脇2015，46頁）。
(4) 中国の大手家電量販店の蘇寧易購集団が，2019年内におけるカルフールの中国事業の買収を発表した（『日本経済新聞』2019年6月25日付）。

■**参考文献**

【日本語文献（五十音順）】

相原 修（2000）「フランス・ハイパーマーケットの業態革新」矢作敏行編著『欧州の小売りイノベーション』白桃書房，57-78頁。

今井利絵（2014）『グローバルリテーラー』中央経済社。

佐々木保幸（2011）『現代フランスの小売商業政策と商業構造』同文舘出版。

佐藤 肇（1971）『流通産業革命』有斐閣。

白石善章「フランス的小売業態の開発と展開」田中道雄・白石善章・相原 修・三浦 敏編著（2015）『フランスの流通・政策・企業活動』中央経済社，3-17頁。

田中道雄（2007）『フランスの流通』中央経済社。

田中道雄・白石善章・相原 修・河野三郎編著（2010）『フランスの流通・都市・文化』中央経済社。

中野 安（2007）『アメリカ巨大食品小売業の発展』御茶の水書房。

二神康郎（2000）「欧州小売業の国際化」矢作敏行編著『欧州の小売りイノベーション』97-124頁。

マーケティング史研究会編（2008）『ヨーロッパのトップ小売業』同文舘出版。

森脇丈子「流通小売業の低価格競争下での 'drive' の展開」田中道雄・白石善章・相原 修・三浦 敏編著（2015）『フランスの流通・政策・企業活動』中央経済社，35-51頁。

【外国語文献（アルファベット順）】

Brudey, N. and Ducrocq, C.（2005）*La Distribution*, 4ᵉ édition, Vuibert.

Carrefour（2018a）*Carrefour 2022 Devenir le Leader de la Transition Alimentaire pour Tous.*

Carrefour（2015）*Des solutions pour lutter contre le gaspillage alimentaire.*

Carrefour（2018b）*Partenariat entre Carrefour et Système U.*

Carrefour（2018c）*Presentation du plan de transformation Carrefour 2022.*

Carrefour, *Rapport d'activité et d'engagement responsable* 各年版。

Carrefour, *Registration Document Annual Financial Report* 各年版。

Carrefour, *Resultats Annuels* 各年版。

Colla, E.（2001）*La Grande Distribution Européenne*, 2ᵉ édition, Vuibert.〔三浦 信訳（2004）『ヨーロッパの大規模流通業』ミネルヴァ書房〕

Dayan, A.（1987）*Manuel de la Distribution*, 9ᵉ édition, Les Éditions d'Organisation.

Ducrocq, C.（2006）*La Nouvelle Distribution*, 2ᵉ édition, DUNOD.

La Fédération du e-commerce et de la vente à distance（FEVAD, 2018）, *Les chiffres clés 2018.*

Marseille, J.（direction）（1997）*La Révolution Commerciale en France*, Le Monde-Édition.

Vigny, J.（1990）*La Distribution*, Sirey.

Vigny, J.（1978）*Petits commerces et grandes surfaces*, Presses Universitaires de Grenoble.

Villermet, J.M.（1991）*Naissance de l'hypermarché*, Armand Colin.

（佐々木　保幸）

第 3 章

オーシャン
──消費者の要望を先取りするための新たな試み

▋1 はじめに

　今日，情報通信技術（ICT）の発達・普及によって，消費者が時間的・空間的隔離に縛られず欲しいものをいつでもどこでも自由に購入することが可能となったことで，小売業は今まで経験したことがないスピードと規模で変化している。「世界の小売業ランキング2018」によれば，デジタル要素が関与した買物の売上高は，実店舗における売上高の56%を占めている。これは，実店舗のみで買い物する消費者の倍以上である（井上 2018，5頁）。

　このことは，小売市場の成熟化に伴う商品のコモディティ化が進行している日本をはじめとする先進国の有店舗小売業に対して独自な品揃えと店づくりのみならず，すべてのチャネルを駆使して消費者の要求に迅速に対応しなければならないことを示唆する。例えば，2017年9月18日小売業界に衝撃を与えたアメリカの大手玩具小売業トイザラス（Toys"R"Us）の経営破綻はこの課題を実務家に押しつけるとともに，これから電子商取引との本格的な競争の到来を告げる事象であった。

　それゆえ，既存の小売業は激化する競争，そして消費者の志向・購買行動の変化に即時に適応しながら，他社より優位な競争地位を構築するための戦略と実行力が最大の課題となる。フランスの小売業はヨーロッパ諸国の小売業をリードする有力企業を有しており，これらの大規模小売業は規模の経済性，範囲の経済性，経験効果を巧みに発揮しながら発展してきた。しかし，前述した

ような電子商取引を主力事業とするアマゾン（Amazon.com.）の進撃は，フランス小売業にも大きな影響を与えるであろう。

　そこで，本章では2018年 6 月，オーシャン（Auchan）がこうした変化を先取りするために「オーシャンは人生を変える（Auchan change la vie）」というテーマで発表した報告書「2025年までの25ステップ（25 Pas d'élan vers 2025）」（以下，報告書と略称）を用いて，周辺環境の変化をチャンスとして捉え，挑戦するオーシャンの経営姿勢について考察する。

▌2　国内展開：フランス国内におけるオーシャンの取り組み

　2017年現在，オーシャンは966のハイパーマーケットと2,395のスーパーマーケット，そして247の近隣型小売業[1]，370のショッピング・センター，金融業，不動産業，電子商取引などの事業を展開している。小売部門の売上高は528億ユーロ（税別）で，35万1,282人の従業員が働く（LSA Commerce et Consommation 2018；Auchan 2018）フランスを代表する小売業の 1 つである。当然，この業績は簡単に獲得した訳ではない。オーシャンの軌跡を辿ってみると，周辺環境の変化を綿密に分析して迅速に対応したことが成長につながったと思われる。

　以下では，フランス国内で行ったオーシャンの取り組みを中心にかんがみながら，デジタル時代となった今日，消費者の要望に応えようとする活動について述べる。

(1)　オーシャンの沿革

　1960年代初頭，フランスの植民地のほとんどが独立を果たしたため，植民地に在留していた人々の本国への引き揚げによって国内人口が急増した。そのため，フランス政府は大規模な住宅開発に際しては，商業施設への配慮も必要であると商業施設の重要性を提言した。これが1961年 8 月に出されたフォンタネ通達（circulaire Fontanet）である。このような人口増加に伴って社会・経済が活気を呈し始めた頃，オーシャンはジェラル・ミュリエ（Gérard Mulliez）によってフランス北部に位置するノール県のルーベ市オーシャン地区で廃工場

を改装して食品店を創業した[2]（田中 2007）。

　当時，フランスの伝統的な食品流通については，中小零細小売業が主流を占め，また食品以外では専門店が優位を保っていた。売り場面積でいえば，100㎡以上の店舗は，百貨店を除くと，ほとんど存在しなかった。そして，百貨店の取扱商品は，衣料品が中心であったが，その主流となっていたのは中級品であり，高級品は伝統的な専門店が取り扱っていた。ちなみに，セルフサービス方式を広く普及させたスーパーマーケットは1950年代後半から着実に伸びていったが，特に目覚しい発展がみられたのは，1968年以降である。言い換えると，フランスは世界で初めて百貨店を生み出して以降，流通構造では100年間にわたって大きな変化がみられなかったのである（白石 2003，21-22頁）。

　一方，ハイパーマーケットは，1963年にカルフール（Carrefour）によって設立された。この新業態は多くの人々が住まいを求めて都心部から郊外へと移動するようになり，モータリゼーションの進行と相まって，郊外に移住した消費者のニーズに応えるために開発された。これは売り場面積2,500㎡以上のもので，その3分の1以上が食料品で，衣料品，金物，建設資材，自動車部品，大型家庭電気製品，家具などを総合的に品揃えし，セルフサービス方式で低価格販売する業態である。さらに，カフェテリア，美容院，銀行，薬局をも取り入れてワン・ストップ・ショッピングの便利さを提供する（田口 2005）。ハイパーマーケットのほとんどは，都市の周辺地域に立地し1階建てで駐車場を完備していた。オーシャンはカルフールの後を追うように，4年後の1967年にロンク市で初のハイパーマーケットを開業した。このように，カルフールもオーシャンも1949年から始まったとみられる高度経済成長による変化に適応するために，スーパーマーケットの枠を改良し，ハイパーマーケットという新業態を創り出したのである。

　つまり，業態というのは一方的に決まるものではない。必ずいくつかの要因によって発生する。それは，消費者ニーズの変化とライフ・スタイルの変化である。また，これに起因して買物時間・場所の変化が現れる。この変化を経営者が企業のビジネス・チャンスであると受け取ったとしたら，新しい業態を立ち上げて提案する。要するに，業態は自然に生まれるのではなくて，「変化をビジネス・チャンス」として捉え，経営戦略の中でマーケティング・ミックス

（4Ps）を駆使して新業態を提案する。これを今度は，消費者が利用してみて時間的にも場所的にも便利だと評価し，受け入れたとしたら，長く支持されていくことが「業態形成の条件」となる。以上のように，業態は変化をチャンスとして捉え，それに対応する形で新しい売り方を提案し，それがやがて消費者に支持され，広く認知されていくと，模倣者としての競争相手が増加して，そこに新しい供給集団として業態が出現し定着するのである。

　ところが，同じ売り方で類似した商品を提供する店が増えすぎると競争が次第に激しくなる。その結果，自社の店に来る顧客が減少する恐れが生じる。そこで，差別化が起こって，新しい特徴がある，少しだけ違いがある新業態が再び現れる。例えば，オーシャンは1969年3月にアングロ市に床面積16,000㎡以上のハイパーマーケットをキーテナントとして，業種が異なる30の事業者を集めてフランス初のショッピング・センターを誕生させた。その後，オーシャンは1976年に不動産開発を専門とするイーモシャン（Immochan）を設立する。そして，1987年には買い物の利便性を向上させ，他社との競争力を強化するためにバンク・アコール（Banque Accord）を設立するなど，利益を犠牲にした価格競争に対抗するため，多角化戦略を展開した（LSA Commerce et Consommation 2018）。さらに，2000年には消費者の購買機会を拡大する目的で，リエール市に注文・予約した商品を車で取りに来るオーシャン・ドライブ（Auchan Drive）を立ち上げた。また，2010年にはインターネットの進展・普及によって消費者が購入前の検索から実際の購入までの過程が流動的に変化したことに対応するとともに，オーシャン・ドライブを支援するため，電子商取引専用の会社を設立した（LSA Commerce et Consommation 2018）。

　これらのオーシャンの歴史から，イノベーターとしての経営姿勢が垣間見える。オーシャンは大胆かつ積極的に挑戦した結果，現在は，フランス小売業において第2位の地位を築き上げた。

(2)　国内戦略の改変

　現在，流通業界においてデジタル化が着実に進行している中，消費者にとって買い物場所と方法は，それほど重要ではない。実際に，小売売上高が驚異的

なペースでリアルからオンラインにシフトし，モノからコト（サービス）消費への支出が増え，一部の小売企業は顧客の支持を失うことによる実店舗の閉鎖が続いている（井上 2018，5 頁）。

オーシャンは，このようにオムニチャネル化[3]した消費者に対応するための取り組みを報告書で紹介している。その中で，過去のように中心市街地または高速道路の出入口付近に店舗を構えて，顧客が来るのを待っていた時代はもう終わった。これからは，我々から顧客のところに出向いていけるようにその体制を整えなければならない（Auchan 2018，p. 2）と事業戦略の変革の必要性を唱えた。とりわけ，注目すべき取り組みとしては，最初に，消費者の健康に配慮した食料品・加工食品を提供する体制づくりに努めたことである。例えば，消費者の健康志向に応えるために生産者・メーカー，各分野の専門家[4]の協力の下，すべての自社ブランド（PB）の原材料，栄養成分，添加物，防腐剤などを再確認して調整を行った。さらに，消費者に安全安心を提供するため，商品の生産地や原材料の明記を義務化するとともに，生産・製造・加工から販売までの全過程を追跡できるトレーサビリティを構築した。消費者は商品のQRコードを読み取れば，瞬時にこれらの情報が入手できる。これに関しては，EGA（États généraux de l'alimentation）で，今後この活動を厳守していくと宣言した（Auchan 2018，pp. 13-20）。

また，オーシャンは地元生産者および企業との関係構築にも尽力しており，プロヴァンス地方で100％有機栽培のセレナ・ナシ（la poire Selena）とジュジュヴ・リンゴ（la pomme Jujuve）というオリジナルの果樹を開発する際には，果樹生産者と共に，長い時間をかけて取り組んだ。ついでながら，この時，破損した果樹を温室や住宅の暖房燃料として使用する取り組みはフランス初であり，オーシャンの活動における創造的思考の源となった（Auchan 2018，p. 18）。

次に，オーシャンは他社との差別化を確実にするために「食料品に関わる職人で構成する部署（direction des métiers de bouche）」を設置し，その店で取り扱っている食料品を使って実際に来客の目の前で調理する（**写真 3 － 1 参照**）。そして，食料品に関する知識を顧客に教える。その上，店内で調理した料理を自宅まで配達するなど，顧客に革新的な体験を提供している。担当者に

| 写真 3 － 1 | 店内で調理する風景 |

出所：Le Web Grande ConsoのOlivierdauvers提供。

よれば，この実演販売は，口コミで広がって昼休み頃になると，近隣のオフィスで働く人々が駆けつけるようになったという（Auchan 2018，p. 22）。

　小売業者は常に商品が良く売れる仕組みづくりとして，消費者のニーズを仕入れに反映させる「商品化計画」，すなわちマーチャンダイジング（Merchandising）という仕事が最優先となる。だからこそ，来客を満足させるための豊富な品揃えを実現しながら，時には売り場を編集することも必要である。上述したように，オムニチャネル化した消費者をもう一度店舗に足を運んでもらうためには，買い物を満喫できる売り場・店づくりが重要課題である。オーシャンは，来客を満足させるために自社ブランドの見直しはもちろんのこと，電子商取引では真似できない買い物の楽しみを提供しようと努力している。

　最近では「可能性のある分野を切り開く（Ouvrir le champ des possibles）」というミッションを掲げて独創的な販売活動を展開している。例えば，園芸売り場では自分で育てて食するという新感覚の野菜を提案している。そして，果物や野菜の良さを再発見してもらうためのスムージーバーを設置しており，養殖地が異なる牡蠣の試食コーナーも設けた。また，顧客から注文を受けて，オーシャンのシェフが調理した料理を配達するサービスも行っている。

　なお，**写真 3 － 2**のように，ファッシュ市のハイパーマーケットでは，オーシャンの栄養士が顧客の健康に配慮した美味しいレシピ（2 人前または 4 人前）を考案し，それに必要な食材を揃えた「食事ボックス（Box Repas）」を来客に提案するというユニークな販売も展開している。このような一歩先を行

| 写真 3 － 2 | 食事ボックス（Box Repas） |

出所：Le Web Grande ConsoのOlivierdauvers提供。

く取り組みは，オーシャンのグローバル戦略にも取り入れられている。

3　国際展開：オーシャンのグローバル戦略

　まず，経済のグローバル化の推移について確認すると，経済のグローバル化が始まったのは，1971年の金・ドル交換の停止を受けて「変動相場制」に移行した時であるといわれている。それから，1980年代に入ると，世界的な企業間の競争が激しくなるにつれ，規制緩和や競争促進の市場重視型の政権が誕生した。そして，社会主義国家においても変化がみられるようになった。その後，1990年代に入ってから，社会主義が崩壊し本格的な経済のグローバル化が進行するようになったのである。要するに，ヨーロッパにおける社会主義の崩壊と中国のように社会主義を標榜しても市場経済に移行させたために，ほぼ全世界が市場経済となった。これにより，カネが利益を求めて国境を越え，自由に取引される開放的な貿易・資本取引市場が成立したのである。これによって，世界経済の統合が進展して多国籍企業の国際的事業展開が重視されるようになった。このような経済のグローバル化を支えたのは情報技術（IT）の発達である（諸上・藤沢 2004）。

　以上のように，経済がグローバル化していく中で，流通業とりわけ欧米の大規模小売業は海外進出を本格的に行った。これについて経営環境要因の観点から考察すると，未開拓市場の存在，緩やかな規制環境，そして低い参入コスト

など，海外市場における魅力的な要因が海外市場へと引きつける「プル要因」である。また，国内市場における競争の激化，市場の飽和，そして規制環境の強化など，国内市場が魅力を失ったことで海外進出を必然化させる「プッシュ要因」がある（鳥羽 2003，62頁）。まさに，カルフールをはじめとした大規模小売業は，国内の流通政策が強化された[5]ことで，主力事業であるハイパーマーケットの出店が事実上不可能となった。そこで，国内の新規需要展開を諦め，海外市場に目を向けたのである。しかし，今日環境要因以上に大きな推進力となっているのは「企業自身の発想転換」である。つまり，有力企業の経営者の多くが持続的な成長のため，グローバル化戦略を積極的に行っている。

(1)　中国市場での新たな挑戦

　オーシャンの国際展開は，1979年にスペインへ進出したことに始まる。現地で合弁会社のアルカンポ（Alcampo）を設立し，1981年にハイパーマーケットを開店した（鳥羽 2015，187頁）。そして，1989年にはイタリアに進出した。なお，2017年現在，**図表３－１**のように，世界17ヵ国・地域に3,216店舗を展開しており，オーシャンの売上高の66%は海外市場で稼いでいる（Auchan 2018）。
　オーシャンは1999年に中国に進出し，上海の楊浦区に最初のハイパーマーケットをオープンした。2017年現在ハイパーマーケットを中心に525店舗を展開しており，2018年には積極的な経営統合と業態開発を行う意志を自社のウェ

│図表３－１│ オーシャンの世界17ヵ国・地域の店舗数（2017年12月31日）│

地域	進出国（店舗数）
西ヨーロッパ （5ヵ国）	フランス（643），スペイン（357），イタリア（1,608），ポルトガル（56），ルクセンブルク（6）
中央ヨーロッパ （6ヵ国）	ロシア（310），ウクライナ（24），ポーランド（110），ルーマニア（48），ハンガリー（20），タジキスタン（1）
アフリカ （3ヵ国）	セネガル（17），チュニジア（81），モーリタニア（2）
アジア （3ヵ国・地域）	中国（525），台湾（32），ベトナム（19）

出所：Auchan（2018）を用いて筆者作成。

ブサイトで発表した。ここで特筆すべき点は，2017年11月，中国最大規模の電子商取引企業アリババ（阿里巴巴・Alibaba）と提携を結んで，中国第1位の食料品小売業を創出する実験を始めたことである。すでに，2－(1)で述べたように，新業態が形成される要因は需要側の変化に対する供給側の取り組みだけではなくて，第3の要因として「情報通信技術の進歩」があげられる[6]。要するに，デジタル化の時代に，消費者にはいつでもどこでも買い物ができる選択肢を与えるために，オーシャンはフィジカル（現実）とデジタル（架空）を連動させた「フィジタル」[7]の可能性を探っている。その代表例が「オーシャン・ミニュット（Auchan Minute）」である。それは，床面積18㎡のガラス張りのコンテナーで，100％自動化されていて完全セルフサービスの無人経営の店舗である。スマートフォンを利用して買い物する新しいコンセプトの店舗で，名前の通りに利用客が1分以内に商品を選んで会計できる。つまり，利用客はスマートフォンを使ってドアを開ける（**写真3－3**参照）。そして，無人レジでスキャンして，スマホのアプリ「アリペイ（Alipay）」か「ウィチャット（Wechat）」を使って買い物する。店内には，スナックやワインなどの酒類など500品目を品揃えしており，店舗を監視するために天井に4つのカメラが設置されている。なお，在庫切れを防ぐために毎週在庫チェックを行う。

　オーシャン・ミニュットはハイパーマーケットの近辺に置いてあって，ハイパーマーケットが管理している。今後は，1店舗のハイパーマーケットに対して10ヵ所のオーシャン・ミニュットを開店する予定だという（Le Web Grande

｜写真3－3｜オーシャン・ミニュット（Auchan Minute）｜

出所：Le Web Grande ConsoのOlivierdauvers提供。

Conso 2018）。これ以外にも，近距離すなわち1時間以内での宅配を行う「アルティ・マート・フレッシュ（RT-Mart Fresh）」は，事業開始から6ヵ月で1日1,000オーダーに達し，一定の成果を上げた（Auchan 2018, p. 2）。近年，小売業を取り巻く環境がドラスティックに変化し，小売業は転換期を迎えているといっても過言ではない。オーシャンはこのような状況を打開するため，中国市場における新世代のビジネスを消費者の生活を先取りするという発想の下，現地企業と協力しながら取り組んでいる。

(2)　現地適応化戦略の修練

　小売企業が海外市場に進出する際の戦略としては，同一化された小売業務を世界的規模で展開する「標準化戦略」と小売業務を進出国の市場条件に適合させる「現地適応化戦略」に分類される（田口 2016，164頁）。

　オーシャンはこの2つの戦略を巧みに組み合わせて実践している。要するに，フランス国内で成功したモデルを進出国に導入してさらに磨き上げる。一方，進出各国の現地市場に根差した品揃えを形成するために，すべての進出国で地域に存在する中小の供給業者と密接な取引関係を構築している（鳥羽 2015，195頁）。

　まず，オーシャンの標準化戦略に基づく取り組みをみると，ベトナム，台湾，そして全世界中のオーシャンの店舗ではフランス国内の店舗と同様に，実演する食料品売り場を設けており，時々売り場に有名なシェフを招いて料理教室を開催し，利用客に買い物以外の楽しみを提供している。これに加え，イタリアの味からベトナムの伝統的な料理まで，それぞれの国の風味に合わせた地元味の商品を揃えて，さらに各国の食料品に関する食べ方，レシピも提供する。このように，オーシャンの店では顧客が現地にいながら海外の食料品を体験することができる楽しみも施している。また，ベトナムでは栄養士が考案した90種類の食事メニューを店内で直接調理して試食してもらいながら販売している（Auchan 2018, pp. 14-25）。

　なお，17ヵ国・地域すべての顧客に美味しさと健康的で高品質な商品を提供するため，フランスの厚生省が推薦するニュートリ・スコア（Nutri-Score）

に則って，自社ブランドの再調整を始めた。例えば，アミノ酸系除草剤の一種であるグリホサートを使用した農産物の代わりに，有機栽培の農産物を取り扱うように方針を変えたのである（Auchan 2018，p. 14）。

そして，2017年フランスで顧客と従業員の健康向上を目的に計画された「ラ・ヴィ・アン・ブルー（La Vie en Bleu）」プログラムは購買履歴のデータを用いて，購入した各商品の健康への影響を分析し，栄養評価を提供するアプリである。オーシャンは顧客だけではなく，家族の習慣を積極的に変えるためのパーソナライズされたアドバイスを提供することで，毎日少しずつ健康に対する意識を高めようと努めている。現在は，台湾，ウクライナ，ハンガリー，スペインでもこのプログラムが活用されている（Auchan 2018，p. 28）。

オーシャンの現地適応化戦略の特徴ともいえる進出国の地域に存在する供給業者との関係構築は「責任感がある供給業者（Filière responsable）」という名の下，さらに進化して持続的なパートナーシップを築き上げた。特に，オーシャンの主力商品である生鮮食料品に関しては，各国の農業慣行を尊重し，国や地域別にその行動範囲を定義する。これに加え，他社との差別化を図るために遺伝子組み換え作物（GMO）は一切扱っていない。これらの取り組みは中長期的な視点に立って行われる。これは，オーシャン・ロシアの規約となっていて，14,000㎡規模の加工工場の周辺に存在する酪農家（牛，豚，ウサギ，家禽）と取引契約を結んでから，店舗に商品を届くまでの物流体制を整えた。そして，5年以内に1日200トンの精肉を生産・加工し，各店舗に供給するため，モスクワから450km離れたタンボフ市に5,000万ユーロを投資して「オーシャン流通センター」を建設したのである（Auchan 2018，p. 16）。また，ポーランドも2017年にこのプログラムに加わって1年足らずで，豚，放し飼い鶏，チーズ，サーモン，トマトの供給業者と取引契約を結んだ。これらの商品は，100％ポーランド国内で製造されており，生産者らは環境と社会にも配慮しながら，高品質な商品の生産にこだわっている。中でも，養魚業者はオーシャンと協力することで，非常に珍しいオーガニック養魚業を成功させた（Auchan 2018，p. 16）。このように，パートナーを重視する姿勢と行動によって，オーシャン特有の商品を確保することが可能となり，その地域の消費者に高く評価・支持されている。

　以上のようなオーシャンの現地適応化戦略を矢作敏行が示した「小売事業モデルの現地化戦略の４つのパターン」[8]にかんがみると，標準化された事業モデルを現地化する過程で，市場特性に合わせて連続的に適応する結果，移転させた事業モデルは既存のモデルを超えた革新的な事業モデルを創造する「創造的な連続適応志向」に当てはまる（矢作 2007，36-40頁）。

▌4　おわりに

　本章では，情報通信技術の発達に起因する消費者の志向と購買行動の変化，そして同異業態間の競争の激化などによって変容の時代を迎えている小売業がどのように対応し，変貌を遂げるべきかという問題意識からオーシャンの取り組みを概観した。その取り組みからは創業以来，各々の時代の環境変化をビジネス・チャンスとして捉え，チャレンジし培ってきたノウハウをさらに発展させながら，新しい変化を先取りしようとする強い意志と行動指針がうかがえる。

　その中で，特徴的なことは，顧客のみならず従業員や供給業者との関係をも大切にする姿勢である。特に，供給業者に対してはオーシャンのこだわりを満たす商品を生産・開発する方法を教えながら，結果を出すまで一緒に勤しんできた。また，供給業者の販路開拓も支援しており，イタリアでは150の地元企業の1,300以上の商品を27ヵ国に輸出している（Auchan 2018, p. 21）。

　ともあれ，流通イノベーションが求められている今日，小売業はコストという効率性と利便性・楽しさという有効性を同時に実現させて，消費者に支持される戦略とその仕組みづくりを要求されている。これに対しては，電子商取引企業のアリババと連携してフィジタルの可能性を活用した小型で無人の店舗オーシャン・ミュニットを開発・実験している。この取り組みは，かつて山中篤太郎が「拡大再生産がないところ，不経済が存在する」（山中 1959）と強調したことと一致している。このことから，オーシャンは経営目的を現状維持とするのではなく，成長・発展として積極的に経営活動を行う「市場創造型小売業」だといえよう。

　また，オーシャンの温故知新の大勢も注目すべきことである。例えば，ルクセンブルクのキルヒベルクの店では，食料品売り場が集客力向上の原動力であ

る。鮮魚職人のジョルジュ・レガック（Georges Legac）はオーシャンが認める職人である。彼は，料理人としての経験を活かすことで，売り場はいつも活気に溢れている。彼は漁師や魚のこともよく理解しているため，漁師から直接購入している。当売り場では手頃な値段の魚から高級なプレミアム魚まで，顧客の要望に応える品揃えをしており，ミシュラン・レストランのシェフも買い物に訪れる。彼の成功の秘訣は，顧客1人ひとりに直接対応することで，顧客との信頼関係を構築したことである（Auchan 2018, p. 23）。

　以上のように，厳しい状況に置かれている小売業が持続的に発展していくためにも，自らが直面している現状を分析しながら，マーケティング戦略を駆使して，ターゲット顧客を絞り込んで，1人ひとりの「個の客」，いわば「個客」にとって最も望まれる時間帯に商品・サービスを提供することが必要である。小売業者には，それを可能にするための仕組みづくりやマネジメントが求められている。さらに，地域の個別需要，特に高齢者に合わせて，小売業がその地域に根ざして，長年そこで商売を続けてきた経験を活かして熟知した市場への個別アプローチ，すなわち「高齢者への高度な適応」，きめ細かく対応することは小売業者の「社会的貢献」であると自覚して，それを可能にするための取り組みも望まれる。

■注

(1) 報告書に計上されている「Magasins d'ultra-proximité」を日本語に直訳すれば「とても近い店舗」である。そのため，本章では「近隣型小売業」と命名した。
(2) オーシャンという企業名は地名から由来する。
(3) オムニチャネルとは，「すべて」という意味を持つ「Omni」と「販売経路」を意味する「Channel」で構成する造語である。つまり，店舗・ネット（PC版サイト，スマホ版サイト，スマホアプリなどの自社ECサイト），オンラインモールへの出店，SNSの活用，カタログなど，あらゆる販売チャネルの顧客情報や接客・閲覧履歴，ポイント，商品在庫などを一元的に管理し，顧客に継ぎ目のない買物体験を提供する販売戦略である（大内 2018，235頁）。
(4) オーシャンは栄養専門家，癌専門医，アレルギー・毒物学者，心理学者，社会学学者によるコミッションを組織している。
(5) 1973年12月に制定されたロワイエ法（Loi Royer）は高齢者や障害者などの社会的・経済的弱者のために商業上の観点から大規模小売業と地元中小小売業とのバランスをとることを目的としていたが，事実上は，中小小売業を保護するものであった。しかし，同法の盲点を突く基準面積以下の出店が多発し，法の改正を行ったのである。そして，ロワイエ法は1990年代に入って，数回にわたり改正・強化され，1995年には中小小売業の保護政策を強化し，売り場面積300㎡以上の

店舗を規制対象とするラファラン法（Loi Raffarin）が制定された（矢作 2000, 65頁）。

(6) 業態は，法律・規制の有無にも影響される。例えば，日本のほとんどの総合スーパー（GMS）がコンビニエンスストアを展開した理由は，500㎡以上の店舗を規制対象とした「大店法（大規模小売店舗における小売業の事業活動の調整に関する法律）」という法律があったからである。つまり，500㎡の規模でスーパーを展開するにはあまりにも小さすぎてメリットがない。そこで，アメリカに行ってコンビニエンスストアを学んで日本に導入したのである。この点からみると，業態は，需要・供給の変化以外の条件にも左右される。

(7) フィジタルは，2015年頃から使用されるようになった造語である。マーケティング分野では，私達が生活する現実の物理世界とIoT（Internet of Things）などのテクノロジーが描くデジタル世界を融合した「体験」を通して，顧客体験の向上を図る（フィジタルマーケティング・マガジン（https://magazine.drop-phygital.com/）より）。

(8) 矢作敏行が示した「小売事業モデルの現地化戦略の4つのパターン」の中で，「創造的な連続適応志向」以外の概念は次の通りである。

① 完全なる標準化志向：高級ブランド型小売企業のような事業モデルの正確な反復複製に戦略的価値がある場合に採用される。ルイ・ヴィトンがその例である。

② 標準化の中の部分適応：自国の市場で確立した優位性をベースに標準化した事業モデルを進出先の市場に移転する場合，現地の市場特性の違いから部分的な修正が避けられないために行われる。

③ 新規業態開発志向：参入する国や地域に応じて新しい事業モデルを創り出すパターンであり，既存業態による新規市場の開拓という地理的な多角化ではなく，新規業態での新規市場開拓の異種の経営多角化を意味している。

■参考文献

【日本語文献（五十音順）】

井上裕介編（2018）『世界小売業ランキング2018』デロイトトーマツコンサルティング合同会。

大内秀二郎（2018）「オンラインモール」崔　相鐵・岸本徹也編『1からの流通システム』碩学舎，223-236頁。

白石善章（2003）「フランス流通の歴史とその構造的展開」白石善章・田中道雄・栗田真樹編『現代フランスの流通と社会』ミネルヴァ書房，13-41頁。

田口冬樹（2005）『新訂 体系流通論』白桃書房。

田口冬樹（2016）『流通イノベーションの挑戦』白桃書房。

田中道雄（2007）『フランスの流通』中央経済社。

鳥羽達郎（2003）「カルフールの国内展開と海外戦略」白石善章・田中道雄・栗田真樹編『現代フランスの流通と社会：流通構造・都市・消費の背景分析』ミネルヴァ書房，59-92頁。

鳥羽達郎（2015）「オーシャンの国際戦略」田中道雄・白石善章・相原　修・三浦　敏編『フランスの流通・政策・企業活動：流通変容の構図』中央経済社，185-200頁。

諸上茂登・藤沢武史（2004）『グローバル・マーケティング［第2版］』中央経済社。

矢作敏行（2000）『欧州の小売りイノベーション』白桃書房。

矢作敏行（2007）『小売国際化プロセス：理論とケースで考える』有斐閣。

山中篤太郎（1959）「中小企業と経済計算：日本の中小企業の性格の一の再検討」『一橋論叢』45(2)，一橋大学，401-416頁。

【外国語文献（アルファベット順）】

Auchan（2018）*Rapport d'activité 2017 "25 PAS D'ELAN VERS 2025"*.

Le Web Grande Conso（2018）*Découvrez « Minute » l'épicerie en container d'Auchan en Chine*
（https://www.olivierdauvers.fr/2018/05/04/）

LSA Commerce et Consommation（2018）*Présentation de Auchan.*

（李　東勲）

第4章

テスコ
──先駆的な戦略展開とイギリストップ小売業への道程

▌1　はじめに

　2018年8月6日，イギリス最大の小売業テスコ（Tesco PLC）は，フランス最大の小売業カルフール（Carrefour S. A.）との長期戦略的提携に調印し，正式合意した。同年7月2日に提携の発表がなされてから急スピードでの合意であり，10月には具体的に動き出すことが報道された（Carrefour 2018）。

　デロイト・トウシュ・トーマツ（Deloitte Touche Tohmatsu）が毎年公表している「世界の小売業ランキング」において，かつてはアメリカのウォルマート（Wal-Mart Inc.）に次ぐ売上高を誇った両社が，例えば，2011年度から2016年度の5年間の年平均売上高成長率はマイナスとなっており，近年は低迷している（Deloitte 2018）。近年の世界の流通は，アメリカのオンライン販売世界最大手のアマゾン（Amazon.com, Inc.）や代表的なハードディスカウンター（HD）であるドイツのアルディ（Aldi Group），同じくドイツのシュヴァルツグループ（Schwarz Group）のリドル（Lidl）などによって席巻されているといっても過言ではない。かつての両雄もこの潮流に逆らえなくなっていることは間違いなく，それらへの対処が必須とされ，それぞれにさまざまな取り組みがなされてきたが，そのような状況の中での提携劇であった。

　イギリスに関していえば，グロサリー（食品雑貨）市場の売上高シェアは，テスコ，セインズベリー（J Sainsbury Plc），アズダ（Wal-Mart Inc.'s Asda），モリソンズ（Morrisons），アルディの上位5社で76.7％（2018年12月2日

KANTAR WORLDPANEL) を占め，かなりの寡占状態にあることは周知の事実である[1]。短期間では多少の増減がみられるものの，この中で2年前（2016年12月4日）に比しシェアを伸ばしたのはアルディのみ（6.2％→7.6％）で，リドルも4.6％から5.6％へシェアを伸ばしている（KANTAR 2018）。2016年6月に，イギリスがEU離脱を決めたことにより（Brexit），その後のポンド安がインフレーションの引き金となって，消費および小売業の売上高に影響を及ぼす中でHD2社の急激なシェア拡大が生じたといえる（Deloitte 2018）。

　テスコは，2014年9月22日，同年3～8月の利益見通しに重大な問題があったとして，2億5,000万ポンド（4億880万USドル）の過大申告があったことを発表した。従来の利益見通しの11億ポンドから大幅に下方修正するという会計不祥事を引き起こしたのである[2]。

　2018年には，テスコにとって脅威ともなりうる事象が発生した。4月30日，イギリス小売業売上高第2位のセインズベリーが同第3位のアズダを73億ポンド（100億USドル）で買収するという報道がなされた。この買収がそのまま実現すれば，イギリス国内グロサリー市場において，1995年以来20年以上の長きにわたり売上高トップシェアを維持してきたテスコの27.6％をしのぎ，2社を合わせたシェアは31.4％となると試算され，イギリス小売市場を揺るがす合併に発展する可能性のあるものである（Bloomberg 2018）。

　しかしながら，このような動きに対し，競争・市場庁（Competition & Markets Authority：CMA）[3]が調査を開始し（CMA 2018a）[4]，そして2018年9月19日，第1次審査結果が公表された。報告書では，セインズベリーとアズダの店舗がオーバーラップする463地域を挙げ，そのような地域では高価格，サービスの質低下の懸念があることが示された（Reuter 2018）。すなわち，この合併案件が当事者のかなりの数の店舗の売却等，なにがしかのアクションなしには進まないことになり，上記のように，2社のシェアがテスコのシェアをすぐに凌ぐことはひとまず回避されたといえる[5]。この動きと前後して，2018年9月の創業100周年記念式典の席上，テスコCEO（最高経営責任者）のデーブ・ルイス（Dave Lewis）は同社の創業者ジャック・コーエン（Jack Cohen）の名にちなみ，ジャックス（Jack's）と銘打った新ブランド，店舗を展開することを発表した。アルディ，リドルといったHDとの競争をにらみ，低

コストビジネスモデルを採用している（Tesco 2018a）。実際，テスコの大型店から多くの売上高がHD 2 社にシフトしたと推測され（ダイヤモンド社 2016, 62頁），とりわけリドルに限っては，2017年 1 月 1 日までの52週間で，テスコから 1 億200万ポンドもの売上高がシフトしたと推測されている（ダイヤモンド社 2017a, 79頁）。

　テスコは，1995年にイギリス小売業のトップに君臨して以降もさまざまな変化を遂げてきた。国際展開も積極的に推し進め，世界 3 位の地位に昇りつめた後は，躍進著しい業態との厳しい競争や前述の不正会計などの影響がたたり，今日では，その地位を低下させている。本章ではまず，同社ホームページ社史に基づいてその変遷を概観しながら，今日のイギリス国内外における主な戦略についてみていくことにしたい。

▎2　国内展開：先駆的な戦略展開の奏功と長期のトップ小売業君臨

⑴　現　　状

　テスコは2017年現在でもなお，グループ売上高512億ユーロ（€ 1 ＝ £ 0.8990, 約460億ポンド），44万人以上の従業員を擁する世界最大級の小売業の 1 つである（Tesco 2018c）。グロサリー商品はもちろんのこと，サービス商品に至るまで，リアル店舗のみならず，オンラインスーパーを通じても提供し，さらに近年では銀行業などにも進出している。

　「世界の小売業ランキング」（2016年度小売売上高：2017年 6 月を期末とする事業年度）によれば，テスコは第11位となっている（Deloitte 2018, 19頁）。1997年にCEO（最高経営責任者）に就任したテリー・リーヒー（Terry Leahy）の下，国内外において積極的な戦略展開をみせ，長らく世界ランキングの上位をにぎわせてきたが，近年の業績不振の中，トップ10からも滑り落ちたのである[6]。

　2011～2016年度の小売売上高の年平均成長率（CAGR：compound average growth rate）はマイナス2.9%，事業展開国数は 8 ヵ国[7]（上位250社のうち，イギリス小売業は12社を占めるが，事業展開国数の平均は16.8ヵ国であるから，

┃ 図表 4 − 1 ┃ イギリスのグロサリー市場シェア（%）の最近の推移（2011−2018年）┃

企業名	2011年	2012年	2013年	2014年	2015年	2016年	2017年	2018年	増減(2011-2018)
Tesco	27.3	27.3	26.8	25.8	25.3	25.2	24.6	24.5	-2.8
Sainsbury's	15	15	15	14.7	14.6	14.2	13.6	13.5	-1.5
Asda	14.9	14.7	14.5	14.5	14	13.2	12.7	12.7	-2.2
Morrisons	11.5	11.2	10.8	10.4	10.2	10	9.6	9.6	-1.9
Aldi	2	2.5	3.1	4	4.7	5.3	6	6.3	4.3
Co-op	5.9	5.6	5.4	5.2	5.1	5.2	5	5	-0.9
Waitrose	4.1	4.3	4.5	4.7	4.9	5	4.9	4.8	0.7
Lidl	2.3	2.4	2.6	3.1	3.6	3.9	4.4	4.6	2.3
M&S	3.1	3.1	3.2	3.2	3.3	3.5	3.5	3.5	0.4
Iceland	2	2.1	2.1	2.1	2.1	2.2	2.2	2.1	0.1
その他	12	11.6	11.8	12.1	12	12.2	13.4	13.4	1.4

出所：Sainsbury's 2018（原資料：Kantar World Panel Total Grocery Share）より作成。

イギリス小売業の中では平均の半分程度）となっている（Deloitte 2018, p. 19, 26）。

図表 4 − 1は，イギリスにおけるグロサリー（食料・雑貨品）市場シェアの最近の推移を示しているが，これをみてもわかるように，同社のシェアは国内において1995年にセインズベリーからトップを奪取してからは一貫してトップを占めているものの，そのシェアは減少傾向にあるといえる。ドイツ系HD 2等を中心にシェアを奪われているばかりか，同様にシェアを減少させている大手他社にも迫られる状況にあることはいうまでもない。実際に，2018年 7 月28日までの52週間で，アルディとリドルは合わせて生鮮食品で20.5%，パッケージ食品で16.6%のシェアを持つようになっているというデータは注目に値する（Sainsbury's 2018）。

ところで，テスコに関していえば，今日の同社を語る上で，2015年 2 月期上半期（2014年 3 − 8 月）の不正会計に触れないわけにはいかない。世界小売売上高ランキングにおいて当時 3 位の地位にあった同社は2014年 9 月22日，同期の利益見通しが 2 億5,000万ポンド過大に報告していたと発表したのである。それより少し前の同年 7 月21日，当時のフィリップ・クラーク（Philip Clarke）CEOが退任し，ユニリーバ（Unilever）出身のルイスが後任として迎

え入れられることが発表されていた。

　2011年にCEOに就任したクラークCEOはそれまでの拡大路線を改め，国際展開においては，当時進出していた日本やアメリカからの撤退・中国での合弁事業への切り替え等を行っていた 。2017年 3 月28日には， 1 億2,900万ポンド（約180億円）の罰金を払うことでイギリスの当局と合意したと発表した。誤った情報をもとに同社株を取得した株主への賠償金として8,500万ポンドを準備することも発表した。罰金の支払いなどに備え，2018年 2 月期に 2 億3,500万ポンドの特別損失を計上した（The Guardian 2017）。

　その過程で，2015年 9 月，1999年から韓国においてサムスン（Samsung）との合弁で展開を開始したディスカウントストア（DS）のホームプラス（Homeplus）の個人投資家への売却が決定された。業績が比較的好調とみられていた韓国から撤退したのである。しばらくの間，テスコは国内事業に注力せざるを得なくなったが，2017年 1 月27日，会員制卸売業のブッカー・グループ（Booker Group）を37億ポンドで買収すると発表したことで，再度積極的な戦略展開への舵が切られるようになった。このテスコについて，同社ホームページ掲載の社史に沿って，その事業展開を概観してみることにする。

⑵　史的展開

①　戦 前 期

　1919年，コーエンがロンドンのイーストエンドの屋台で創業した。初日には 4 ポンドの売上高で 1 ポンドの利益を上げたにすぎなかった（Tesco 2018b）。1924年に，最初の自社ブランド製品であるテスコ・ティー（Tesco Tea）を販売した。テスコの名称の由来は，茶の供給元であったトーマス・エドワード・ストックウェル（Thomas Edward Stockwell）の頭文字とコーエンのCOを合わせたものである。これが，最初のPB（プライベートブランド）商品となった（スパークス 2008, 54頁）。

　1929年，北ロンドンのエッジウェア（Edgware）にあるバーントオーク（Burnt Oak）に最初の店舗をオープンし，そこでは乾物と茶を販売した。1932年に，テスコ有限会社（Tesco plc）が設立された（スパークス 2008, 55頁）。

1934年，コーエンは北ロンドンのエドモントンのエンジェルロードに土地を購入し，新しい本部と倉庫を建設したが，これがイギリスで最初の近代的な食品倉庫となった。1930年代は，ロンドン郊外に展開する店舗買収で事業を拡大していくことになる。

② 戦　後　期

　ここでは，戦後を大きく4期に分けて，国内事業の展開をみていくことにしたい。

1）株式上場から店舗網の拡大

　1947年には，テスコストアズ・ホールディングス（Tesco Stores Holdings）として，25ペンスの株価で株式上場を果たす。その後，コーエンは北アメリカへの調査訪問に続き，1948年，ハートフォードシャー州のセント・オールバンズに最初のセルフサービス店を開店したが，いったんは頓挫する（スパークス 2008，57頁）。1955年，バーナードの店舗19店を買収し，1960年までに500以上の店舗を買収して，店舗数の増加が始まる。その過程の1958年には，チョコレート，バター，肉を販売員が量り売りするカウンターサービスを備えた最初のスーパーマーケットをエセックス州のマルドンにオープンした[8]。

　1960年，イギリス全土の店舗において，家庭用品や衣料品の販売を開始した。1950年代後半以降本格化した買収は60年代になっても継続し，イングランド北部のアーウィンの店舗212店舗の買収でさらに店舗数は増加した。1963年には，グリーンシールドスタンプ（Green shield stamps）を導入した。これは，支払時に集めたスタンプをカタログの商品と交換できるもので，ロイヤルティ創出に有効な手段として期待された（スパークス 2008，61頁）。

　1968年，ウエスト・サセックス州のクローリーに最初のスーパーストア（Superstore）を開店した。食料品のみならず非食品も販売する売り場面積40,000平方フィート（約3,716㎡）の店舗であった。同年，ビクターバリュー（Victor Value）チェーンを買収した。1973年，チェスハントに新本社を設立し，同年，イギリスの主要地にガソリンスタンドの展開を開始した。

2）戦略の転換と業態多様化

1977年6月，グリーンシールドスタンプを廃止し，代わって，値引きに重点を置くチェックアウト・アット・テスコ（Checkout at Tesco）を導入した。この戦略の導入によって同社の売上高は上昇して市場シェアがわずか1ヵ月で7.9％から10.8％へと急上昇し，新旧のテスコを分かつ決定的な分岐点となったといわれる（スパークス 2008, 63, 65頁）。

1982年，コンピュータが搭載されたレジを初めて導入し，販売促進のため，イアン・マクローリン（Ian MacLaurin）は1,500の食料品について3〜26％値引きするチェックアウト82（Checkout 82）を開始した。マクローリンが社長に就任した1985年には，イギリス大規模小売業者としては初の健康食品ブランドとなるヘルシー・イーティング（healthy eating）を導入した。

1992年，売り場面積約1万平方フィート（929㎡）の最初のテスコ・メトロ・ストア（Tesco Metro）をコヴェント・ガーデンに開店し，多業態化への先鞭をつけた。1993年には，低価格PB商品のテスコ・バリュー（Tesco Value）を導入し，PB商品の階層化を進めるとともに，Every Little Helps（「どんなちいさなことでもお客様のために」）というスローガンを発表した（Tesco 2018b）。これがテスコの組織原理となり（マーケティング史研究会編 2008, 70頁），この新キャンペーンにより，1995年にかけ，130万人の新規顧客を獲得した。キャンペーンは2004年にも実施され，今日でも同社のスローガンとして生き続けている。業態多様化はその後も続き，1994年，コンビニエンスストア（CVS）のテスコエクスプレスを開店したことで，小規模店舗の充実が図られた。

3）積極的拡大戦略の展開

この時期は，同社が文字通りグローバルリテーラーへと大きく躍進するための諸戦略が実践される時期である。1995年，テスコクラブカード（Tesco Clubcard）導入により，約500万人の顧客が獲得され，セインズベリーを抜いて，イギリス小売業トップに躍り出る。クラブカードには固有の会員番号が割り振られ，買い物客が支払い時にレジでカードを手渡すと，同時にその会員の商品購買履歴がPOS（販売時点情報管理）システム経由で蓄積されていく。こ

れにより顧客の詳細な購買履歴を把握し，分析・マーケティングへとつなげてきた。これに大きく貢献したのが，子会社化したデータマーケティング会社のダンハンビー（dunnhumby）であった（小川 2013）。このクラブカードはロイヤルティ・スキームの実践であるが，国内の戦略的発展にとって極めて重要であり，セインズベリー等他の業者はこの戦略を軽視した（スパークス 2008，70頁）。すなわち，この戦略を重視し，他に先んじて積極的に取り組んだことこそが今日のテスコの地位を築く礎の１つとなったことは紛れもない事実である。

　1996年に，現在では成長著しいEC（Electronic Commerce：電子商取引）市場に参入し（太田 2014），また，店舗の24時間営業を開始した。1997年には，エセックス州のピッツィに最初のハイパーマーケット（Hypermarket）であるテスコ・エクストラ（Tesco Extra）を開店した。これは，進出先の中央ヨーロッパにおいてさまざまなコンセプトが試みられた上，イギリスに逆輸入された業態である（スパークス 2008，73-75頁）。同年，後のテスコバンクへと発展するテスコ・パーソナルファイナンス（Tesco Personal Finance）を創業し，30万口座以上の契約を獲得した。この年には，その後の同社の国内外における積極的な戦略展開のリーダーとなるリーヒーがCEOに就任した。

　1998年，PB商品の範囲を拡大し，高級ブランドのテスコ・ファイネスト（Finest）を導入したことで，PB商品の階層化をより一層鮮明にしていく。1999年には，イギリス店舗において携帯電話の販売を開始し，プリペイド型携帯電話販売最大手になる。翌年，テスコ・ドット・コム（Tesco.com）を設立し，本格的なオンラインスーパーの事業展開を開始した。以来，毎週50万人以上の顧客にサービスを提供した。これについては，今日の展開の中で改めて触れることにしたい。

　2001年には，衣料品ブランドであるF&F（Florence and Fred）をスタートさせた。2002年，イギリスCVS２位のワンストップ（One Stop）を買収した。これにより，小規模店舗の拡充とともにCVS事業をさらに拡大した。2006年，グリーン・クラブカード・ポイント（Green Clubcard points）を導入した。これはマイバッグの利用に対してポイントを付与するもので，その推進により，12ヵ月間でレジ袋使用量を10億枚規模の減少を実現した。このポイントをはじめとして，それ以降，食品廃棄ないし食品ロス（渡辺 2018，39頁）への取り組

み等，テスコは同種のキャンペーンを積極的に展開していくことになる。

　2007年，スコットランドのガーデンセンターチェーンのドビーズ（Dobbies）を買収し，非食品分野の充実を図り，多角化を推し進める（2016年売却）。2009年，テスコ・パーソナルファイナンスのRBS（ロイヤルバンク・オブ・スコットランド）の株式持ち分50％を買収後，総合銀行化計画を提示した。買収後，テスコバンク（Tesco Bank）となる。また，1億5,000万ポンドを投入しクラブカードキャンペーンを開始した。これによって，顧客に倍額のクーポンを提供した。

　そして2010年，ケンブリッジシャー州ラムジーへの世界初のゼロ炭素スーパーマーケットの開店によって，環境問題への本格的な取り組みを始動した。同年，顧客が店舗において自身で磁気読み取り機に通すタイプの新しいクラブカードアプリを導入した。

4）国内事業の立て直しとSDGs（Sustainable Development Goals：持続可能な開発のための目標）に向けての取り組み

　ここまでのテスコの事業展開はまさに右肩上がりというにふさわしい業績を上げてきたが，以降は大きな戦略転換を余儀なくされる事態となっていく。2011年3月，アジア，ヨーロッパ，ITディレクターを務めたフィリップ・クラーク（Philip Clarke）がグループCEOに就任した。彼は，店舗運営，広告・宣伝，マーケティング等数多くの職務を歴任してきた1974年入社の生え抜きである。

　この頃からテスコは慈善事業に注力していくことになるが，同年，イギリスアルツハイマー病協会に対して，従業員と顧客が協働し，目標額の500億ポンドを大きく上回る750億ポンドの寄付を実現した。その後も，イギリスで糖尿病と診断された人の数が初めて300万人に達した2013年には，イギリス糖尿病協会との慈善事業の提携を発表し，翌年にはテスコの従業員，サプライヤー，顧客による慈善事業に伴う寄付額が1,000万ポンドに達したと発表した。このような動きは，2013年のPB「健康生活（healthy living）」導入へとつながっていった。新ブランドは，顧客をより健康的な生活様式に導くためのさまざまな健康食品を提供した。また，2013年に開催された史上最大といわれるネイバー

フッド・フードコレクション（Neighbourhood Food Collection）では，テスコの顧客によって470万食分が寄付され，慈善団体のフェアシェア（Fare-Share）とトラッセル・トラスト（Trussell Trust）に振り分けられた。2012年12月以降，必要とする人に寄付された食事は総量で2,150万食，9,000トン以上に達した。

　2012年，PBを再編して，テスコバリューを廃止し，エブリデイエッセンシャル（Everyday Essential）を導入した（神谷 2017，46頁）。この新商品群は，①品質，②顧客に対するより健康的な商品の提供，③陳列製品の識別に役立つパッケージング改善の3つに重点を置くものである。翌年にも，イギリスの最も成長力のあるプレミアム食料品ブランドであるテスコ・ファイネストを大規模リニューアルした。400以上の新製品が投入され，1,500品目のうち4分の3が新製品ないし改良品であった。

　ところで，テスコのPB比率は50％程度で安定していると推定される。同社が行った実験によれば，PB比率が60％を超えると売上高全体が落ちるという結果が出ている（流通経済研究所 2015，55頁）。これまでみてきたように，同社はPBの階層化を図り，顧客の購買行動等を分析しながら，積極的に内容を見直しており，今後もPB比率に大きな変化はみられないように思われる。2012年，テスコバンクはサービス範囲を拡大し，住宅ローンをカバーするようになる。これに伴い，テスコクラブカードの所有者は住宅ローン返済時にクラブカードポイントを増額して付与されることになった。

　2013年9月には，ユニリーバ出身のルイスがグループのCEOに就任した。ルイスは前述の不正会計を受け，優先課題として，①イギリスの中核事業の競争力回復，②バランスシートの保護・強化，③信頼と透明性の再構築の3つを掲げ，テスコを再び顧客のチャンピオンにするという公約がなされた。

　前述の不正会計発覚後，顧客の信用回復のための戦略が目立って展開されるようになる。2015年，店頭でのブランド保証を導入し，アズダ，モリソンズ，セインズベリーのほうが安い場合，10種類以上の商品を購入すれば，レジで値引くことを宣言した。同年，Bags of Help Schemeを開始し，イングランド，スコットランド，ウェールズにおいて徴収されたレジ袋代金5ペンスは，地域社会の緑地の創造ないし改善のためのプロジェクトの資金源となった。同年は

イギリス政府によるレジ袋有料化元年であったが，同社によれば，イングランドのテスコの顧客は，15億以上の使い捨て買い物袋を節約したとされる。

　2016年，消費財フォーラムの地球サミットにおいて，ルイスは，食品廃棄に積極的に取り組む事業を奨励し，食品ロスのデータを公開するよう幅広い業界に要請した。これには，2015年9月の国連サミットにおいて採択された「持続可能な開発のための2030アジェンダ」（SDGs）が影響している。目標12「持続可能な生産消費形態を確保する」のうち，12.3に「30年までに小売・消費レベルにおける世界全体の1人当たりの食料の廃棄を半減させ，収穫後損失などの生産・サプライチェーンにおける食料の損失を減少させる」とあり，これを受けて，食品廃棄ないしロスの削減がグローバルな課題として真剣に取り組まれるようになった（外務省 2015；渡辺 2018, 39頁）[9]。

　これより以前，イギリスNGOのWRAP（Waste & Resources Action Programme；廃棄物・資源行動プログラム）によって，イギリスの小売業が毎年160万トンの廃棄物を生み出してきたことが指摘されている（スチュアート 2010, 50頁）。イギリスでは，テスコをはじめとして民間主導で食品廃棄削減に取り組んでいるが，同社は2014年に発表したアニュアルレポートで食品廃棄データを掲載し，2030年までに食品廃棄を半減することを表明する等，非常に積極的な姿勢をみせている（渡辺 2018, 45-46頁）。

　2017年8月末には，イギリス全土において食料品雑貨の即日配達サービスを提供する初の小売業者となった。2014年にロンドンおよび南東部で食料品雑貨の即日配達サービスを開始したが，イギリス全世帯の99％以上をカバーする，イギリス全体で300店舗以上にサービスを拡張した。イギリスのオンライングロサリー市場の規模は2016年で約99億ポンド，グロサリー市場全体の6％を超えるようになっている（ダイヤモンド社 2017b, 104頁；ダイヤモンド社 2018a, 81頁）。その市場において，今や世界中で飛ぶ鳥を落とす勢いのアマゾンがイギリスに進出したのはテスコが同市場に参入する2年前の1998年であった。オンライングロサリー市場においては今日，およそ39％とテスコが圧倒的なシェアを握っている（第2位のセインズベリーが約17％）。実際，イギリスの同市場は小売売上高シェア，グロサリー売上高シェア以上に寡占化が進んでおり，すべてイギリス小売業で構成される上位5社で実に96％を占める高さとなって

いる。ECで注文した商品を店頭で受け取る「クリック＆コレクト」や，アマゾンの「プライム・ナウ」に対抗して2017年6月にロンドンの一部地域で開始した1時間配達サービスである「テスコ・ナウ」等もシェアの高さに大きく貢献している（ダイヤモンド社 2018a）。

　2018年，前年のCMAによる調査を終え，卸売業者ブッカー・グループとの合併を完了した。テスコのホームページでは，両社は小売および卸売の専門知識を結集してイギリスの食品事業をリードすることになる。この合併は，「自宅」であれ「自宅外」であれ，どこで食事を準備し食べようとも，テスコの事業機会に門戸を開くことになり，顧客，サプライヤー，従業員および株主のすべてに利益をもたらすことになるとしている（Tesco 2018b）。

　以上のように，同社の100年に及ぶ事業展開の中で，さまざまな戦略が展開されてきた。消費者の動向を注視し分析することで，業態やPB商品を変化させてきた。オンライン市場の拡大やドイツ系HDの躍進等，競争環境の変化にも適応してきたといえる。その中での現在の同社のポジションがあるといえるが，本節の最後に今日のイギリスの競争政策の変化と同社への影響についてみることにしたい。

⑶　イギリスにおけるバイイングパワー規制の強化と影響

　イギリスの小売市場ないしグロサリー市場における売上高の上位集中傾向は今に始まったことではないが[10]，2000年3月，「1998年競争法」，2003年6月，「2002年企業法」がそれぞれ完全施行されて以降，競争政策全般にかかわる規制と体制が大幅に拡充され，その一環として大規模小売企業による反競争的行為に対する規制が強化されてきている（渡辺・佐原 2015）。かいつまんで説明すれば，「1998年競争法」およびその改革法である「2002年企業法」が違法性の基準を「公共の利益」からEU法に倣って「競争に与える影響」に改めたからに他ならない[11]。

　2010年2月4日，大規模小売企業によるメーカー等サプライヤーに対するバイイングパワー濫用行為規制に焦点を当てた制度として，グロサリーズ・サプライ・コード・オブ・プラクティス（Groceries Supply Code of Practice：

GSCOP）が導入され，運用を管轄，調査・審査権限を有するザ・グロサリーズ・コード・アデュディケータ（the Groceries Code Adjudicator：the GCA）が設置されたことにより，その流れは加速してきているといってよい（渡辺・佐原 2015，63頁）。制度の対象は，イギリス市場で小売売上高10億ポンド以上の大規模小売企業であるとされており，これにはテスコを含め10社が指定されている（Competition Commission 2009）。

イギリス国内におけるドイツ系HD 2 社やアマゾンとの競争激化のみならず進出国での競争環境悪化により業績が低迷する中で，テスコのGSCOP違反問題と不正会計問題がクローズアップされることになった。同社が後で大きな代償を支払うことになったのは前述したとおりである。イギリスでは小売売上高の上位集中度がかなり高いがゆえに，競争を揺るがす事象は生じやすいといってよい。EU法との差異が解消されたことで，競争当局が介入しやすくなったことはいうまでもない。最近のテスコによるブッカー買収，セインズベリーとアズダの合併に関し，CMAが調査に乗り出したのも同じ事情によるものといえる。

▌3　国際展開：1990年代後半の積極的展開と2010年代後半の停滞

それでは目を転じて，次にテスコの国際化についてみていくことにしよう。流通外資にとっての海外進出は過剰資本の処理の 1 つの方策であるといってよいが，テスコにとっても例外ではない。同社は，多業態・多チャンネルというアプローチを採用し，1990年代後半から急速にグローバル化を加速させ，食品から雑貨やサービス商品を取り扱う小売業者へと進化を遂げてきたとされる（スパークス 2008，51頁）。

不正会計問題の発覚，2015年の韓国撤退以降および翌年のBrexit決定後のポンド為替レートの下落以降は海外進出に積極的な姿勢はうかがえない。近年はそれどころではなかったというのが実態であろう。国際化には進出があれば，撤退もあるのは当然のことである。実際に，我々はそのような実態を多く目の当たりにしている。日本国内でも，かつては世界小売売上高第 2 位，第 3 位を占めたカルフールおよびテスコといった，「流通外資の雄」とも呼ぶべき 2 社

| 図表 4 － 2 | 2000-2011年度のテスコの店舗数の推移 |

店舗数	2000年	2001年	2002年	2003年	2004年	2005年
イギリス	692	729	1,982	1,878	1,780	1,898
海外合計	215	250	309	440	554	774
グループ合計	907	979	2,291	2,318	2,334	2,672

店舗数	2006年	2007年	2008年	2009年	2010年	2011年
イギリス	1,988	2,115	2,282	2,507	2,715	2,979
海外合計	1,275	1,636	2,050	2,329	2,550	3,070
グループ合計	3,263	3,751	4,332	4,836	5,265	6,049

出所：TESCO PLC, *Annual Report*（各年版）より作成。

　の撤退がその事例としてたびたび取り上げられている。

　テスコのホームページによれば，同社の進出国数は2018年末現在，本国のイギリスをはじめとして，ハンガリー（1994年進出），ポーランド（1995年），チェコ（1996年），スロバキア（同），アイルランド（1979年進出・1986年撤退，1997年再進出），タイ（1998年），マレーシア（2002年），中国（2004年），インド（2009年）の10ヵ国である。ここで，すぐに浮かび上がる特徴は，まず中央ヨーロッパ諸国への進出があり，少し遅れてアジア諸国に進出しているということである。現在，合併交渉中にある小売売上高2位のセインズベリーと3位のアズダが自国内のみで展開しているのに対し，国際化に積極的であることは間違いない。上記は基本的に撤退例を含んでいないが，各国の進出年をみても，テスコの海外進出が90年代後半以降，本格化したことは明らかである。

　図表4－2および**図表4－3**は，テスコの店舗数の推移を示している。今日の海外店舗数は徐々に増大し，2006年度に1,000店を突破してからも増大し続け，2011年度には国内店舗数を逆転した。後でみるように，2015年の韓国から撤退後の店舗数は大きく減少し，それ以降はそれほど大きな変動はみられない。

　次に，**図表4－4**および**図表4－5**によって，テスコの売上高および収益を確認してみよう。2011-13年度の売上高はテスコバンクを除き，2015年2月期上半期（2014年3－8月）の不正会計の影響を受けて公表されていないが，店舗割合に比し，依然としてイギリスが収益源になっていることは明らかである。2012年度の進出国における売上高シェア（自国を除く）を羅列すると，進出年順にハンガリー14.9％，ポーランド7.0％，スロバキア22.8％，チェコ10.9％，

｜図表 4 － 3｜2012年度以降のテスコの店舗数の推移｜

業態・進出国	2012年	2013年	2014年	2015年	2016年	2017年
Extra	238	247	250	252	252	252
Homeplus	12	12	11	——	——	——
Superstore	481	482	487	478	479	480
Metro	192	195	191	177	176	172
Express	1,547	1,672	1,735	1,732	1,740	1,749
Dotcom Only	5	6	6	6	6	6
合計	2,475	2,614	2,680	2,645	2,653	2,659
One Stop	639	722	770	779	780	776
Dobbies	32	34	35	36	——	——
イギリス	3,146	3,370	3,485	3,460	3,433	3,435
アイルランド	142	146	149	149	148	150
イギリス＆アイルランド	3,288	3,516	3,634	3,609	3,581	3,585
チェコ	234	211	209	201	198	189
ハンガリー	216	220	209	208	206	206
ポーランド	446	455	449	440	429	415
スロバキア	136	150	155	161	154	151
トルコ	191	192	173	169	——	——
中欧	1223	1228	1195	1179	987	961
マレーシア	47	49	54	62	71	72
韓国	431	433	425	——	——	——
タイ	1433	1737	1759	1815	1914	1951
アジア	1911	2219	2238	1877	1985	2023
海外合計	3,276	3,593	3,582	3,205	3,120	3,134
グループ合計	6,422	6,963	7,067	6,665	6,553	6,569
イギリス（One Stop）FC	——	8	76	134	158	169
韓国FC	89	198	543	——	——	——
チェコFC	——	136	131	103	98	97
FC	89	342	750	237	256	266
中国	131	134	——	——	——	——

出所：TESCO PLC, *Annual Report*（各年版）より作成。

アイルランド20.0％（再進出），タイ13.0％，マレーシア4.8％，中国0.2％となっている。すでに撤退している韓国（2015年撤退）では8.6％，トルコ（2016年撤退）1.3％となっていた（Coe *et al.* 2017，p. 2748）。進出国における独特な競争環境はあるにしても，大半が大きな売上高シェアを獲得している。トルコにいたってはわずか１％程度のシェアしか奪えず，撤退している。韓国小売市場

| 図表 4 − 4 | 2000-2005年度のテスコの売上高および収益 (売上高からVATを除いた額) **の推移 |**

売上高・収益（100万ポンド）		2000年	2001年	2002年	2003年	2004年	2005年
売上高	イギリス	19,884	21,685	23,101	26,876	29,511	32,657
	ヨーロッパ	1,970	2,475	3,007	3,834	4,349	5,820
	アジア	919	1,494	2,172	2,847	3,097	4,660
	グループ売上高	22,773	25,654	28,280	33,557	36,957	43,137
収益	イギリス	18,372	20,052	21,309	24,760	27,146	29,990
	ヨーロッパ	1,756	2,203	2,664	3,385	3,818	5,095
	アジア	860	1,398	2,031	2,669	2,902	4,369
	グループ収益	20,988	23,653	26,004	30,814	33,866	39,454

出所：TESCO PLC, *Annual Report*（各年版）より作成。

では新世界百貨店の展開するEマート（E-mart）が圧倒的な力を持っていると
いわれているが，テスコの韓国進出は小売企業の海外進出の成功事例の1つと
して紹介されてきた（金 2018）。

　詳細な顧客分析を基礎に，グローバル化を含む新たな方向性を示し，テス
コ・ブランドを拡大させ続けてきた（スパークス 2008, 53頁）と評価されるリー
ヒーのCEO退任後は国内事業の業績悪化という事情も手伝い，日本（2011年）
およびアメリカ（2013年）からの撤退が決定される等，前述したように同社の
海外進出は消極的であるといってよい。

　以下では，海外進出および撤退をごく簡単に概観し，テスコの国際化の特徴
についてみることにしたい。1979年，イギリス政府による海外進出促進事業推
進を受け，アイルランドの中堅スーパーマーケットであるスリー・ガイズ
（Three Guys）を買収することでテスコの海外進出，すなわち国際化が開始さ
れたといえるが，1986年，業績低迷により，数百万ポンドで売却された（鳥羽
2016, 63頁；スパークス 2008, 68頁；矢作 2007, 245頁）。

　その後しばらくは自国内における事業展開に終始することになるが，1993年，
北フランスでスーパーマーケット（SM）およびハイパーマーケット（HM）
を展開するカトー・チェーン（Catteau chain）を買収して，フランスに進出
する。ところが，フランス国内におけるロワイエ法の規制強化・ラファラン法
の制定により出店規制が強化される等によって競争環境が激化し，こちらはわ
ずか5年余りで売却して撤退する（スパークス 2008, 68頁；矢作 2007, 245頁；

図表4－5 2006年度以降のテスコの売上高および収益（売上高からVATを除いた額）の推移

売上高・収益（100万ポンド）		2006年	2007年	2008年	2009年	2010年	2011年
売上高	イギリス	35,580	37,949	41,520	42,254	44,571	NA
	ヨーロッパ	6,324	7,836	10,120	9,997	10,558	NA
	アジア	4,707	5,988	7,578	9,072	11,023	NA
	アメリカ	——	——	208	345	502	NA
	テスコバンク	——	——	——	860	919	1,044
	グループ売上高	46,611	51,773	59,426	62,537	67,573	NA
収益	イギリス	32,665	34,858	38,191	39,104	40,766	NA
	ヨーロッパ	5,559	6,872	8,862	8,724	9,192	NA
	アジア	4,417	5,552	7,068	8,465	10,278	NA
	アメリカ	——	16	206	349	495	NA
	テスコバンク	——	——	——	860	919	1,044
	グループ収益	42,641	47,298	54,327	57,502	61,650	63,916

売上高・収益（100万ポンド）		2012年	2013年	2014年	2015年	2016年	2017年
売上高	イギリス・アイルランド	NA	NA	38,228	37,189	37,692	38,650
	中央ヨーロッパ	NA	NA	6,186	5,268	5,977	6,343
	アジア	NA	NA	4,492	4,447	5,186	4,947
	テスコバンク	1,021	1,003	947	955	1,012	1,051
	グループ売上高	NA	NA	49,853	47,859	49,867	50,991
収益	イギリス・アイルランド	NA	NA	45,062	43,080	43,524	44,908
	中央ヨーロッパ	NA	NA	6,424	5,451	6,195	6,585
	アジア	NA	NA	4,492	4,447	5,186	4,947
	テスコバンク	1,021	1,003	947	955	1,012	1,051
	グループ収益	63,406	63,557	56,925	53,933	55,917	57,491

注：2014年度（2015年2月期）以降とそれまでのデータについては，連続性がない。2016年，同社はAPMs（Alter-native Performance Measures，代替的業績指標）を採用したが，2014年度のデータはこの手法を採用して修正されたものである（TESCO PLC, *Annual Report and Financial Statements 2018*, p.154による）。これは一般に認められた会計原則（GAAP）に準拠して算定されたGAAP利益に対して，実質ベースの利益（ないし実質利益）とも称される非GAAP利益は，財務的な重要業績指標（KPI）の1つである（古庄 2017, 21頁）。
出所：TESCO PLC, *Annual Report*（各年版）より作成。

鳥羽 2016, 64頁；佐々木 2006, 243-248頁）。この2つのケースについては，同社の「無分別な冒険」という表現が適切とされ，今なお，自社のホームページ社史に掲載されていない（スパークス 2008, 68頁）。

　前述したように，テスコの国際化が本格化するのは1990年代後半以降である。まず，東西冷戦終結後の1995年，ハンガリーに進出し，翌年には，Kマート（K-mart）を買収してチェコおよびスロバキアに進出した。中央ヨーロッパへ

の進出はさらに続き，1997年，中堅SMのサビア（Savia）31店舗を買収して，ポーランドに進出した。また，同年，アソシエイテッド・ブリティッシュ・フーズ（ABS：Associated British Foods）および子会社を買収し，アイルランドに再進出した。

テスコがアジアへの進出を開始したのはその翌年からであった。1998年にまず，テスコ・ロータス（Tesco Lotus）ブランドでタイに進出した。タイに始まるアジア進出については，1997年7月のタイ通貨バーツの暴落を契機に始まった，いわゆるアジア通貨危機をきっかけに資産価値の下落や，中国・日本への進出の展開が開けたことによって始まったといわれる（スパークス 2008，72頁）。1999年には，韓国サムスンと業務提携し，同国にてホームプラスで事業展開を開始した。テスコはそれまで海外進出の際は通常，店舗名を「Tesco」にしてきたが，①すでにホームプラスが高いブランド認知度を持っていたこと，②外国系企業に対し否定的な感情を持つ傾向がある韓国消費者の反発を招かないためという理由からであった（林 2003，277-278頁）。後にホームプラスは韓国ディスカウントストア市場シェアにおいて韓国2位まで昇りつめたが，2015年，主として本国事業の業績低迷から撤退を余儀なくされた。

2002年には，マレーシアに進出した。地元企業サイム・ダービー（Sime Darby）と提携し，事業展開を進めている。2003年，キパ（Kipa）5店舗を買収しトルコに進出したが，2016年6月10日，スイス最大の生協であるミグロ（Migros）に対し持ち株分の95.5％売却を発表した。同年，日本にも進出するが，2011年8月，売却決定を発表する。翌年には，イオンに日本事業を売却することを発表し，日本最大の小売グループのイオンと2段階の売却で合意した[12]。2004年には中国に進出し，東部沿海部に100以上の店舗ネットワークを構築した。

2006年，ポーランドでフランスDSのリーダープライス（Leaderprice）を買収し，買収した220店舗をテスコに転換した。2007年，南カリフォルニア，アリゾナ州，ネバダ州にFresh＆Easy（F＆E）という食料品チェーン店でアメリカに進出し，約200店舗を運営，5,000人以上を雇用した。2011年3月には，サンフランシスコ・ベイエリア周辺の北カリフォルニアに最初の店舗を出店するが，2013年9月，YFE Holdings Inc. に売却した。翌2014年には，衣料品ブラ

ンドであるF&Fで再進出した。このF&F店舗を2012年，サウジアラビアに初出したが，これはF&F初のフランチャイズ店となった。3年間で12市場に進出したF&Fは中央ヨーロッパのファッションブランドではトップシェアを有している。

　アジア進出は依然として続き2008年，ハイパーマーケットのスター・バザール（Star Bazaar）を運営するタタ・グループ（Tata Group）と卸売事業および独占的なフランチャイズ契約を締結し，インドに進出した[13]。2011年，前年に本国で出店し，2050年までにゼロ炭素事業を目指す一環として，タイのバンプラにあるアジア初のゼロ炭素店舗を出店した。2012年には，チェコ共和国のプラハで，中央ヨーロッパ初のオンライン食料品・雑貨品ショッピングサービスを開始した。多数の非食料品に加え，幅広い生鮮食品と冷凍食品を顧客に提供し，同年10月にもスロバキアでもオンラインサービスを開始した。

　それでは最後に，テスコの国際化戦略の特徴についてみてみることにしよう。テスコの国際化戦略について，矢作（2007）は先行研究および聞き取り調査によって，以下のような3つに特徴づけている。まず第1に，テスコの進出先は現時点では，中央ヨーロッパと東・東南アジアといった2地域に，参入市場が絞り込まれていることである。第2に，中小規模の現地資本の買収ないし合弁会社の設立によって，現地パートナーを活用していることである。第3に，本国市場で競争優位にある業態を地理的に拡大する従来型の単純な業態移転型ではなく，現地市場に適合的なハイパーマーケット業態を開発する新規業態開発志向の国際化であるということである。この第3の特徴については，チェコやタイにおいて開発したハイパーマーケットである「テスコ・スーパーストア」や中央ヨーロッパの「テスコ・エクストラ」，さらには韓国では都市型高層店舗のハイパーマーケット「テスコ・ホームプラス」を開発し，これらの業態をイギリスに逆輸入して業態戦略にも影響を及ぼしていることからも証明できる（スパークス 2008；鳥羽 2016）。鳥羽（2016）は，これを「リバース・イノベーション（Reverse Innovation）」に相当するとしている。

　また，鳥羽（2016）は，テスコの国際展開は，現在の進出国からも確認できるように，欧米の他の大規模小売業に比し，進出国を限定，すなわち特定の地域とりわけ東欧，アジアの新興国に照準を合わせて選択と集中を実行している

ことに特徴があるとし，その国際戦略の視点を先行研究や同社のアニュアルレポートをもとに「現地適応化」と「世界標準化」の追求として特徴づけている。

4　おわりに

以上，テスコの国内外における戦略の展開についてみてきた。かつての好敵手といってもよい同社とカルフールとの長期的戦略提携の動きは，国内外の市場競争環境の激化がその根本にあることはいうまでもない。

最近，イギリス国内においてリアル店舗を展開する小売企業にとって多少とも「追い風」ともなる動きが生じている。消費者へのオンライン購入への移行や人件費の上昇等で業績悪化に苦しむ小売業に配慮し，イギリス政府は2018年10月下旬，次年度予算案に大手IT（情報技術）企業に対する「デジタルサービス税」の導入を表明した。デジタル部門の世界において年間売上高が5億ポンドを超える黒字企業に対し，イギリスの消費者から得たデジタルサービス売上高の2％を課税するという，このデジタル課税は2020年4月導入予定である（『日経流通新聞』2018年11月19日付）。主としてアマゾンを標的にした対策であるということはまちがいないが，国内外における消費者のオンライン販売シフトという構造的な消費行動の変化に歯止めをかけることは困難といわざるを得ず，近年導入の声が高まりつつある，アマゾンを含むGAFAへの国際的な課税の実現なしにはその効果は決して大きいものとはいえないであろう。

近年，国内外において競争環境が悪化し，国内的にはアマゾンやHDとの厳しい競争にさらされ，業績が悪化する中で生じたのが2015年2月期上半期（2014年3－8月）の不正会計であった。同社が非常に大きな代償を支払ったことはまちがいないが，それを克服しつつあった2018年4月には，かつてテスコによってトップの座を奪われ，長らく後塵を拝してきたセインズベリーとウォルマート傘下のアズダというイギリス小売業界2，3位の企業が合併交渉に入ることが発表されたのである。これら2社はイギリス国内のみで事業展開のため，ドイツ系HDからの厳しい競争にさらされるということはまちがいないが，テスコ同様，否，それ以上に大きなダメージとなっていることはまちがいないが，この合併は進捗いかんではテスコにとってまた脅威ともなりうる。

　国際化により，テスコは売上高と市場を拡大したのみならず，新しいコンセプトやアプローチを発展させ，また国際化の経験から学習する機会を獲得した。とりわけ，業態展開面ではそれが特に活かされているといわれる（スパークス2008，73頁）。ただし，小売業といえども，国際化はやはり過剰資本の処理の一方策にすぎず，自国における業績次第では，進出先における業績を考慮しても資源配分上撤退するという選択がなされることは，テスコの韓国撤退の事例によって示されているといってよい。

■注

(1) 通常イギリスでは，小売業の寡占状態について「ビッグ4」という表現をとるが，近年のドイツ系HD2社のイギリス国内での躍進は目覚ましく，このうち，アルディを加えた5社でその寡占度を示している。

(2) 同社のこの会計不祥事に関しては，重大不正捜査局（Serious Fraud Office, SFO）と金融行動監視機構（Financial Conduct Authority, FCA）の調査の結果，1億2,900万ポンドの罰金に加え，投資家への補償金等総額2億3,500万ポンドの「代償」を支払うことになった（The Guardian 2017）。

(3) CMAは，2013年企業規制改革法により2013年10月1日に設立され，2014年4月1日，同法により公正取引庁及び競争委員会が廃止されたことに伴い，それら機関の機能及び権限の大部分を受け継いだ独立の非大臣庁である（公正取引委員会 2018）。競争・市場庁は，以下のような権限を有している。㋐競争を制限する合併の調査，㋑競争・消費者問題の存在が疑われる市場の研究及び調査，㋒イギリス競争法あるいはEU競争法違反の疑いのある反競争的な合意及び市場支配的地位の濫用の調査，㋓カルテル罪に関与した個人に対する刑事訴追，㋔消費者の選択を困難とする行動や市場の状況に対処する消費者保護法の執行，㋕規制当局との連携及び権限行使の働きかけ，㋖規制当局への付託及び要請の検討（同上）。

(4) イギリスでは，CMAにおける企業結合審査は2段階に分けて行われる（公正取引委員会 2018）。その第1次審査（Phase 1）が終了した。

(5) テスコによる卸売業者ブッカー（Booker）に対するおよそ40億ドルの買収について，CMAは無条件に審査をクリアさせている（Reuter 2018）。なお，第2次審査（Phase 2）の締め切りは2019年3月5日となっており，その後に最終的な結果が示されることになる（Competition and Markets Authority 2018b）。

(6) テスコは，2017年11月に食品卸ブッカーとの合併をCMAから承認され，今後数年内に上位10社に返り咲く可能性もあると考えられる（Deloitte 2018, p. 13）。

(7) 単独で小売店舗を展開していない中国とインドは除かれているとみられる。

(8) この時期，イギリスでは再販売価格維持が一般的な慣行であったため，当初，スーパーマーケットにおける値引き販売には苦難を極めることになる（スパークス 2008，59頁）。1964年に再販売価格維持が廃止されたことによって，スーパーマーケットの価格決定力が大きくなったことはまちがいない。

(9) 詳細は，渡辺（2018，39-52頁）をみられたい。

(10) 詳細は，真部（1997），真部（2004）をみられたい。

⑾　「2002年企業法」施行までのイギリスの競争政策については，真部（2006）をみられたい。

⑿　テスコの日本展開と撤退について詳細な分析は，鳥羽（2016, 65-69頁）をみられたい。

⒀　2012年9月，インド政府は複数のブランドを扱う総合小売業への外資出資比率の上限を緩和した
　　が，現地中小企業からの仕入れ調達率を30%以上とするなど他の条件が厳しかったため，規制緩
　　和当初は進出企業が皆無であった。2009年からインドで卸売事業（C&C）を展開していたテス
　　コは2013年12月，地場複合企業タタ・グループ傘下のトレント・ハイパーマーケットとの折半出
　　資による合弁事業の許可申請をインド政府に提出し，総合スーパー事業の本格展開に乗り出すこ
　　とが発表された（『日本経済新聞』2013年12月18日付）。翌年5月にはインド競争委員会から許可
　　申請が承認され，インドで初の外資系総合小売事業者となった（穂苅 2014）。

■参考文献───────────────────────────

【日本語文献（五十音順）】

太田美和子（2014）「"クリック&コレクト"で爆発的にEC普及　オムニでは売上げ2, 3倍に期
　　待」『販売革新』39⑽，72-74頁。

小川竜平（2013）「テスコ成長の切り札は『ビッグデータ』　ローランド・ベルガー欧州レポート
　　(4)英テスコのCRM」（https://business.nikkeibp.co.jp/article/report/20131209/256852/).

外務省（2015）「我々の世界を変革する：持続可能な開発のための2030アジェンダ（仮訳）」
　　（https://www.mofa.go.jp/mofaj/gaiko/oda/sdgs/pdf/000101402.pdf).

神谷　渉（2017）「欧米大手小売業のPB戦略」『生活協同組合研究』2017年5月号，43-52頁。

金　亨洙（2018）「英テスコの韓国現地適応化戦略のフレームワークに関する考察」『久留米大学
　　商学研究』23⑵，久留米大学商学会，1-18頁。

佐々木保幸（2006）「フランスの小売商業政策」加藤義忠・佐々木保幸・真部和義『小売商業政
　　策の展開[改訂版]』同文舘出版，231-252頁。

鳥羽達郎（2016）「小売企業の国際展開におけるネットワーク構築の視点」『流通』(38)，日本流
　　通学会，57-73頁。

トリストラム・スチュアート著・中村　友訳（2010）『世界の食料ムダ捨て事情』日本放送出版
　　協会，46-69頁。

古庄　修（2017）「代替的業績指標の国際開示規制」『産業経営研究』(39)，日本大学経済学部産
　　業経営研究所，11-22頁。

穂苅由紀（2014）「インド加工食品市場の魅力と参入の課題：日系加工食品メーカーの参入に関
　　する考察」『Mizuho Industry Focus』(60)，みずほ銀行産業調査部（https://www.mizuhobank.
　　co.jp/corporate/bizinfo/industry/mif/pdf/mif_160_03.pdf).

真部和義（1997）「1980年代以降におけるイギリスの小売商業の構造的変化」『商学論集』41
　　(5/6)，關西大學商學會，331-355頁。

真部和義（2004）「今日のイギリスの小売商業政策：1990年代以降を例にとって」『商学論集』41
　　(3/4)，關西大學商學會，361-379頁。

真部和義（2006）「今日のイギリスの小売流通機構」加藤義忠・佐々木保幸編『現代流通機構の
　　解明』税務経理協会，179-197頁。

矢作敏行（2007）『小売国際化プロセス：理論とケースで考える』有斐閣。

リー・スパークス著・戸田裕美子訳（2008）「テスコ：イギリス発スーパーストアの覇者」マー
　　ケティング史研究会編（2008）『ヨーロッパのトップ小売業：その史的展開』同文舘出版，

51-81頁。

流通経済研究所（2015）『アメリカの流通概要資料集2015年版』。

林　英均（2003）「韓国の割引店とコンビニエンスストア」関根 孝・オセジョ編『日韓小売業の新展開』千倉書房，276-300頁。

渡辺達朗・佐原太一郎（2015）「イギリスにおけるバイイングパワー規制の強化と影響：業績不振下でのテスコの事例を中心として」『流通情報』（514），公益財団法人流通経済研究所，63-76頁。

渡辺達朗（2018）「欧州におけるサプライチェーン上の食品ロス削減の取り組み：フランス，イギリスを中心として」公益財団法人流通経済研究所『流通情報』（534），39-52頁。

ダイヤモンド社（2016）『ダイヤモンド・チェーンストア』47(5)，55-106頁。

ダイヤモンド社（2017a）『ダイヤモンド・チェーンストア』48(15)，66-94頁。

ダイヤモンド社（2017b）『ダイヤモンド・チェーンストア』48(22)，104-105頁。

ダイヤモンド社（2018a）『ダイヤモンド・チェーンストア』49(5)，81-82頁。

ダイヤモンド社（2018b）『ダイヤモンド・チェーンストア』49(21)，47，86-107頁。

公正取引委員会（2018）（https://www.jftc.go.jp/kokusai/worldcom/kakkoku/abc/allabc/u/uk.html）（2018年10月4日閲覧）。

流通視察ドットコム（2014）「テスコ：2014年5月，F&Fで再びアメリカへ」（http://www.ryutsu-shisatsu.com/article/15057849.html）。

【外国語文献（アルファベット順）】

Bloomberg（2018）"Sainsbury Surges After Agreeing to Buy Asda in $10 Billion Deal," April 30.（https://www.bloomberg.com/news/articles/2018-04-30/sainsbury-to-add-asda-in-10-billion-deal-with-walmart）.

Carrefour（2018）"Tesco et Carrefour signent formellement un partenariat stratégique de long terme," le 6 août.（http://www.carrefour.com/sites/default/files/carrefour_cp_06_08_2018.pdf）.

Coe N.M., Lee Y and Wood S（2017）"Conceptualising Contemporary Retail Divestment：Tesco's Departure from South Korea," *Environment and Planning A*, 49 (12), pp. 2739-2761.

CMA（2018a）"J Sainsbury PLC / Asda Group Ltd merger inquiry," May 18.（https://www.gov.uk/cma-cases/j-sainsbury-plc-asda-group-ltd-merger-inquiry）.

CMA（2018b）"CMA launches Sainsbury's / Asda merger investigation," August 23.（https://www.gov.uk/government/news/cma-launches-sainsburys-asda-merger-investigation）.

Competition Commission（2009）"The Groceries (Supply Chain Practices) Market Investigation Order, 2009," August 4.（https://webarchive.nationalarchives.gov.uk/20111108222700/http://www.competition-commission.org.uk/inquiries/ref2006/grocery/pdf/revised_gscop_order.pdf）.

CREATIVE REVIEW（2018）"Tesco (1993)：Every Little Helps," December 30.（https://www.creativereview.co.uk/every-little-helps/）.

Deloitte（2017）*Global Powers of Retailing 2017: The Art and Science of Customers, Reinvigorated Commerce*, Deloitte Tohmatsu Limited.

Deloitte（2018）*Global Powers of Retailing 2018: Transformative Change, Reinvigorated Commerce*, Deloitte Tohmatsu Limited.

Department for Business, Energy & Industrial Strategy (2009) "Groceries Supply Code of Practice," August 4. (https://www.gov.uk/government/publications/groceries-supply-code-of-practice/groceries-supply-code-of-practice).

Groceries Code Adjudicator (2016) "GCA investigation into Tesco plc final report," January 26. (https://assets.publishing.service.gov.uk/government/uploads/system/uploads/attachment_data/file/494840/GCA_Tesco_plc_final_report_26012016_-_version_for_download.pdf).

GD (2018) "Tesco closes stores in Poland," August 24. I (https://retailanalysis.igd.com/retailers/tesco/news/articles/t/tesco-closes-stores-in-poland/i/19994).

KANTAR (2018) "Grocery Market Share (12 weeks ending)," December 2. (https://www.kantarworldpanel.com/en/grocery-market-share/great-britain/snapshot/).

Reuter (2018) "UK regulator highlights big overlap in Sainsbury's/Asda stores," September 27. (https://www.reuters.com/article/us-asda-m-a-sainsbury-s/uk-regulator-highlights-big-overlap-in-sainsburys-asda-stores-idUSKCN1M71J70).

Sainsbury's (2018) "Proposed Sainsbury's and Asda merger," December 30. (https://about.sainsburys.co.uk/~/media/Files/S/Sainsburys/Sainsburys_Asda_rationale_FINAL.pdf).

Tesco (2018a) "Tesco launches Jack's to celebrate 100 years of great value," September 19. (https://www.tescoplc.com/news/news-releases/2018/tesco-launches-jacks-to-celebrate-100-years-of-great-value/).

Tesco (2018b) "History," October 11. (https://www.tescoplc.com/about-us/history/).

Tesco (2001-2018c), *Annual Report and Financial Statements 2001-2018*.

The Guardian (2017) "Tesco to pay £129m fine over accounting scandal," March 28. (https://www.theguardian.com/business/2017/mar/28/tesco-agrees-fine-serious-fraud-office-accounting-scandal).

（真部　和義）

第 5 章

マークス&スペンサー
──イギリスにおけるプライベートブランド戦略の開拓者

▌1　はじめに

　マークス&スペンサー（Marks and Spencer Group plc, 以下M&Sと略称）は，1884年に創業したイギリスを代表する老舗の総合小売企業である。同社は衣料品と食料品を主力として，家庭用品や服飾品，金融商品に至る幅広い品揃えを実現し，イギリス国内では1,035店舗を，国際市場においてはヨーロッパや中東，アジア諸国など57の国や地域で428店舗を展開しているグローバル企業である（Marks and Spencer 2018）。M&Sを特徴づけている点は，1920年代末から衣料品のプライベートブランド（以下，PBと略称）商品を企画・開発し，第二次世界大戦後には加工食品や生鮮食品にもブランド拡張をして，取扱商品のすべてをPB商品として販売するというマーチャンダイジング戦略を採用してきた点にある。M&Sは，その品質の高さと高品質に比した値頃な価格設定が中産階級の支持を得て，長年に渡り成長を遂げてきた。1928年から2000年まで使用されたセント・マイケルというロゴは，イギリスの国民的象徴として，イギリス国内にとどまらず，ヨーロッパをはじめとする諸外国でも広く認知されたブランドであった。

　しかしながら，20世紀末以降，M&Sは波乱含みの展開を見せている。1998年の年次総会で同社の史上最高となる約11億ポンドの税引き前利益を報告した翌年には，それが半減するという急激な業績悪化に見舞われ，創業以来最大の危機に直面した。その後の再建に向けた種々の努力が結実し，徐々に業績を回

復して2007年には約10億ポンドの営業利益を達成したが，再建の立役者であった元CEOのスチュアート・ローズ（Stuart Rose）が退任したことや，リーマンショックの影響を受け，2010年以降，とりわけ国内事業は減退の一途をたどっている。売上高としては微増を続けているものの，2016年から2017年の間に営業利益は半減し，2017年から2018年にかけては約93％も営業利益が減少するという惨憺たる状況にあり，2020年までの間に国内の約100店舗の閉鎖が決定し，2018年の夏から再建が始まっている（Marks and Spencer 2018）。

　1930年代からおよそ60年間，イギリスにおいて小売業の雄として君臨したM&Sであったが，2019年に創業から135年を迎えるこの老舗企業に何が起きているのか，本章では国内・国外市場における発展を史的に振り返りながら，その軌跡と現在同社が直面している問題を明らかにしていきたい。

▌2　国内展開：PB戦略の確立からCSR企業への進化

(1)　元祖ペニー・バザールとしてのM&Sの原点

　M&Sの創業者であるマイケル・マークス（Michael Marks）は，1862年にロシア領ポーランドに生まれ，1880年代にイギリスに亡命した後，イギリス北部のリーズでわずかな資金を元手にボタンや修繕用の糸，リボンやテーブルクロスといった日用雑貨を仕入れ，イングランド北東部を拠点に巡回商人として商売を始めた（Marks and Spencer 1965, p. 4；Rees 1969, pp. 1-2）。1884年にマイケルはリーズのカークゲートの青空市場に露店を開き，1886年には屋内市場の屋台を一店買い取り，当時としては画期的な販売方法を考案した。それは①商品をオープン・ディスプレイし，買い物客が商品を手に取ることができるようにしたこと，②商品に値札を付けて価格を明示し，買い物客が店主に値段を聞く手間や，価格交渉する精神的圧迫から解放したことである。間もなく，マイケルは商品を価格別に陳列し，その一部に「価格不問，全品1ペニー」（Don't ask the price, it's a penny）という看板を掲げた。この商品群は特に売れ行きがよく，次第に店内の商品をすべて1ペニーで販売し，1890年ごろには服飾小物や陶器，金物類，家庭用品，玩具へと品揃えを拡大して，8〜9店の

ペニー・バザールを経営するようになった（Rees 1969, pp. 3-7；Briggs 1984, pp. 17-20)。

　1893年に人口150万人の大都市であったマンチェスターに拠点を移し，翌年にはビジネス・パートナーにトム・スペンサー（Tom Spencer）を迎えた。1903年に有限会社としてマークス＆スペンサーが設立され，マイケルが店舗運営や商品の仕入れを，トムが財務や会計を担当するという分業体制が整った。1900年代に入ると，小売形態として衰退を見せていた青空市場から撤退し，中心市街地の路面店への出店を中心に店舗拡大が進められ，1915年には総店舗数は145店に上った（Briggs 1984, p. 27；Marks and Spencer 1965, p. 4)。マイケルは，ヨーロッパ各地の生産者から直接商品を買い取ることで仕入費用を節約し，多数の自社店舗で低価格・大量販売するチェーン方式を確立し（Rees 1969, pp. 6-22)，1910年代にはM&Sの名はペニー・バザールの代表的企業として広く知られた。イギリスでは労働者階級の需要を満たす新たな小売形態として1870年頃から安価に食料品や履物，薬品や衣服を販売する商品別のチェーン店（multiple shop）が登場していたが（Jefferys 1954, p. 47)，M&Sは幅広い商品の品揃えのバラエティ・チェーン店として発展を遂げた。

⑵　セント・マイケルを中核としたPB戦略

　1916年にマイケルの息子であるサイモン（Simon Marks）が跡を継ぐと（Marks and Spencer 1965, p. 4)，M&Sに新たな時代が切り開かれた。第一次世界大戦頃までには，戦争の影響による生産制限や価格上昇，インフレ，超過在庫といった諸条件を前に，1ペニーの価格設定が徐々に困難になり，1918年頃には1ペニーでの販売をほとんどの店舗で廃止せざるを得なくなった（Rees 1969, pp. 39-55)。

　サイモンは新たな方針を模索する中で，当時M&Sの最大のライバルで1909年にイギリス市場に参入したウールワース（Woolworth）のようなアメリカの企業が，どのようにチェーン経営を実践しているかを視察するために1924年に渡米した。帰国後，サイモンはアメリカ企業に倣い複数価格帯の採用を試みたが（Briggs 1984, p. 51)，両大戦間期のイギリスでは，再販売価格維持が一般

に行われ，製造業者が商品の価格決定権を掌握しており（Jefferys 1954, pp. 53-55），M&Sのような小売業者が独自の価格政策を実現するには限界があった。また，この複数価格帯の価格戦略はペニー・バザールに慣れ親しんだ顧客に馴染まず不首尾に終わった。新たな価格戦略を実践するためには消費者がより高い価格を支払っても良いと思うような独自の商品提供が必要であるとサイモンは考え，これには商品の調達や購買に関するマーチャンダイジング戦略の抜本的な革新が必要であった。

　他のバラエティ・チェーン店と差別化を図るためサイモンは商品ラインを絞り，徐々に衣料品分野に注力するようになった。当時，衣料品の販売は卸売業者を経由することが一般的であったが，M&Sはレスターの衣料品製造企業のコラー（Corah）との直接取引を取り付けた（Rees 1969, pp. 106-107）。当時コラーがセント・マーガレット（St. Margaret）というブランド・ネームを使用していたことにヒントを得て，サイモンはM&S向けの商品に創業者である父の名前を冠したセント・マイケル（St. Michael）のブランドを付して，コラーに生産を委託した（Bevan 2007, p. 31）。セント・マイケル商品は価格に比して品質が高いことで消費者の支持を得て成功し，その後，M&Sは独自商品を企画・開発し，自社の小売店舗で販売をするPB戦略を拡張させた。セント・マイケルは1928年に商標登録され（Briggs 1984, p. 11），このPB開発がM&Sの1930年代のマーチャンダイジング戦略の中心となった。こうしてM&Sは自らPB商品を企画・開発し，小規模な製造業者に製造を委託して価格決定権を確保することにより，新たな価格戦略とマーチャンダイジング戦略を有機的に結びつけることに成功し，1ペニーの価格戦略から脱却することができた。

　このPB開発を発展させる推進力となったのは，1926年に副社長に就任したイスラエル・シーフ（Israel Sieff）が1934年に渡米してシアーズ・ローバック（Sears Roebuck）のマーチャンダイジング部門がどのように商品開発をしていたか学んだことにあった（Rees 1969, p. 113）。シアーズに倣い，1935年にM&Sは繊維製品の素材開発・研究を行う繊維実験所を設立し，1936年には商品企画・開発を行うマーチャンダイジング部とデザイン部を設置した。M&Sは自らの研究所で素材から縫製，デザインまで分析し，さらに製造業者の工場を頻繁に訪れて繊維研究所における研究成果をもとに革新的な生産技術を指導

し，近代的な機械の導入についても積極的に助言した。こうした体制の下，M&Sは強力な商品開発力を発揮するようになり，自社の仕様書に基づいて商品を製造させるマーチャンダイジング戦略を確立した（Rees 1969, pp. 122-123；Briggs 1984, p. 68）。サイモンは，まさに今日のSPA（Specialty Store Retailer of Private Label Apparel：衣料品製造小売業）のビジネスモデルの原型を早くも1930年代に確立したのであった。

⑶　食品へのブランド拡張とLCMM（Low Cost Mass Merchandising）戦略の確立

第二次世界大戦後のM&Sの新たな戦略の特徴は，衣料品で培ったビジネスモデルを食料品に拡張したことにあった。M&Sは衣料品販売が制限されたために生じた店舗の空きスペースを活用して，ケータリング事業やカフェ事業を展開した（Bookbinder 1993, p. 33）。戦時中にカフェやレストランは配給の対象にならず営業を継続できたという事情や，国民の食料配給の供給業者として政府よりM&Sが指定されたという事情も相まって，衣料品事業の不振を食品事業で埋めることができた。この戦時中に開始したカフェ事業や食品事業を戦後に本格展開する目的で，M&Sは1948年に食品開発部を設立し，高度なトレーニングを受けた有資格者の食品衛生士を雇用した（Rees 1969, pp. 174-175；Briggs 1984, p. 68）。そして当時，食品衛生の権威であったラーナー（A. Lerner）博士の指導の下，独自の食品衛生基準を確立し（Briggs 1984, p. 68），社内用の資料として「衛生的な食品の取り扱い」というマニュアルを作成した。これは公共衛生機関や食品衛生に取り組む産業組織からも高い関心を集め，M&Sの知識と経験の蓄積がイギリスの食品衛生を事実上リードするようになった（Marks and Spencer 1964, p. 4）。M&Sはこのマニュアルをすべてのサプライヤーに遵守させると同時に，各社に専門の食品衛生士を雇用させ，専用の実験施設と製造工場およびキッチンを設置するよう要求し（Rees 1969, pp. 177-179；Marks and Spencer 1964, p. 6），徹底した衛生管理の下で食品事業を展開した。

M&Sは1940年にセント・マイケルのブランド名をマーガリンに付与し，

1960年代には乳製品や食肉の分野にも進出した。当時，鶏肉などの食肉は冷凍して販売されていたが，それを冷蔵の状態で販売することを実現したのは，M&Sが業界で初めてであった。また女性の社会進出に伴う家事の軽減やレジャーへの関心の高まりを反映して，1973年にプラスチックフィルムの袋に密封されたレディー・ミール（調理済みの食品）やインスタント食品の販売を始め，さらに同年，業界に先んじて賞味期限の表示を行ったことも画期的なことであった（*Marks in Time, our heritage*）。M&Sは衣料品で確立した「高品質」という良好なブランド・イメージを，徹底した食品衛生管理や革新的な新製品開発力によって食料品に首尾よく拡張することに成功した。

　こうした独自のPB戦略によって，M&Sは1970年代にイギリスで展開されたスーパーマーケット間の食料品における価格競争に巻き込まれることを回避できた。1964年にイギリスで再販売価格維持制度が廃止されてからは，製造業者のブランドであるNB（National Brand）の値引き販売が広がり，この価格競争の激化を背景に，スーパーマーケット各社はPBやジェネリック（通常のPBよりもさらに10から15％ほど値段の安いPB）を続々と導入した（矢作 2000, 183-184頁）。他方でM&SはNBを扱うことなく独自のPB商品だけを品揃えしているために，スーパーマーケットとの直接的な競争を回避することができ，商品の品質の高さとお買い得感を顧客に訴求し続け，低価格を訴求点としてPBを展開する競合他社とは差別化を図り，セント・マイケルブランドは1980年代まで独自ブランド・ポジションを確立した。

　以上のように，M&Sのビジネスモデルは，多店舗展開を基礎としたチェーン・オペレーションとPB戦略を中心としたマーチャンダイジング戦略を融合したものであり，これはローコスト・マス・マーチャンダイジング戦略（Low Cost Mas Merchandising：以下LCMMと略称）として定式化されている[1]（戸田 2014, 39-43頁）。LCMMは商品カテゴリー内の類似アイテムを削減して，売れるアイテムに絞り込み，単品の生産ロットを大きくして大量生産することで規模の経済性を発揮し，サプライヤーの生産費を低減させる。アイテムは絞り込みをするが，商品カテゴリーを拡大することで品揃えを豊富にするという戦略をとることによって，1つのアイテムの持つ意味が重要になり強い商品の販売が実現するのである。例えば，ウールのニットを販売する場合，消費者の多

様なニーズに適応するために5種類のカラー展開をするのではなく，アイボリー，赤，黒，という売れ行きの見込まれる3つのアイテムに絞り込み，作り過ぎを発生させずに確実に売り切って在庫が残らないようにするという戦略である。さらに，M&SのLCMMは流行を追わず傾向をフォローするにとどめ，販売にリスクを伴うような商品は扱わないという利益重視の考え方を基礎とした。新商品を市場に出す場合には，必ずテストマーケットを行い，店舗での販売動向を本社が徹底的に収集・分析することにより，売れ筋商品で最大のシェアを取ることを優先した。

　上述のようなLCMMは，**図表5－1**のように購買部門（Buying Group）を構成するマーチャンダイザーとセレクター，テクノロジストといったスペシャリストたちを中心として，彼らが三位一体となって組織的に実践されていた。第1にテクノロジストは，商品の品質に関する責任者であり，その仕事は，①仕様書の作成，②品質検査結果に基づく採否の判断，③メーカーへの技術指導，④素材の決定，付属品の決定，⑤クレーム商品の処理などである。第2にセレクターは，ファッショントレンドの設定，来シーズンのカラーパレット，サイズ展開，生地を決定し，デザイン，スタイル，サイズなどの決定に責任を持つ。第3にマーチャンダイザーは，売上・粗利の見積りの作成，粗利益の管理

｜図表5－1｜ 三位一体の商品開発組織 ｜

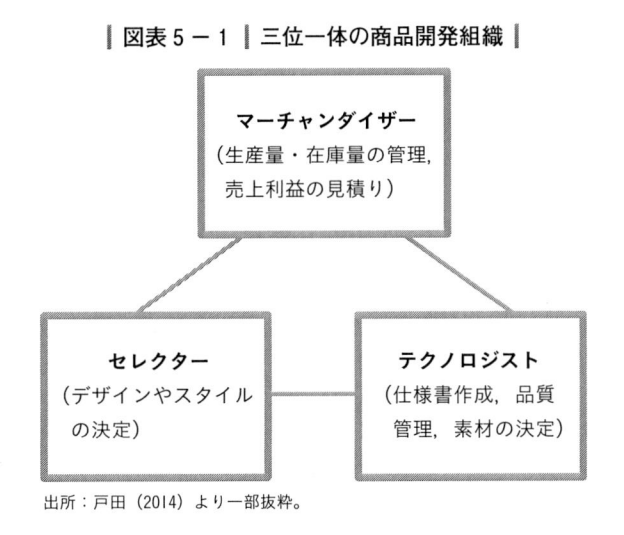

出所：戸田（2014）より一部抜粋。

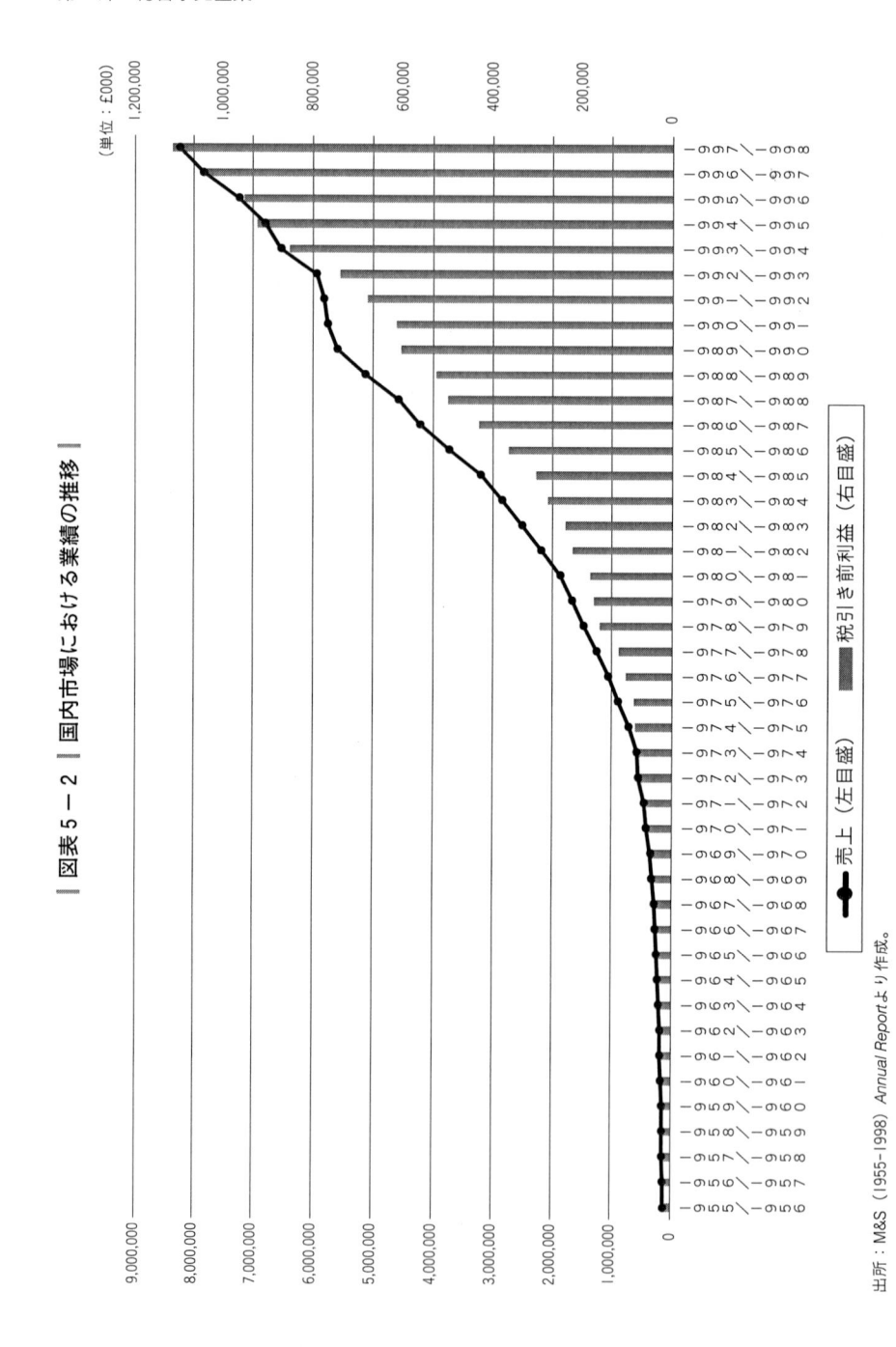

‖ 図表 5 － 2 ‖ 国内市場における業績の推移 ‖

（単位：£000）

凡例：
● 売上（左目盛）
税引き前利益（右目盛）

出所：M&S（1955-1998）*Annual Report* より作成。

（マージンの決定，売価変更）など，数量のコントロールに責任を持ち，生産量や在庫量の調整については，マーチャンダイザーが担当した。

　セレクターがアイディアを出し，テクノロジストが品質をチェックし，マーチャンダイザーがデータに基づき商品を市場に出すか否かを判断するという分業体制が整っていた一方で，商品アイテム，価格，仕様の決定については，三者が意見を出し合った上で合意に達したものだけがトップ・マネジメントへのプレゼンテーションを経て最終決定された。既述のようにセント・マイケルのLCMMの場合，商品アイテムを絞って単品大量生産をするために，1つのアイテムが持つロットが大きくリスクも大きくなる。それゆえに商品の選定は個人が行うのではなく，三位一体の商品開発組織からなる購買部門とそれを支えるサポート各部署の協働を基礎に，慎重に商品の選定業務がなされた。

　以上のように，第二次世界大戦後から1990年代に至るまでの間，セント・マイケルは衣料品と食料品，日用品に至るまで多くの商品アイテムに付与された。その品質の高さに比した値頃な価格づけが中産階級の支持を得て，イギリスを代表するブランドとしての地位を確立し，**図表5－2**に示されている通り，1950年代から90年代末まで安定的に持続的な成長を遂げた。それを支えた戦略がLCMMであり，これは多店舗展開を基礎として規模の経済性を発揮するチェーン・オペレーションと，自社で独自の差別化製品を企画・開発するマーチャンダイジング戦略を融合した戦略であった。

(4)　CSR企業としての新たなポジショニング戦略

　前項で述べたように，M&SはLCMM戦略を衣料品のみならず日用雑貨や食料品に至る幅広い商品で実践し，1990年代に至るまでに総合小売業としてイギリスで支配的な地位を確立した。しかしながら，90年代初頭から急速に成長したファストファッションの台頭により国内の衣料品市場の競争状況が変化したことへの対応の遅れや，食品小売業におけるますますの低価格競争の展開，さらには次節で議論する国際事業戦略の失敗により，1999年の年次総会で税引き前利益が前年比で半分に減少するという結果を報告した。これ以降，再建計画として，国内外の店舗開発プログラムについては予算を大幅に削減し（BBC

News, Tuesday, November 3, 1998)，また，1927年から続いていた「バイイング・ブリティッシュ原則（Buying British：国内商品調達政策）」[2]を方向転換し，国内からの商品供給の割合を減らして海外からの調達比率を増大させることを決定した（Marks and Spencer 1999, p. 6）。さらに，製品ブランドについては，長年M&Sの象徴であったセント・マイケルのロゴの使用をやめることが発表され，これに替わり「Marks and Spencer」や「Your M&S」といった企業名を冠した新たなロゴが導入された（Marks and Spencer 2000a）。

　この業績悪化を契機として，再建策の重要な柱として打ち出されたのがCSR企業として再出発することであった。M&Sが年次報告書の中で企業の社会的責任（Social Responsibility）という項目が明示的に示されたのは1974年のことであるが，1930年代から他企業に先んじて従業員の福利厚生や労働環境の保全に努めてきたことや，60年代からはコミュニティーへの貢献，90年代からは自然環境の保全の活動などに積極的に関与してきたことから，M&SはCSR活動を牽引してきたパイオニア的存在なのである。再建に尽力した元CEOのホルムス（Roger Holmes）とローズ（Stuart Rose）は，環境問題や社会問題に取り組むことを通じて企業価値を上げる戦略的CSRを企業戦略の中核とすることにより，競争企業から差別化を図り，独自の競争地位を確立することを志向した。これは，フィリップ・コトラー（Philip Kotler）とミルトン・コトラー（Milton Kotler）の提唱する 8 つの成長戦略のうちの 1 つ，「社会的責任の卓越した評価で成長する」戦略にあたる（Kotler and Kotler 2012）。

　こうして1990年代末から始まった企業戦略としてのM&SのCSR戦略の展開は，2007年に地球環境の持続可能性の実現を目的として立ち上げられたPlan Aというプロジェクトを境にして，より本格的な展開を見せた。Plan Aは，①気候変動への取り組み，②廃棄物の削減，③持続可能な原材料の使用，④フェアパートナー，⑤健康増進という 5 つの柱[3]に基づき，合計100項目にわたり倫理的かつ環境に優しい活動計画を示し，その解決に向けた行動指針と達成目標を具体的に示すもので，毎年，M&Sはその成果をCSRレポートの中で報告している。気候変動への取り組みに関しては，CO_2の削減可能なトラックの導入に加え，環境問題の専門家を組織したアドバイザリー・グループを組織して，二酸化炭素排出量の削減に貢献する建築資材や店舗建設の方法に関する助言を

仰ぎ，環境にやさしい「グリーン・ストア」の概念を発展させた（How we do business 2007, p. 3）。2012年に，この「グリーン・ストア」構想が現実のものとなり，イングランドのチェシャー・オークに最初のエコ・ストアが開店した。この店舗では，雨水を利用してトイレの洗浄水を確保し，また食品に使用する冷蔵庫から排出された熱を冷暖房に活用し，さらに店舗の外壁に太陽光パネルを設置するなど，環境に配慮した工夫が各所に施されている。さらに廃棄物の削減については，従来から推進していたパッケージの削減に加え，生分解性のプラスチックを使用した食品容器の使用やFSC（Forest Stewardship Council）が認証した包装用紙の使用を決定した（How we do business 2007, p. 3）。また，ビニール袋の使用を削減することを目的に，再利用可能なショッピング・バッグの使用を販売し，ビニール袋の使用が1年間で約30％減少した（How we do business 2007, p. 3）。2007年にPlan Aを立ち上げて以来，現在までの間にCSR活動を推進した企業に贈られる200以上もの栄誉ある賞で表彰されており，先進的なCSR企業として国内のみならず，ヨーロッパ諸国の間でも高い評価を受けている[4]。

　業績悪化以降，M&Sは復興に向けて国際事業を清算し，また国内市場の回復に向けたマーケティングを強化するなど，さまざまな変革を試みてきたが，そのうちの重要な要素の1つに調達拠点をイギリスから海外に移転することが挙げられる。既述のようにM&Sは1999年に完全にバイイング・ブリティッシュ原則を排し，海外調達比率を高める，グローバル調達への転換を宣言した（Marks and Spencer 1999, p. 6）。M&Sは全商品をPBで占める戦略を採ってきたために，店頭で販売される商品の品質の良し悪しは直接的に同社の評判に直結する。それゆえに，サプライヤーに対する品質管理は極めて厳しく，生産方法や原材料はM&Sが提示する仕様書に基づいて細部にわたって徹底的に指示され，またM&Sの担当者がサプライヤーの工場を抜き打ちで視察するなどの管理体制も整っていた。このような方策は，国内のサプライヤーに対しては比較的管理が容易であるが，海外のサプライヤーへの徹底した管理は困難を伴う。また，工場における製造工程の管理や衛生基準，労働者の労働環境の整備なども国によって非常に異なる。そこでM&Sは1999年にグローバル調達原則を発表し，M&Sと取引をするあらゆるサプライヤーはこれに準じてM&Sに商品を

供給することを義務付けた。それによれば，M&Sの仕様書に基づいて商品を生産することに留まらず，環境に配慮した工程で生産することや，サプライヤー企業で労働搾取が起こらぬよう従業員に対して良好な労働環境を保全すること，フェア・トレードに基づいた取引が行われることなどを規定している。もしサプライヤーがこの原則を違反した場合，取引停止を行うなどの制裁を加えることも示されている。さらに2000年には，ETI（The Ethical Trading Initiative）をはじめとする，倫理的な労働環境に基づいた取引や貿易，サプライチェーンの実現を目的とした営利企業からなる種々の協会に加わり，M&S独自の基準のみならず，業界団体や国際的な倫理憲章に基づいた倫理規定の遵守をサプライヤーに求めるようになった。2000年以降のM&SのCSR戦略は，自社のみならずサプライヤーの行動に対して積極的にM&Sが介入して，持続可能で倫理的な取引の実現を目指すというものである。**図表5－3**で示されているように，M&SのCSR戦略の領域は，同社が直接関与することができる「流通」や「販売」の活動を超えて，「原材料」および「生産」のプロセスにも及んでいる。

｜図表5－3｜　M＆SのCSR戦略が影響を及ぼす範囲｜

我々がサプライヤーと共に影響を与える領域	自社店舗や物流センターを通じて直接的に管理する領域	我々が顧客と共に影響を与える領域
原材料 → 製造	→ 流通 → 販売 →	使用 → 廃棄
我々は以下の活動を通じて影響を与える。以下を含む品質管理システム： ・グローバル調達原則 ・持続可能な原材料，責任ある技術の使用，動物愛護，倫理的取引に関する行動基準や規範の遵守	我々は以下の活動を通じて管理を行う。以下を含む店舗デザインやオペレーション： ・善良な市民としての行動 ・エネルギーや水の節約と廃棄物削減 ・プライバシーの尊重 ・責任ある金融サービス ・健康かつ安全なプロトコル	我々は以下の活動を通じて影響を与える。以下を含む諸システム： ・見易いラベルや情報の提供 ・パッケージや製品から出る廃棄物の削減 ・栄養価が高く健康な食品の選択肢を提供

出所：M&S（2004）*CSR Report*, p. 7より作成。

　また，消費者にもCSR戦略へ関与させる試みとして，2015年にはスパークス（Sparks）というロイヤルティカードを導入し（Plan A report 2016, p. 6），カードを登録した顧客はM&Sがパートナーシップを組んでいる環境団体や非営利組織の１つを選択すると，買い物をするたびに自動的に１ペンスを寄付することができるというものである。社会貢献という点からM&Sで買い物をする動機づけを行うコーズ・リレーテッド・マーケティングの手法が採用されている。

　図表5－4で示されているように，Plan A以前のCSR戦略では，本業である小売事業に加えて追加的に社会貢献活動を行うという形で展開されていたが，2007年以降，CSR戦略に沿って衣料品や食料品の原材料や製造方法を見直し，サプライヤーにもその方針を徹底的に遵守させるのである。M&Sの店舗で販売されている商品はすべてPBであり，品質管理のために伝統的にサプライヤーに対するコントロールが徹底していたということも作用して，サプライヤーの生産活動にもM&SのCSRを貫徹させることを可能にしている。「Plan AはM&SのDNAであり，また我々を国際的なマルチチャネル小売業者たらしめる計画にとって根源的なものである」（Marks and Spencer 2012a；*How we do busi-*

｜図表5－4｜ M＆SのCSRの展開 ｜

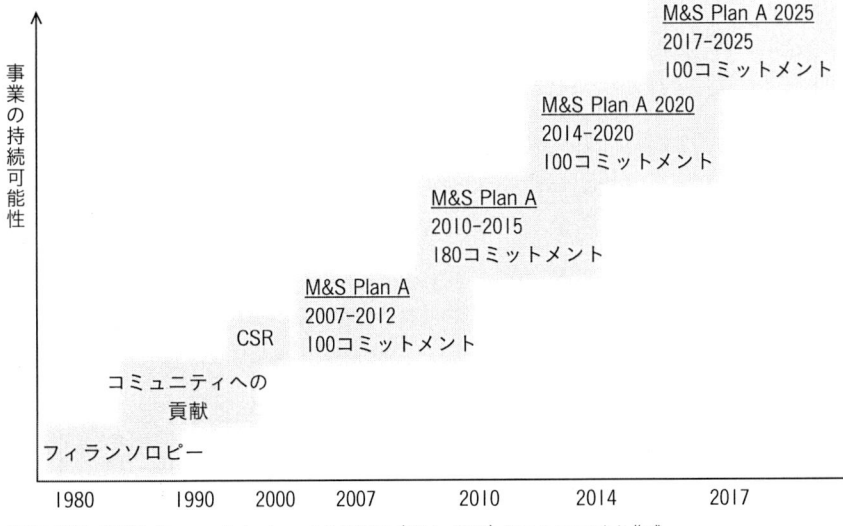

出所：M&S（2010）*How we do business*およびM&S（2014, 2018）*Plan A report*より作成。

ness, 2012）と主張されているように，企業戦略の中核にCSRが据えられている。この戦略的指向性は，マイケル・E・ポーター（Michael E. Porter）とマーク・R・クラマー（Mark R. Kramer）の提唱するCSRを超えたCSV（Creating Shared Value）の概念に基づいている。彼らによれば，企業のCSRプログラムはその多くが企業の評判を高めることを中心に据えて実施されており，当該事業との関連が明確でなく，長期的にそれらを行うことを正当化することが困難であるという。しかしながら，これとは対照的にCSVは，企業の特殊な資源や専門知識を活用し，社会的価値を創造しながら同時に経済的価値を創造するため，企業の収益性や競争地位の向上に結び付くものである（Porter and Kramer 2011, p. 16）。社会問題の解決と企業の経済活動をトレードオフの関係で捉えるのではなく，むしろ両立するものと考え，社会問題の中にビジネス機会を見出し，事業を再構築するというものがCSVの考え方なのである。M&Sの2000年代以降のCSRを軸とした企業戦略の展開は，まさしくCSVの好例であるといえよう。

(5)　国内市場における深刻な問題と現状

　Plan A以降，M&SはCSR企業としてのポジショニングを維持しているが，その企業戦略が**図表5－5**で示されているように必ずしも業績につながっているとは言い難い。CSRレポートを初めて発表した2003年からPlan Aを発表した2007年までの間，営業利益は増大しているが，2009年以降，売上は微増しているものの営業利益は低下し続けている。全世界的な金融危機という経済的な状況もあるが，2007年以降は，売上の過半数を食料品が占めるようになり，他方で比較的利益率の高い衣料品の売上は減少し続けている。2018年の年次総会では，グループ全体の営業利益が前年比で38％減少し，国際事業がマイナスからプラスに転じたものの，国内事業に限っては93％も減少するという衝撃の結果を報告した（Marks and Spencer 2018）。2016年の国民投票の結果，イギリスが欧州連合から離脱することが決定して以降，イギリス通貨のポンドが対ドルおよび対ユーロともに相対的に弱くなっていることが影響し，物価が上昇している反面，賃金率がその伸び率を下回っていることがイギリス国民の購買力を減

┃ 図表 5 － 5 ┃ 国内市場における総売上および分野別売上と営業利益の推移 ┃

（単位：£m）

出所：M&S（1998-2018）*Annual Report* より作成。

退させている。現CEOのスティーブ・ロウ（Steve Rowe）は2016年に本社の移転や従業員の解雇を含む3,000万ポンドのコスト削減計画を，2018年5月には経営改善に向けた5年計画の一環としてイギリス内の全店舗の1割に当たる約100店舗を2022年までに閉鎖する計画を発表した（Marks and Spencer 2018）。

　もう1つの問題は，M&Sのメイン顧客が，セント・マイケルが黄金期だった1970年代に20代，30代であった女性であり，そうした世代が現在では60代，70代のシニア世代になっている一方で，若年層の支持を得られておらず，顧客基盤を拡大できていないことが挙げられる。さらに深刻な問題としては，オンラインショップでの購買が急速に進展していることが挙げられる。2018年に入って，イギリスでは玩具専門店のトイザラス（Toys"R"Us）や，家電量販店のマプリン（Maplin），老舗百貨店のハウス・オブ・フレーザー（House of Fraser），1ポンドショップのポンド・ワールド（Pound World）が相次いで

破産を申請して全店舗を閉鎖した。そして，ホームセンターのホームベース（Home Base）やイギリス発のファストファッション・ブランドのニュールック（New Look）も大々的な店舗閉鎖を発表しており（BBC News, 11 August, 2018），この最大の影響は，アマゾン（Amazon.com.）やエーソス（ASOS）のようにデジタル空間を活用して小売事業を展開する企業の圧倒的な競争優位によるところが大きい。M&Sは2007年からアマゾンに提供されたM&S独自のプラットフォームを利用して衣料品や日用雑貨品のオンラインショップを開始し，2014年には自社開発のプラットフォームに切り替え，2017年からは生鮮食料品もオンラインで購入できるようになっている。会長のアーチー・ノーマン（Archie Norman）は，今後ますますより良い立地に少数かつ大規模な店舗を集約し，そこで衣服と日用品を販売するという考えを表明し，M&Sの販売の3分の1をオンラインに移行したいと述べている。しかしながら，前CEOのボーランド（Marc Bolland）の下でデジタル部門に所属していたイースト（Marcus East）は，独自のオンラインショップを運営するのではなく，アマゾンのような企業と提携をしてデジタル・スペースでの販売に取り組むべきだと指摘している（BBC News, 20 June, 2018）。アマゾンのようなオンライン・ショッピング・サイトが，多くの有店舗小売業を圧迫しているという事実は，イギリスに限定したものではなく，アメリカでも同様にシアーズの倒産の原因であると指摘されており，全世界的な現象であるといえる。2018年10月に，イギリス政府はEUに次いで2020年4月から黒字かつ世界の売上高が5億ポンドを超えるIT大手企業に対して，利益の2％にあたるデジタル課税を課す計画を表明しているが，これが路面店を中心としたイギリスの小売業を再生させることへの効果は薄いと指摘されている（『日経流通新聞』2018年11月19日付）。こうしたオンライン販売への対応が遅れた一方で，**図表5－6**のように2010年から店舗数を急速に拡大させたことが過剰投資となり，さらなる業績の悪化を生み出したといえる。

　1999年の業績悪化の後は，衣料品ではファストファッション企業と，食料品ではディスカウンターの食品スーパーマーケット各社と異なる，CSR企業としての独自ポジショニングを確立したのも束の間，2000年代以降，オンラインストアという強敵が現れた。他の有店舗小売業者と同様に，サイバー空間という

‖ 図表 5 － 6 ‖ 国内店舗数の推移 ‖

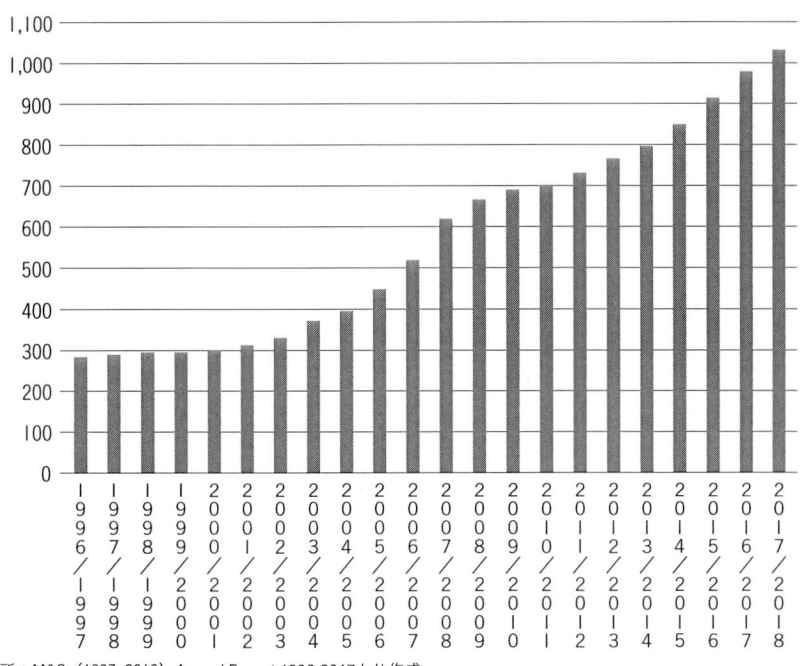

出所：M&S（1997-2018）*Annual Report 1996-2017*より作成。

新たな市場でいかに競争優位を獲得することができるか，M&Sは極めて困難
な問題に直面している。

▌3　国際展開：国際戦略の展開と揺らぎ

⑴　セント・マイケル商品の輸出

　1960年代からセント・マイケル商品の輸出によってM&Sの海外展開が開始
された。セント・マイケルの紳士服や子ども服をはじめ，女性用のニットウェ
ア，コルセット，下着，ビスケット，コーヒーなどが輸出されるようになった。
スイス，デンマーク，オランダ，フランス，カナダ，南アフリカの大規模な
チェーン店でセント・マイケル商品が販売され，アメリカのロード・アンド・

テイラー（Lord and Taylor）やフランスのギャラリー・ラファイエット（Galeries Lafayette），カナダのウッドワーズ（Woodwards）など世界的に有名な百貨店でも販売された（Marks and Spencer 1966, p. 7）。各国のイギリス物産展（British Weeks）を通じた販売促進活動の末，1969年には55ヵ国以上に輸出し，36の専門店（St. Michael Shop）と各国の主要な小売店舗内の店舗（Shops-in-shops）で商品を販売するようになったが，1970年代中期になるといくつかの国で輸入制限が敷かれるようになり，また変動為替相場の導入によりイギリスからの輸出商品のコストが上昇した（Marks and Spencer 1970, p. 10）。最大の輸出先であったナイジェリアは，イギリスからのすべての衣料品の輸入を禁止し，ケニアも厳しい制限を導入した。そうした損失を埋めるべく，アジアとカリブ海地域，南米への輸出が検討された。アジア市場については，1974年には香港のドットウェルグループと提携をして，同年には日本の伊勢丹百貨店と提携したが契約満了後，1978年にダイエーと独占販売契約を結んだ（戸田 2014）。その他，タイ，シンガポール，マレーシア，フィリピンで，1980年代以降，商品の輸出先としてアジア市場への関心が高まりを見せた。

(2)　M&Sの海外出店

　1970年代に入ると，商品輸出に並行して海外直接投資も展開されるようになった（Marks and Spencer 1972 p. 9）。その第一歩となったのはカナダ市場への進出であり，1973年にカナダのピープルズ百貨店（People's Department Stores Limited）との販売契約の締結や4店のセント・マイケル専門店を運営することが発表された（Marks and Spencer 1973, p. 8）。セント・マイケル専門店は1975年には18店，1976年には21店を数えた（Marks and Spencer 1975, p. 9, 1976, p. 12）。ピープルズ百貨店は食品チェーンのディエラード（D'Allaird）を所有していたため，ピープルズ百貨店の取得でM&Sはディエラードも獲得した。当初，ピープルズ百貨店がカナダのセント・マイケル専門店を所有していたが，1975年8月にピープルズ百貨店の株式の55％をM&Sが取得し，カナダのビジネスをすべて子会社化した（Marks and Spencer 1976, p. 8）。また，ヨーロッパでは，1975年2月にM&Sショップがパリのオスマン大通りに開店

し，翌月にはブリュッセルの目抜き通りであるヌーヴ通りに，そして秋にはフランスのリヨンに開店した。1978年にはパリ郊外のショッピングセンターに2店目を開店し，オスマン大通り店は売り場面積がおよそ2倍に拡張された（Marks and Spencer 1978, p. 8）。1983年には国際的な活躍をした小売業者として，アメリカの全国小売業者協会（National Retail Merchants Association）からその功績が称えられてN. R. M. A賞を受賞し，これによって国際的な小売業者としての評判を確立した（Marks and Spencer 1983, p. 7）。

　1990年代になるとカナダの事業は国内の厳しい経済状況と，1991年から導入された物品・サービス税（GST：Goods and Service Tax）の影響から，セント・マイケル専門店のみならずピープルズ百貨店とディエラードともに振るわず，1989年から営業利益はマイナスが続き，1991年には3店のセント・マイケル店を閉鎖し，ダウンサイジングが始まった（Marks and Spencer 1991, p. 24）。そして翌日にはピープルズ百貨店の売却を発表し（Marks and Spencer 1992, p. 22），さらに1996年3月にはディエラードの95店舗を2,500万ポンドで売却し（Marks and Spencer 1996, p. 4），および40数店舗のM&S店舗だけを残してカナダでの事業は縮小の一途をたどった。

　カナダでのビジネスに並行して，M&Sは1980年代末からアメリカ市場への進出を試みた。1987年，カナダのディエラードの名でニューヨーク州に4つの店舗の賃貸契約をしてアメリカ市場進出の第一歩が踏み出された。1988年4月にアメリカの衣料品店であるブルックス・ブラザーズ（Brooks Brothers）を，同年にはニュージャージー州を拠点に18店舗を展開する食品スーパーマーケット・チェーンのキングス・スーパーマーケット（Kings Super Markets）を買収した（Marks and Spencer 1989, p. 9, 18）。しかしブルックス・ブラザーズはアメリカでの困難な取引状況と百貨店の価格切り下げ政策に影響されて，その後の店舗拡大にもかかわらず期待されたような利益は出なかった。こうした企業の買収は，M&Sのアメリカでの事業展開の足がかりとして実践されたものであったが，セント・マイケル商品の販売やM&Sの企業ブランドを浸透させるという本来の目的を達成することもなく，2000年代初頭に売却された。

　カナダでの失敗を取り戻すべく，アメリカ市場に次いで1990年代中旬から力点が置かれるようになった拠点は極東アジア市場であった。1987年にアジア初

のM&S店舗を香港に開店することが発表されて以来，1998年までに10店舗を数え，極東アジアの市場では高品質のブランドとしてセント・マイケル商品は高い評判を得た。1988年5月には香港のオーシャン・センター（Ocean Center）に第1号店を，そして10月にはモンコックに第2店を開店した（Marks and Spencer 1988, p. 18, 1989, p. 20）。1989年にはシティプラザ・ショッピングセンター（Cityplaza Shopping Center）に開店し，1990年にはコーズウェイ・ベイ（Causeway Bay）とパシフィック・プレイス（Pacific Place）の新しいショピングセンターに香港で最大となるセント・マイケル店を開店することが決まった（Marks and Spencer 1990, p. 20）。極東アジアの展開の中心は香港であり，その市場規模はまだ小さかったとはいえ，1990年代は安定的な成長を見せた。

(3)　国際事業の再構築と戦略的な揺らぎ

既述のように1999年の業績悪化に伴う再建計画は海外事業にも及び，**図表5－7**のように深刻な赤字を抱えていたヨーロッパの子会社の店舗をすべて閉鎖し，アメリカのブルックス・ブラザーズとキングス・スーパーマーケットを売却し，カナダの営業をすべて終了することが発表された（Marks and Spencer 1999, p. 21）。

そして2002年にはフランスの事業はギャラリー・ラファイエット・グループに，スペインの事業はエル・コルテ・イングレス（El Corte Ingles）に売却され，ブルックス・ブラザーズは2億2,500ポンドで小売ブランド連合（Retail Brand Alliance）に売却が完了した（Marks and Spencer 2002, p. 5）。キングス・スーパーマーケットは，2006年の3月31日にアメリカの投資グループに約3,500万ポンドで売却された（Marks and Spencer 2006a）。

上記のような海外店舗の整理・統合を経て，1999年から2006年までの間，M&Sの国際展開は主に比較的リスクが小さく，初期投資額が少なくて済むフランチャイズを中心に展開されるようになった（**図表5－8**参照）。しかし，すでに8つの直営店舗を2020年にわたり営業していた香港に加え，2007年に中国本土に完全子会社方式による直営店舗（wholly-owned store）で進出するこ

| 図表 5 － 7 | 国際市場における営業利益の推移 |

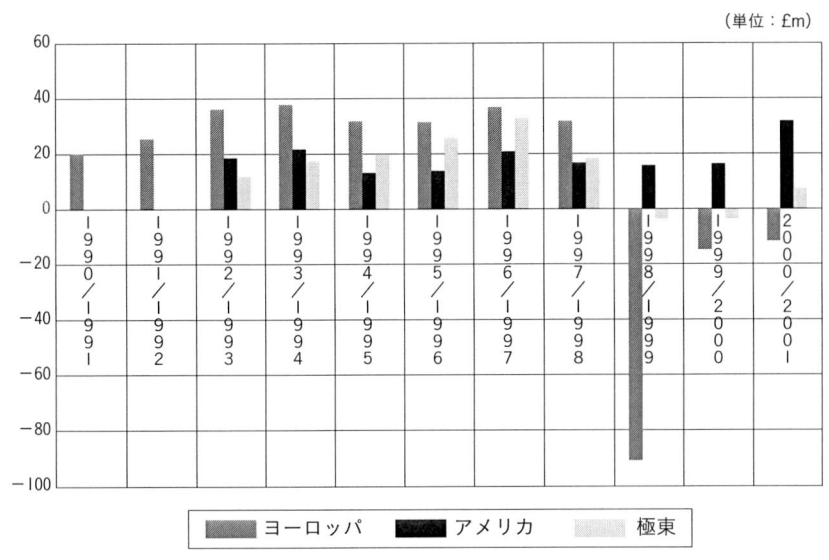

（単位：£m）

出所：M&S（1990-2001）*Annual Report*より作成。

　とが決定し，上海にアジア最大の旗艦店が開店すると（Marks and Spencer 2008），並行して行われていた東南ヨーロッパの新興市場での成功の影響もあり，2009年にはM&Sの海外展開を従来のフランチャイズから直営店舗で行うよう方針転換がなされた（Marks and Spencer 2009, p. 38）。2010年には直営店舗で経営されていたのは香港，中国，そしてアイルランドであり，ジョイントベンチャーによるパートナーシップ方式はパキスタンやインド，バングラデシュを含むインド亜大陸とチェコ，ギリシャ，ポーランドなどの東欧・南欧諸国，そして売上の31％を占めたフランチャイズ方式は，トルコ，ウクライナ，ロシア，そしてペルシャ湾沿岸のアラブ諸国，チャネル諸島やハンガリーなどであった。直営方式，ジョイントベンチャー方式，フランチャイズ方式という3つの経営方法のいずれかが，その進出国の事情に合わせて採用された。これと並行して，グローバル調達の進展を背景に，世界各地のサプライヤーで生産された商品がシンガポール，スリランカ，イスタンブールといった国際ハブから直接各市場に輸送できるようサプライチェーンを改善した。各市場に適合的

｜図表5－8｜海外市場における直営店とフランチャイズ店の店舗数比較｜

出所：M&S（1997-2007）*Annual Report 1996-2006*より作成。

な商品提供を可能にするために，ローカル調達の比率を38％に上げ，2012年までに60％以上にすることが計画された（Marks and Spencer 2010, p. 32）。

　2000年代初頭にフランスをはじめとする西欧諸国から撤退し，それ以降，ヨーロッパ市場は東欧や中央ヨーロッパを中心として国際事業を展開してきたが，2011年には再びフランスのパリに直営店を開店した（Marks and Spencer 2012）。そして2012年から，フランスやアイルランドをはじめとする西欧諸国や中国およびロシアにおいても「ブリック・アンド・クリック戦略」（bricks and clicks strategy）を打ち出し，実店舗だけの営業を行ってきた国際事業に，インターネットを利用した電子商取引を加え，一層のM&Sブランドの市場浸透が図られた（Marks and Spencer 2013, p. 28）。さらに，実店舗を有さないスペインやドイツ，オーストリア，ベルギー，オランダ，ルクセンブルクといった西欧諸国では，オンラインショップのみを開設し，各国に適合的な言語，支

100

払方法，配送方法でオンライン販売が開始された。この頃から，各進出国における市場情報や小売オペレーションに熟達した現地企業とのパートナーシップが強調されるようになり，直営方式から再びフランチャイズ方式を強化するという方針転換が行われた（Marks and Spencer 2013，p. 29）。2013年にはパリに4店目となるフルラインストアと，食品専門店を20店舗有し，オランダのハーグにはカフェや店内ベーカリーを併設したヨーロッパ最大の店舗を開業した（Marks and Spencer 2014，p. 28）。ヨーロッパでは8ヵ国でオンラインストアを有し，西欧の進出戦略が「ブリック・アンド・クリック」にあることが強調された（Marks and Spencer 2014，pp. 28-29）。しかし2014年のシリアの内戦やクリミア危機をはじめとする政治的な混乱により，トルコ，ロシア，ウクライナのフランチャイズが不調となり，主要なマーケットがインドと中国へとシフトし，西欧ではブリュッセルに再進出をした。さらにクエートに海外店舗として最大の店舗を開店し，中東への事業展開も強化された（Marks and Spencer 2015，p. 29）。

　世界各地での地政学的な影響と，短期間に急速に行われた国際事業の拡張が裏目に出て，2016年になると国際事業の営業利益は約40％減少し（**図表5－9**参照），CEOに就任したロウ（Steve Rowe）は，バルカン半島に位置するヨーロッパ南東部諸国の12店舗の閉鎖を決定した。また中国の成長のペースが鈍化し，香港の店舗に訪れる中国人観光客も減少したことが影響し，同年11月には中国の10店舗の閉鎖を発表した。さらにフランスの店舗の半分と，ベルギー，エストニア，ハンガリー，リトアニア，オランダ，ポーランド，ルーマニア，スロヴァキアのすべての店舗を閉店し，直営店舗の4分の1にあたる合計53店舗の閉鎖を発表した（Marks and Spencer 2017，p. 24；BBC News, 8 November, 2016）。2017年には海外でのマルチチャネル戦略を簡素化するために，各国で進出国のパートナーのオペレーションに依拠して個別に展開してきたオンラインショップのウェブサイトを閉じ，イギリス国内のオンラインショップであるM&S. comのプラットフォームと電子商取引の配送センターを活用して，国際的な注文に対応することが決定された（Marks and Spencer 2017，p. 24）。こうした傾向の中で，香港の直営店舗を中東およびアジア市場を統括するフランチャイズ・パートナーに売却し，中国本土のオンラインショップ（Tmallによ

| 図表 5 − 9 | 海外市場における売上と営業利益の推移 |

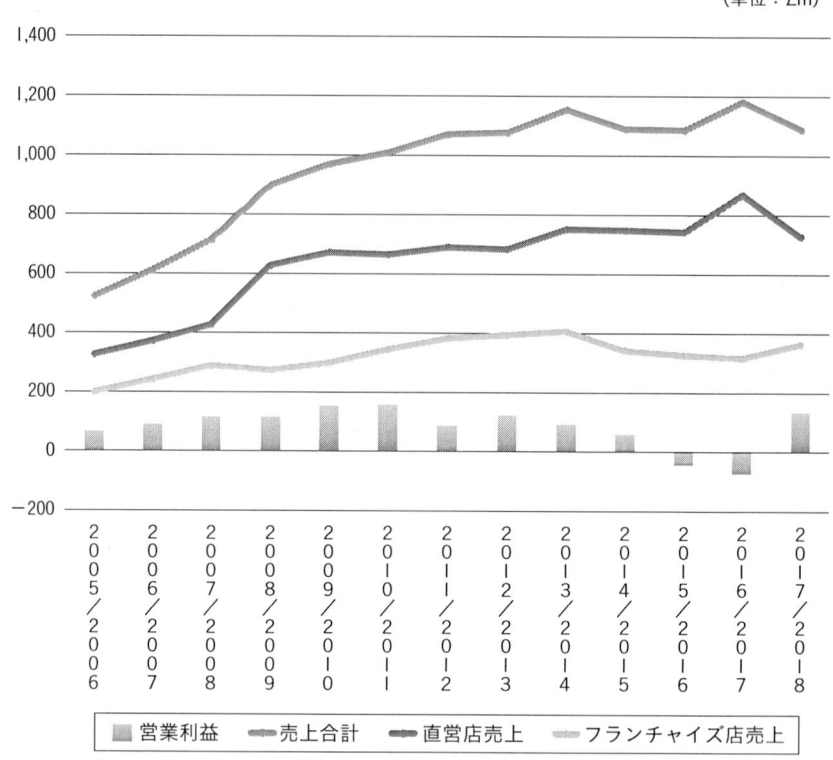

(単位：£m)

出所：M&S（2006-2018）*Annual Report 2005-2017*より作成。

る運営）も閉鎖した（Marks and Spencer 2018a；Marks and Spencer 2018, p. 8）。オンラインショップについては，2017年にイギリスのシステムを活用することが発表されたばかりであったが，翌年の年次報告書では現在のイギリス中心主義モデルから離れ，各国のフランチャイズ・パートナーやジョイントベンチャーが主導してローカルなウェブサイトを展開すると，再び方針転換をした。

　図表 5 −10で示されているように，M&Sの国際戦略は2009年ごろから2014年まで，時間的にも規模的にも急速すぎるペースで拡大してきたが，そのプロセスでは明確な戦略があったとは言い難い。2000年代初頭に完全子会社の直営店舗を中心とした事業展開からフランチャイズを中心とした国際化に戦略転換

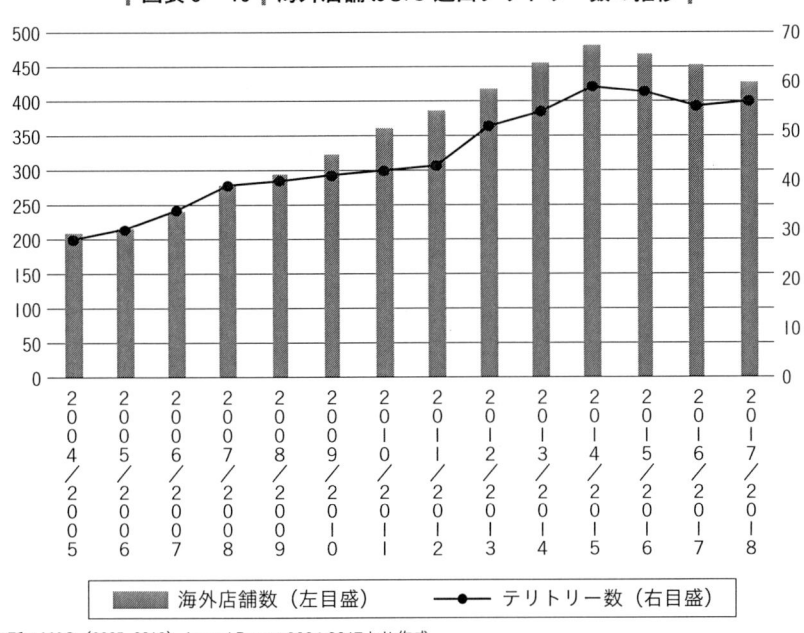

┃図表 5 - 10 ┃ 海外店舗および進出テリトリー数の推移 ┃

出所：M&S（2005-2018）*Annual Report 2004-2017* より作成。

したが，2009年から再び直営店舗を軸とし，その後すぐに2012年には再びフランチャイズ方式を強調したことからも理解できるように，戦略の方向性が二転三転している。1999年の業績悪化以降，2000年から会長や最高経営責任者の交代が数年ごとに行われていることが，こうした戦略に一貫性を維持できないことの一因であると思われる。現CEOのロウは，近年のM&Sの最高経営責任者としては珍しく，1989年からM&Sでキャリアを積んできた生え抜きの人物である。M&Sの黄金期も，衰退期も，復興期もさまざまな立場でM&Sを見てきたロウは，2009年にオンラインストアを拡張してきた経歴もあり，今後，国内・海外ともに，いかに有店舗と無店舗の事業でシナジーを起こすことができるか，その手腕が問われている。

▍4　おわりに

　ここまでM&Sの国内および海外事業の歴史的変遷をみてきたが，その独自性は，PB商品の企画・開発においてLCMMというビジネスモデルを構築してきたことにある。M&SのLCMMは，近年著しい成長をみせているSPA業態のビジネスモデルに基礎を提供し，その徹底した商品開発やサプライヤーとの商品供給のメカニズムなど，M&SのLCMMから学ぶところは多い。M&Sが衣料品，日用品，そして食料品と幅広い製品ラインにおいてこの仕組みを応用することができたのも，素材開発の基礎研究から製品デザインの策定に至るまで自社で商品仕様を決定してきたことによる。2代目の社長であったサイモンは，「科学とビジネスの融合」ということを企業理念に掲げたが，1930年代から自社の研究所での研究開発を最も重要視し，品質を最優先した物作りに徹底的に注力してきた。LCMMは，その着想をシアーズに得て，M&S流に独自に発展させてきたものであるが，近年の凋落ぶりはシアーズのそれに共通する点があり，今後いかに再建するかが注目されている。90年代以降，とりわけ衣料品の分野では競争力が低下していることから，商品開発力に加えて市場をリードするファッション性といった要素も必要であることが窺え，若年世代をいかに取り込むことが重要な課題である。

　また，近年，国内・国際事業ともに，オンライン販売への取り組みが，企業の成否を決定づける時代を迎えている。現在，M&SのオンラインストアであるM&S.comでは世界39ヵ国に配送可能となっており，日本からも注文が可能であるが，価格が日本円で表示されるだけで，それ以外はすべて英語で表記されており，またサイズについてもイギリスの表記であるため馴染みのない消費者にとっては非常にわかりにくい。いくつかの国ではその国の言語に翻訳されているが，非英語圏の国の大半が日本と同じような状況であり，世界の顧客がこのサイトからM&Sの商品を購入しやすいとは言い難い。その意味では，2018年に宣言されたように，イギリス中心主義モデルからいかに脱却できるかが問われており，顧客志向に立ってオンラインストア自体の使い勝手のよさを向上するということが求められている。さらに実体店舗を有する国においては，

オンラインストアとのシナジーをいかに生み出すことができるか，各国の状況に合わせた戦略が必要であると思われる。各国に適合的なオンラインストアのウェブサイトの提供に加え，配送システムや返品の手続きの利便性など，顧客の購買を促すようなさまざまな工夫の考案について，ローカル・パートナーといかに協働できるかが問われているといえよう。

■注

(1) M&SのLCMMの仕組みに関する詳細な説明は，戸田（2014）を参照されたい。

(2) 1927年に当時の社長のサイモンが掲げた原則で，M&Sで販売する商品の90%をイギリス国内のサプライヤーから調達するというものである。1934年までに国内調達率は95%に達した。

(3) この5つの柱は2010年まで維持され，2011年以降は，細分化されて7つの柱（①顧客との関わり，②Plan Aと事業との関わり，③気候変動への取り組み，④廃棄物の削減，⑤天然資源の保護，⑥フェアパートナー，⑦健康増進）へと拡張されて，2013年までこれが継続された。Plan A 2025では，小売業，消費財関連企業，社会全体，という3つの柱が挙げられ，より幅広い活動をカバーすることが志向されている。

(4) 2007年に100項目のコミットメントを掲げて立ち上げられたPlan Aは当初5ヵ年計画であったが，2008年には新たに17のコミットメントが追加され，さらに2010年には180項目に拡大された（How we do business 2010, p. 3）。さらに2014年には既存のコミットメントのうち，達成できたものについては削除し，達成できていないものについては部分的に修正を加え，さらに新しいコミットメントを追加してPlan A 2020が立ち上げられた。2017年にはPlan A 2020がほぼ達成に向かっているという認識から，2025年に向けた新たなサステイナビリティ計画としてPlan A 2025が発表された。

■参考文献

【日本語文献（五十音順）】

戸田裕美子（2008）「マークス&スペンサー：100%プライベート・ブランドの店」『ヨーロッパのトップ小売業』同文舘出版，95-119頁。

戸田裕美子（2014）「ダイエー社とマークス・アンド・スペンサー社の提携関係に関する歴史研究」『流通』（35），日本流通学会，33-51頁。

矢作敏行編（2000）『欧州の小売流通イノベーション』白桃書房。

【外国語文献（アルファベット順）】

Bevan, J.（2007）*The Rise and Fall of Marks & Spencer, and How It Rose Again*, London: Profile Books Ltd.

Bookbinder, P.（1993）*Simon Marks, Retail Revolutionary*, Frome and London: Butler& Tenner Ltd.

Briggs, A.（1984）*Marks & Spencer 1884-1984: A Centenary History of Marks & Spencer Ltd, The Originators of Penny Bazaars*, London: Octopus Books Limited.

Jefferys, J. B.（1954）*Retail Trading in Britain 1850-1950, A Study of Trends in Retailing with Special Reference to the Development of Co-operative, Multiple Shop and Department Store Methods of Trading*, Cambridge University Press, London.

Kotler, P. and Kotler, M.（2012）*Market Your Way to Growth: 8 Ways to Win*, John Wiley and Sons International Rights, Inc..〔嶋口充輝・竹村正明監訳（2013）『コトラー 8 つの成長戦略：低成長時代に勝ち残る戦略的マーケティング』碩学舎〕

Porter, M. E. and Kramer, M. R.（2011）"The Big Idea: Creating Shared Value, How to Reinvent Capitalism and Unleash a Wave of Innovation and Growth," *Harvard Business Review*, Reprint, R1101C, Harvard Business School, pp.1-17.〔ダイヤモンド社編集部訳（2011）「経済的価値と社会的価値を同時実現する共通価値の戦略」『Diamondハーバード・ビジネス・レビュー』36（6），ダイヤモンド社，8-31頁〕

Rees, G.（1969）*St. Michael, A History of Marks and Spencer*, William Clowes and Sons, Limited, London and Beccles.〔鈴木博訳（1970）『マークス＆スペンサー成長の記録：ヨーロッパ最大のチェーンストア』ビジネス社〕

【その他の資料】

Marks in Time, our heritage.（Marks and Spencer Company Archive pamphlet）

Marks and Spencer（1927-2018）*Annual Report*

Marks and Spencer（2003），CSR Review

Marks and Spencer（2004-2006），CSR Report

Marks and Spencer（2007-2012）How we do business.

Marks and Spencer（2013-2018）Plan A Report

Marks and Spencer（2000a）Press Release, 23 March.

Marks and Spencer（2006a）Press Release, 31 March

Marks and Spencer（2012a）Press Release, 7 June.

Marks and Spencer（2018a）Press Release, 2 January.

BBC News, 3 November 1998, 8 November 2016, 20 June 2018, 11 August 2018, 8 November 2018.

The Times, Company meetings, Friday, 8 May, 1934.

『日経流通新聞』2018年11月19日付。

（戸田　裕美子）

第 6 章

メトログループ

──小売国際化を先導したキャッシュ・アンド・キャリー

▍1　はじめに

　メトログループ（Metro Group）はドイツ屈指の流通グループであると同時に，1990年代以降の小売国際化の牽引役として知られている。メトログループの中核を占めるキャッシュ・アンド・キャリー（現金持帰り卸，以下C&C）事業は，プロフェッショナル（小売業者，レストラン，ホテル）の顧客を対象とし，顧客が店舗に赴いて自力で注文，支払いを済ませ，搬出も自分たちで行うという業態である（Burt 2013, p. 212）。C&Cは1990年代以降，ハイパーマーケット，ディスカウントストアと並んで，東欧，中南米，アジアなどの新興国における小売国際化を先導した業態であり，その中でもメトロキャッシュ・アンド・キャリー（以下，メトロC&C）は最大手の存在であった。

　本章では，メトログループの中でもメトロC&Cに焦点を絞り，なぜ同社が急速に国際化を遂げ，メトログループの母国であるドイツとは文化や制度の大きく異なる国々にまで根を下ろすことができたのかを，業態論や小売国際化論の視点から明らかにしていきたい。なお以下では，煩雑さを避けるため，組織構造など企業名を特定する必要がある場合にのみ「メトロC&C」と称し，それ以外では実質的にメトロC&Cを指す場合であっても単に「メトロ」と称することにする。

　メトロの急速な国際化の理由の1つは，C&Cというビジネスモデル自体の強みにあると考えられる。そこで第1節ではメトロの歴史の中から生まれた

C&Cのビジネスモデルの特色を明らかにし，それを前提とする主として母国側に立つ国際化戦略について言及する。ただし，小売国際化研究が指摘するように，小売業ではビジネスモデルをそのまま移植するだけでは十分ではなく，その現地の文化的・制度的状況への「埋め込み」を行うことによって初めて現地で通用するビジネスモデルを完成させることができる。このような実態を現地子会社のレベルにまで下ろして具体的に捉えた先行研究は多くはない。第2節ではその実態を中国，ベトナム，インドにおける進出事例をもとに明らかにする。

▌2　国内展開：メトロとC&C業態

⑴　メトログループとメトロC&C

　現在のメトログループの組織構造は，「メトロAG」が持ち株会社としてグループ全体を統括し，「メトロ・ホールセール」が会員制卸売業，「リアル」がハイパーマーケットに責任を持つ形となっている。さらに，不動産，物流，調達，情報技術，広告などの専門サービス関連企業が事業横断的にメトログループ全体を支援している。なお，ヨーロッパを代表する家電小売業「メディア・サトゥーン」も2017年7月までメトログループの傘下にあったが，会員制卸売業と家電小売業とでは相乗効果に乏しいとして，両者は分割された[1]。

　「メトロ・ホールセール」のほとんどを占める「メトロC&C」は，ホテル，レストラン，独立小売業者などの専門的顧客を対象とした事業を展開し，メトログループ全体の中でも中核的な位置を占めている。2017/18年[2]のグループとしての売上高約365億ユーロのうち，「メトロ・ホールセール（ほぼメトロC&C）」の売上は約295億ユーロに達し（**図表6−1**参照），従業員数はグループ全体で15万人を超える人数に達している。国際化についても，その約3分の2は海外からの売上であり769店舗中666店舗を海外が占め，西ヨーロッパ，東ヨーロッパ，アジアの広域に展開している。

　ところで，上記の店舗数には，「メトロ」ブランドに加えて一部「マクロ」ブランドの店舗が入っている。ただし，世界の「マクロ」ブランドの店舗の中

| 図表6－1 | メトログループおよびメトロC＆Cの業績推移 |

（単位：百万ユーロ）

		2000	2005	2010	2014/15[注1]	2015/16[注2]	2016/17	2017/18
売上高	メトログループ	46,930	55,722	67,258	59,219	36,549	37,140	36,534
	メトロC&C[注3]	21,032	28,087	31,095	29,701	29,000	29,866	29,451
EBITDA	メトログループ	2,183	2,938	3,726	2,177	1,918	1,611	1,525
	メトロC&C	873	1,377	1,374	1,424	1,700	1,528	1,380
EBITDAマージン[注4]	メトログループ	4.7%	5.3%	5.5%	3.7%	5.2%	4.3%	4.2%
	メトロC&C	4.2%	4.9%	4.4%	4.8%	5.9%	5.1%	4.7%
EBIT	メトログループ	1,025	1,738	2,415	711	1,219	852	740
	メトロC&C	626	1,013	1,104	975	1,271	1,035	947
純利益（net profit）	メトログループ	334	649	696	360	519	345	348

注1：2014/15の会計年度は2014年10月1日から2015年9月30日までを指す（以下同様）。
注2：2015/16についてはメディア・サトゥーン分割後のデータを記載。
注3：2016/17以降はメトロ・ホールセール（Metro Wholesale）の数値を記載。
注4：EBITDAマージン＝（EBTDA/売上高）×100％。
出所：Metro AG, *Annual Report 2001, 2006, 2011, 2015/16, 2016/17, 2017/2018.*

にはメトロC&Cではなくオランダの商社SHV（Steenkolen Handels-Vereeniging）の傘下に組み込まれているものもあり，「マクロ」ブランドの所有関係は複雑である。図表6－2が示すメトロC&Cの店舗のうち，オランダ，ベルギー，ポルトガル，スペイン，ポーランド，チェコの店舗が「マクロ」ブランドによる展開である。ブラジル，ベネズエラ，アルゼンチン，ペルー，コロンビアといった中南米諸国に展開されている「マクロ」ブランドの店舗はSHVの傘下に組み込まれており，これらは「メトロ」の業績には含まれていない。

(2)　メトログループの歴史

メトログループの創業の歴史は比較的浅く，1964年，ミュンヘンにおけるオットー・バイスハイム（Otto Beisheim）による第1号店の出店に遡る（バート 2008；Burt 2013）。このミュンヘンの1号店は，約1万4,000㎡の広大な店舗に専門業者向けのセルフサービスの現金持帰り卸売店（C&C）を展開し，従来の配送型の卸売業に代わる革新的な影響をもたらしたとされている。1968年，同じC&C業態の「マクロ」を持つSHVとの資本提携により，メトログループは西ヨーロッパに事業領域を広げ，C&Cへの専業化をさらに強化した。

メトロのC&C業態による海外進出第1号は，1968年のオランダ進出である。

ただし，これは，前述のSHVとの資本提携によるものであり，「メトロ」ブランドによる自力での海外出店ではない。「メトロ」としての初めての進出は，1971年のデンマーク，フランス，オーストリアへの進出である（**図表6－2**参照）。一方，SHVとの資本提携による西ヨーロッパの拠点はさらに増加し，1970年代初頭にオーストリア，デンマーク，フランス，イタリアの「メトロ」グループ子会社に対して60％の資本を所有するだけでなく（残りの40％はSHV所有），オランダ，スペイン，ポルトガルの「マクロ」に対しても40％の資本を所有するようになった（Burt 2013, p. 202）。

　1970年代を通じて西ヨーロッパの市場が一通り満たされると，1980年代の海外進出活動はいったん落ち着いた（**図表6－2**参照）。海外進出の面では低調となった1980年代や90年代初頭においても，メトログループは国内で活発な多角化路線を展開し，ドイツ国内で百貨店のカウフホフ（Kaufhof），小売コングロマリットのアスコ（Asko）グループ，あるいは他のC&Cへの資本参加を徐々に強化した（Wortmann 2011）。1994年の創業者バイスハイムの引退を契機として，1996年，メトログループはカウフホフ，アスコを完全買収し，C&C卸，百貨店，ハイパーマーケット，食品ディスカウント，家電，コンピューター関連商品，ホームセンター，家具，衣料品，靴店などの14の独立した事業部門からなる巨大流通グループとして新たな姿を現した（Burt 2013, p. 203）。

　1990年代に入ると中欧へ，2000年代には東欧とアジアへと，海外進出は再び活発となった。当初は母国ドイツとの文化的親近性の強い中東欧に進出したが，やがて経済成長性や人口動態などの市場規模を重視し，進出先を戦略的に選定するようになり（Tömöri 2010），中国（1996年），ロシア（2001年），インド（2003年）といったBRICs諸国への進出を実現した。

　このように国際化・多角化による拡大路線を続けたメトログループだが，2012年から従来の拡大路線から全体の「ポートフォリオ最適化」を重視した戦略に転換し，出店ペースの上がらない国や事業から撤退し，不動産事業の強化や将来的な物流やカスタマーサービスの充実を図っている（Metro 2015/2016）。M&Aの動きも活発化し，2015年にシンガポールの高級食材配送会社，2016年にはフランスの同業を買収する一方，撤退の動きもみられ，「メトロ」店舗については2010年にモロッコ，2014年にイギリス，デンマーク，2015年にベトナ

｜図表6－2｜ メトロC&Cの海外参入年と店舗数｜

名称		参入年	店舗数				増減	備考
			2015	2016	2017	2018		
ドイツ国内	メトロ		107	106	104	103	-4	
オランダ	マクロ	1968	17	17	17	17	0	
オーストリア	メトロ	1971	12	12	12	12	0	
[デンマーク]	メトロ	1971	0	0	0	0	0	2014年，現地Euro Caterへの売却と店舗閉鎖により撤退
フランス	メトロ	1971	93	94	97	98	5	
[イギリス]	マクロ	1971	0	0	0	0	0	2012年現地大手食品卸売企業Booker Group plc.への売却により撤退
イタリア	メトロ	1972	48	49	50	49	1	
スペイン	マクロ	1972	37	37	37	37	0	
ベルギー	マクロ	1973	15	16	16	17	2	
ポルトガル	マクロ	1990	10	10	10	10	0	
トルコ	メトロ	1990	29	32	33	33	4	
[モロッコ]	マクロ	1991	0	0	0	0	0	2010年現地スーパーマーケットLabel Vieに売却
[ギリシャ]	マクロ	1992	0	0	0	0	0	2014年現地スーパーマーケットチェーンSklavenitis S.A.への売却により撤退
ハンガリー	メトロ	1994	13	13	13	13	0	
ポーランド	マクロ	1994	41	30	30	29	-12	
中国	メトロ	1996	82	86	90	94	12	
ルーマニア	メトロ	1996	31	30	30	30	-1	
チェコ共和国	マクロ	1997	13	13	13	13	0	
ブルガリア	メトロ	1999	11	11	11	11	0	
スロバキア	メトロ	2000	6	6	6	6	0	
クロアチア	メトロ	2001	8	9	9	9	1	
ロシア	メトロ	2001	84	89	89	93	9	
日本	メトロ	2002	9	9	10	10	1	
[ベトナム]	メトロ	2002	19	0	0	0	-19	2015年，タイのTCC Land International Groupへの売却により撤退
インド	メトロ	2003	18	23	24	27	9	
ウクライナ	メトロ	2003	32	32	31	31	-1	
モルドヴァ	メトロ	2004	3	3	3	3	0	
セルビア	メトロ	2005	10	10	9	9	-1	
パキスタン	マクロ	2007	9	9	9	9	0	
カザフスタン	メトロ	2009	7	6	6	6	-1	
店舗計			764	752	759	769	5	

出所：Mierdorf, Mantrala and Krafft (2010) および Metro AG, *Annual Report* 2015/16, 2016/17, 2017/2018.

ムから撤退している（**図表6－2**参照）。さらに2012年イギリスの「マクロ」店舗をイギリスの大手食品卸売企業に，2014年にギリシャの「マクロ」店舗を

ギリシャのスーパーマーケットチェーンに，それぞれ売却している[3]。このような「メトロ」「マクロ」両ブランドの撤退は2010年から2015年の時期に集中している。

　これらの結果，メトロC&C単独で見た場合，売上高は2005年以降大きくなっていないが，EBITDAマージン（対売上高EBITDA比率）は対2000年から2015年にかけて上昇しており（**図表6－1**参照），上述の再編は，規模の拡大よりも企業価値の向上を優先した動きであることがわかる。そして，2012年以来の最適化路線の仕上げともいうべき行動が，2017年7月に実施したC&C事業と家電小売事業の分割である。これによりメトログループの規模は大きく縮小したが，中核事業であるメトロC&Cの比重が大きく上昇し，メトログループは今後，規模の追求から脱却し，本業に純化した経営を目指していくものと考えられる。

⑶　C&Cのビジネスモデル

　C&Cは卸ビジネスであることによって，競合するハイパーマーケットやディスカウントストアといった業態に比べ，質素な店舗レイアウトにより（象徴的には，暑いアジアでも店内のエアコンのスイッチを切るなど），ローコストオペレーションに徹することができる。そのビジネスモデルはハイパーマーケットと類似するが，いくつかの重要な違いがある。以下では店舗，調達，供給網の面からメトロのビジネスモデルの特徴をみていく。

①　店　　舗

　メトロは「クラシック（店舗面積10,000～16,000㎡）」「ジュニア（同7,000～9,000㎡）」「エコ（ECO）（同2,500～4,000㎡）」という核となる3種類の店舗方式（formula）を世界で展開している（Khanna *et al.* 2006, p. 3）。「クラシック」は，食品・非食品合わせて約5万点の商品を扱い，伝統的に主に西ヨーロッパで展開されている。東ヨーロッパやアジアでは，「クラシック」よりも面積が小さく食料品部門に特化した「ジュニア」が好んで出店される傾向にあり，ドイツにも逆輸入されている。「エコ」は1990年代半ばにフランス向けに発達し，

2000年代に入ってイタリア，日本で展開された方式であり，品揃えは食料部門に集中（全商品の90％程度）し，ホテルやケータリング向けの生鮮食料に特化している。

店舗方式のバリエーションはこの3つにとどまらず，中国で始まった「Metro for Ho Re Ca（ホレカ，hotel, restaurant, canteenの略）」は，ホテル，レストラン専用の店としてフランスやイタリアにも導入された。インドでは「Makro Genesis」という，5,000㎡の近代的店舗と「マンディ」と呼ばれるインドの伝統的市場の約500㎡の売り場を組み合わせた独特の業態を展開している（Burt 2013, p. 214）。

なお，次に述べる調達の現地化や物流システムの構築を強力に推し進めているのはメトロの強みであるが，一方では大掛かりな調達・物流システムの採算を取るためには相当な店舗数を必要とする。メトロが進出先での出店ペースの速さにこだわるのは，そのためである。

②　商品調達

C&C業態の中での競合他社に比べたメトロの特徴の1つは，品揃えの豊富さ，特に食品ラインナップの充実である。先述の「クラシック」の場合，通常5万点ほどのアイテムを揃え，そのうち約2万点は食品，3万点は非食品となっている（Khanna *et al.* 2006, p. 3）。競合するコストコのアイテム数が同サイズの店舗で4,000点程度であるのに比べ，相当に品揃えが豊富であるといえる。メトロの幅広い品揃えは，顧客の視点からすると，高い品質の商品を安定した価格で，1ヵ所でまとめて購入することができるという利点につながっている。

このような幅広い品揃えを支えているのが強力な調達システムである。約90％の現地からの調達が望ましい水準とされ，それに達しない場合でも，少なくとも60～80％は現地から調達すべきとされている（Khanna *et al.* 2006, p. 3）。このような商品の現地調達を進める目的は，現地の生産者や農民に事業をもたらし，生産・加工・流通プロセスを近代化する手助けをすることにある。商品の現地調達を実現するため，メトロは現地の中小製造業者，農民，生協，貿易商，小売業者との協働を密接に行い，他方ではユニリーバ，プロクター＆ギャンブルなどの多国籍企業とも協働している。

　グローバルな調達については，メトログループの関連サービス企業である「メトロ・グループ・バイイング」と連携し，コア・アーティクル（core article）と呼ばれる，世界のどこでも似たような品揃えとなる商品，例えばフライドポテトやトイレットペーパーの類をここから調達している。同社は香港，ポーランド，ロシア，トルコに完全所有の調達拠点を有している。特に香港の拠点は他のアジアの各店舗への供給基地となっているだけでなく，ヨーロッパの各拠点に対して，商品点数ではヨーロッパ各店舗の6〜7％に上るアジアからの輸入品を直接送り込む役割も果たしている。

③　供給システムと顧客管理

　C&C業態のハイパーマーケットと大きく異なる点の1つは，店舗を顧客の「倉庫」のように使ってもらうため，原則として中央倉庫を持たないことにある。しかし後述するように，サプライチェーンの未熟による品質劣化に苦しんでいたインドのような国では，この原則を緩めざるを得なかったということもあり，必ず中央倉庫を持たないというわけではない。本国ドイツや中東欧においては，グループ関連企業「メトロ・グループ・ロジスティクス」も子会社を持ち，現地での物流網構築に大きな役割を果たしている。

　このような店舗・調達・物流システムが整備されると，メトロが小売業者のもとに商品を届けるのではなく，顧客である小売業者は，メトロの店舗に出向くだけで商品を調達することが可能になる。メトロのサプライチェーンが確立していることが前提となるが，顧客はメトロの店舗に頻繁に買い物に来ることによって消費者のニーズに迅速に対応し，在庫切れを防ぐことができる。顧客にとっては，メトロの店舗が自社倉庫の代わりとなり，多くの国に見られる多段階の卸売システムに比べ大幅な効率化を実現することになる。さらに会員となった顧客は，メンバーカードとPOSのデータによって購買情報を分析され，ダイレクトメールなどにより顧客特性に応じた特売情報などを得ることができる。このようにプロフェッショナルを顧客として想定し，顧客管理や顧客支援を徹底して行うことが，一般消費者を顧客とするハイパーマーケットやスーパーマーケットとC&Cの大きな相違点である。

⑷　国際化戦略

　以上のビジネスモデルそのものの特徴に加えて，メトロの強みの1つが組織化された詳細な進出戦略にあることは良く知られている（Mierdorf *et al.* 2010；Anderson *et al.* 2011；Swoboda and Olejnik 2011）。2003年以降，進出戦略は，大きく2つのステップからなるプログラムとして組織化されている。第1のステップでは，まだ進出していないすべての国をいったん俎上に載せ，メトロの有する国の魅力度を示すモデル（country sourcing model）をもとに対象となる特定の国を選び出す。このモデルでは，「マクロ経済状況40%，政治的状況20%，競争環境30%，行政環境10%」といった具合に，用いるべき指標の選定やウェイト付けがなされている（Swoboda and Olejnik 2011, p. 335）。さらに文化的親近性や既存店とのシナジーなどを考慮し，進出候補となる国を1つ選定する。

　続く第2のステップでは，特定の国を選んだ上でいわゆるフィージビリティ・スタディ（feasibility study）を詳細に行う。当該国政府の市場経済を運営する上での能力，安定性や外資，特に流通分野への規制について入念に検討する。さらに10～15人の専門家からなる現地訪問チームを結成し，当該国で出店するにあたって必要とされる経営手法やオペレーションについてあらゆる面（調達，マーケティング，法務，人的資源）から，より詳細な調査を行い，現地での商品政策や価格，調達方針，出店立地や店舗方式，店舗サイズについての実務的な検討を行う。

　これら2つのステップによって特定国への進出を決定すると，その次に店舗を運営するための現地従業員を大量に採用するが，ここは非常に重要である。このステップでは，本国や既進出国からの多数の派遣者によって支援しながら，経営者，仕入れ担当者，セールスパーソンの候補となる現地従業員がメトロC&Cの標準化された方式をもとに店舗運営を試行する。本国からの派遣者に頼るのではなく，現地従業員に多くを委任することがメトロ方式の特徴である。そのために現地従業員を集中的な研修プログラムに参加させる。研修センターはドイツ，フランス，中国，ロシアの4ヵ国にあり，世界中から選定された約280人のコーチがいる。研修プログラムの目的は，「組織の中に国際的な精神を

養い，メトロC&Cのビジネスの基本原則を維持したまま，研修生を通じてそのコンセプトを他国により容易に移転させる」（Mierdorf *et al.* 2010, p. 37）ことにあり，C&Cのコンセプトを海外に移植する上で鍵を握っている。

　以上のメトロの進出戦略の内容から，メトロが対政府関係や人材育成について相当に組織的に取り組んでいることが窺える。さらに，メトロの進出戦略のもう1つの強みとして，これらの一連のステップが相当なスピードによって実施されることを指摘しておきたい。例えばロシアへの進出に際しては，メトロ進出により非効率なロシアの中間流通の改善を期待したモスクワ市長の招きがあったことも有利に働き（Khanna *et al.* 2006），2000年10月に第1のステップでロシアを進出対象として選択し，2001年11月，モスクワにロシア初となる2店舗をオープンし，2006年半ばまでにさらに25店舗をロシア国内に出店することができた。競合他社であるカルフール（Carrefour）やウォルマート（Wal-Mart）よりも早期の進出であり，メトロは先発者利益を享受した（Anderson *et al.* 2011, p. 198）。ロシアへの進出に際しては，すでに進出していたブルガリアのメトロC&Cからの支援を仰いでおり，このような周辺国からのスタートアップ支援もメトロの海外進出のスピードを高めるに一役買っている（Mierdorf *et al.* 2010, p. 38）。

▎3　国際展開：アジア各国におけるメトロの展開

(1)　小売国際化と「埋め込み」

　小売業が国際化する際には，受入国において現地の顧客に対応した店舗，仕入れ，物流に至るまでのシステムやネットワークを移転し，現地の流通，法規制や消費者の好みに合わせて浸透させていく。そのためには母国で培ったビジネスモデルを単に移植するのではなく，サプライヤーなどの現地企業や他の多国籍企業，消費者，政府機関などに受け入れられ，関係を構築していく必要がある。このような現地に「根を張る」行為を小売国際化研究では受入国への「埋め込み」と呼び，特に「市場，消費文化，不動産市場，ロジスティクス，供給ネットワーク」の面での「領土的埋め込み（territorial embeddedness）」

を重視している（Wrigley *et al.* 2005, p. 431；Meyer-Ohle 2014；鳥羽 2017）。このような現地との関係構築を通じて，国際化した小売業は現地の消費文化や流通構造に大きな影響を及ぼすことになる（Ihara 2013）。

　メトロの場合，ある時期までM&Aよりも単独での出店を優先してきたこと，母国ドイツに類似した文化的背景を持つ市場を好み，メトロの方式の迅速な現地市場への浸透を重視させてきたことから，母国で培ったコンセプトを忠実に移植することが決め手であったとする見解がある（Anderson *et al.* 2011, p. 199）。しかし一方では，C&Cというコンセプトを現地の状況に合わせて柔軟に適応させてきたとする「コンセプトの適応（concept adaptation）」（Bell 2004）を指摘する見解がある。「適応」と「埋め込み」は類似する面もあるが，「埋め込み」はより現地での関係構築を重視した視点である。本章の後半では「適応」を一歩進めて「埋め込み」という視点からメトロの国際化を見ていきたい。

　以下では，アジアにおいてメトロが特に進出先として重視していた中国，ベトナム，インドにおける進出の実態について詳細に取り上げる。ドイツを母国とするメトロにとって，アジアは文化的に隔たりが強く，政治経済的状況や流通構造もヨーロッパとは大きく異なっている。例えば，プロフェッショナルを顧客とするC&Cの原則はヨーロッパや日本では比較的厳格に守られているが，卸売と小売の区別が曖昧な東南アジアや中国では，一般消費者はC&Cを「ハイパーマーケット」「ディスカウントストア」と同類と認識する傾向があり，メトロもその対応に苦慮している。しかしそうであるがゆえに，アジアにおけるメトロの進出プロセスを詳細に観察すれば，前述の「埋め込み」の実態，すなわちメトロのC&C業態の消費者の受け入れや店舗・供給システムの構築，あるいは調達を通じた現地の農産物流通への影響などについて，より深く理解することができると考えられる。

⑵　中　　国

　メトロが中国へのフィージビリティ・スタディを実施したのは1993年であり，翌1994年に合弁相手や中国政府との交渉を開始した。1995年，メトロは，ホテ

117

ル，タクシー，観光業，スーパーマーケットを手掛ける国営企業「錦江集団（Jinjiang Group）」と共に合弁会社「錦江麦徳龙现购自运有限公司（Metro Jinjiang Shopping Center Co. Ltd.）」を設立（メトロ側60％，錦江40％[4]し，翌1996年，最初の倉庫型店舗を上海に設立した。

　メトロは中国商務省から中国主要都市でのチェーン展開を許可されたほぼ最初の外資系企業であり，その利点を活かして活発な店舗展開を行った（Schmekel 2005）。2002年の出店数は16店に達し，その当時の中国における売上高は6億ユーロ（約720億円），メトロと錦江を合わせた投資額は3億ユーロを優に超えていた（Schmekel 2005, p. 143）。1917年の中国における出店数は90店まで増加し，中国全土での売上高は約25億ユーロ（213億元[5] ＝約3,400億円）にまで増加している。多額の資金は人材育成に対しても投入され，ドイツ・ハニエル財団の協力を受け，2004年，メトロは中国人向けの研修センターを開設した。特にドイツ語能力のある中国人には継続的な研修の機会を与え，ドイツの大学での4年間の留学の機会も与えられることになっている。

　メトロにとって，今までの文化的に親近性のあるヨーロッパへの進出と異なり，中国への進出は初めて180度異なる文化圏への進出であった。中国参入に際しては，様々な課題があったとされている。

　まずメトロが苦慮したのは，中国における地方政府への対応である。中国において企業所得税（法人税）を中央と地方の共有税に変更する税制改革が行われて以来，地方政府は外資に対して独自にインセンティブを設定できるようになり，合弁会社設立に際しての地方政府の発言力が増した（Wang 2003, p. 124）。メトロが新たな都市に出店しようとするたびに，新たな地方政府関係者との関係構築に数週間，場合によっては数ヵ月を要し，いったん行政府の長官の認可を得たとしても，地方政府や地元企業の関係者の理解を得るためにさらに3〜4ヵ月を要することがまれではなかった。調達網の構築に際しても同様の地方政府との交渉が必要であった。元々，農民からの直接仕入れがメトロの原則であり，中国商務省もそれによる農産物サプライチェーンの強化を期待していた。しかし地方においてメトロが実際に取引したのは個々の農民ではなく，ほとんどの場合，集荷業者であった（Khanna *et al.* 2006, p. 6）。メトロと地方政府の双方が，メトロが集荷業者と取引するだけでも幾人も介在する卸売との

取引を省略することができ，農民の経営状況の改善に役立つと考えたからである。

　次の大きな問題は，中国においてC&Cを会員制卸売クラブとしていかに認知させるかであった。中国消費者の間ではC&Cをハイパーマーケットの類似業態とみなす強い風潮があった。進出当初のメトロはこのような風潮に抵抗し，会員制の原則を徹底させるために子連れ客の入店を禁止したり，入店客に法人会員であることの証明書を提出させたりするなど，厳格な管理を行った[6]。さらに中国人を「教育」してC&Cという業態を理解させるため，中国では1店舗当たりでヨーロッパの5倍に相当する25人ものスタッフを抱えて顧客教育を施すということまで行った（Khanna *et al.* 2006, p. 7）。しかし結局のところメトロは，会員制の建前を残すものの，ハイパーマーケットに似た一般消費者向けのディスカウントストアという立ち位置に落ち着かざるをえなかった。そもそもメトロは，中国に「小売業」の名目で進出し，卸売業の外資進出を規制する中央政府の政策をかいくぐることに成功しており（Wang 2003, p. 126），卸売業であることに拘泥するのは矛盾する行為であった。

　さらに，中国の過密な都市環境や地価の高騰により，メトロはしばしば十分な店舗面積を確保することができなかった。対応に苦慮したメトロは，地下に店舗を設けるという，これまでの原則に反することも行ったし（Khanna *et al.*, 2006），中国において先述の「エコ」や「Metro for Ho Re Ca」という店舗形式を導入した理由も，このような中国独自の環境に対応した結果といえる。

　このようにメトロは，中国市場においていくつかの従来の原則を大きく変え，政府，農民組織や顧客との関係構築に腐心した。それでも，大手家電チェーンやハイパーマーケットの台頭，そしてC&Cという業態自体の消費者への訴求力の低下により，メトロの中国における市場シェアが漸減しているという現状があり（马 *et al.* 2018），メトロといえども中国市場での展開は決して容易な道程ではなかったことがわかる。

⑶　ベトナム

　ベトナムは1986年のドイモイ政策によって市場経済システムを導入したもの

の，1990年代に設立されたスーパーマーケットは現地資本によるものが多く，近代流通業への外資参入は遅れ，フランス系資本のビッグ・シー（Big C）が1998年にハイパーマーケットを開くものの失敗していた。このように流通部門への外資参入の決め手がない中で，メトロは2002年にホーチミン市に参入し，その後も順調に出店を強化し，2015年の撤退時には最終的に19店舗まで拡大していた。出店に際しては9,000㎡程度の「ジュニア」店舗に1万4,000点の商品アイテムを導入し，原則として業者にのみ販売した。取り扱う商品は食品が中心で，その90％が現地から調達された（Schmekel 2005）。

　ベトナムにおけるメトロの特徴は，農民からの生鮮食品の直接調達を幅広く展開したことにある。以下，この点について詳述する。メトロはベトナムでの商品の調達については，低価格と供給の柔軟性を確保するために集荷業者と呼ばれる中小の商人とのスポット的取引も行ったが，それ以上に農民との直接的・長期的な取引関係の構築に取り組んだ。メトロは最終的に約2万人のベトナム農民を教育し，彼らが供給する食品を国際水準の品質にまで満たすように高めた。農民とメトロの間では，農民側がメトロの求める品質水準を満たし続ける一方で，メトロ側は納品から30日後の支払いを基本的なルールとした透明で確実な支払いを行い，さらに優れた供給業者に対しては支払までの期間を短縮する形で報いるようにした（Cadilhon and Fearne 2005）。こうした農民側・メトロ側双方の努力によって信頼関係が築かれ，息の長い取引につながった。もう一点，信頼関係を得る上で重要だったのは対面あるいは通信による密接なコミュニケーションであり，そのためにメトロは，例えばファクシミリを持っていない農民に対して提供するなどという投資も行った。価格面では，メトロやハイパーマーケットとの直接取引のほうが，集荷業者を介した伝統的取引よりも，農民は高く，安定した価格で農産物を売ることができた（**図表6－3参**照）。他方，農民は伝統的な流通取引では負うことのない，加工・包装・輸送などのコストを負担した。ジーンジョセフ・カディロン（Jean-Joseph Cadilhon）らがホーチミン市の農民に対して行ったインタビュー調査によれば（Cadilhon *et al.* 2006），かなりの農民はこのようなメトロとの取引の透明性や安定性に好感を持っており，他方，品質にさほどこだわらず，取引量や支払いに柔軟であるとして，伝統的業者との取引を好む農民もいた。ホーチミン市の青

｜図表 6 － 3 ｜ トマトのサプライチェーンにおける近代的・伝統的取引の対比（ホーチミン市）｜

（単位：VN $ [注2] /kg）

	「ビッグ・シー」による農民からの直接調達	伝統的集荷業者・卸売業者を通じた調達	「メトロ」による農民からの直接調達
品質	グレード2or「安全」[注1]	グレード2	グレード1or「安全」
農民からの買取価格	2,300	500	1,500
集荷価格	-	1,200	-
卸売価格	-	1,500	2,700
小売価格	4,900	5,000	

注1：グレード1，グレード2の順に品質が高い順番となる。グレード1，2とは別個の基準であるメトロやBig Cにおける「安全（ベトナム語でan toàn）」とは、伝統的流通業で売られる同一商品よりも化学添加物が少ないことを示すベトナム政府による基準である。
注2：調査時、1ユーロが18,000ベトナムドン（VN $）に相当。
出所：Cadilhon *et al.* (2006) p. 42.

果物流通全体に占めるC&Cすなわちメトロとの取引の占める割合は1.4％と推計されており，メトロの現地の農産物取引に与えた影響は限定的である。しかし，規模面では限定的ではあるものの，メトロがベトナムの農産物サプライチェーンの近代化に一定程度貢献していたというのは事実である。

　以上のように手のかかる農民との長期取引に取り組みながら，メトロは2016年1月にベトナムからの撤退を決定した。他の小売業との競争激化によりベトナムでの出店拡大が見込めなくなっていたのが撤退の主な理由である。現地での報道[7]は，撤退時のメトロは進出当初の魅力を失い，「卸売業としても小売業としても中途半端な存在」になっていたと指摘している。ベトナムへの進出当初，メトロは会員制などの卸としてのコンセプトの徹底を図ったが，ベトナム消費者への浸透を図るため次第に規制を緩め，事実上の小売ビジネスとして展開するようになった[8]。しかし，ベトナムでハイパーマーケットやスーパーマーケットが隆盛すると，小売サービスに徹した競合相手との差別化が困難になっていた。他方では2010年代には専業に特化した近代卸売業がベトナムにも登場し，卸売業として見たときのメトロは品揃え，納期の確実性，品質などの面から物足りないと思われるようになっていた。撤退直前には再び卸に特化した当初のビジネスモデルに戻す試みを行ったが，「時すでに遅し」であった。

　売却時のベトナムにおけるメトロの売上高は5.16億ユーロに達しており，タイTCCグループによる買収金額が6.55億ユーロであったことや，買収当時に約

3,400人の従業員がいたという事実[9]からもメトロベトナムの規模の大きさが伺われる。TCCグループは「メトロ」ブランドを維持しながらも，店舗内装をよりデザイン性の高いものに変更し，メトロの欠点となっていた一般消費者への訴求を強めている。

(4)　インド

　メトロが最初にインド進出のFSを実施したのは1995年だったが，インド政府の外資に対する姿勢が厳しかったために一度検討を中断した。しかし，インド政府が小売業ではなく卸売業であれば外資の進出を許可するという新たな情報を得て，1999年に再び市場調査を開始した（Schmekel 2005）。そして2000年末にインド中央政府の組織である海外投資促進委員会（Foreign Investment Promotion Board）によって，メトロのC&C業態の店舗設立が認可された。設立許可に際してインド政府からは，メトロが現地の農協や生産者から商品を調達し，それらの商品の加工を手助けすること，さらに農水産物セクターに対して商品のロスを削減し，生産者と市場をより密接に結び付けることや，インド消費財の輸出価値を高めるための手助けをすることが期待されていた。背景として，インド政府も従来の政府系市場「マンディ（mandi）」を仲介するインドの農産物流通システムが極めて非効率であることに気づいており，メトロの参入による農産物サプライチェーンの効率化を期待していたのである[10]。

　進出当時，外資規制により外資の進出は遅れており，スーパーマーケット業態は現地企業によって占められていた。小売業における外資の割合は1〜2％に過ぎず，他の新興国に比べても特に少なかった。インドの流通において近代的流通業の比率はごくわずかであり，「キラナ（kirana）」と呼ばれる家族経営の零細な小売店をはじめとする地場の零細小売業が多数を占めていた。インドでは複数ブランドを販売する小売業（すなわち総合小売業）への規制が最も厳しかったが，卸売業への規制は幾分緩やかであったため，メトロはカルフール，テスコのようなハイパーマーケットに先駆けて進出することができた。

　進出の際にメトロはインドの様々な都市を調査し，バンガロールを最初の拠点に選び，2003年に同都市に2つの店舗を出店した。店舗方式として選択した

のはベトナムと同様，「ジュニア」すなわち小さいサイズの店舗である。2つ
の店舗における販売価格はインド政府が示した上限小売価格（MRP）よりも
30%から45％も安く，メトロは大いに存在感を示すことができた（Khanna *et
al.* 2006）。しかし，ハイデラバードに次の店舗を出店したのは2006年であり，
メトロは3年間もの間，店舗拡張に動くことができなかった。17年にはインド
全土で24店舗まで増やすことができている。

　以上のような進出経緯から窺えるように，インドにおけるメトロの進出速度
は，インド政府や現地の反対運動に翻弄された結果，非常に緩慢なものとなっ
た。出店スピードの速さを良しとするメトロにとって，インドでは様々な忍耐
を強いられた。

　メトロが店舗を拡げる上でまず障害となったのは，やはり地方政府への対応
である。インドの政治構造は中央政府と地方政府の間で大きく分離されており，
双方の権限が及ぶ範囲も区別されている（Khanna *et al.* 2006）。さらにインドに
おいては，中央と地方で有力な政党が異なることもしばしばあり，特に1990年
代においては有力な多数政党が存在しなかったことが，中央と地方の協力関係
を難しくしていた。メトロは，どの政策が中央政府のコントロール下にあり，
どれが地方政府の下にあるのかを見極める必要があった。例えば，インドでは
中央政府が海外からの直接投資を監督するが，農産物流通の面では地方政府が
一手に管理していることに気づく必要があった。

　メトロの大原則である品揃えの現地化を実施するに際しても，多くの問題が
あった。そもそもメトロの進出当初，外資企業は野菜や穀物の扱いを許可され
ておらず，菜食主義者が人口の多くを占めるインドにおいて，野菜の取り扱い
ができないことは由々しき問題であった。最終的には，インド政府の認可によ
りこの問題はクリアされた。しかし次の問題は，インドで調達する商品の品質
の多くが，メトロの定めた国際標準に到達しないということであった。メトロ
はインドにおいてワインと海外輸入雑貨品を除く製品の98%の現地調達を目標
とした（Geigenmüller and Schwertfeger 2011, p. 351）。しかしこの数字を実現す
る上で，上記の品質問題が障害となった。メトロは特に，農民，漁師，集荷業
者などに対して，生鮮食品の加工，貯蔵，輸送についての包括的な訓練プログ
ラムを用意した。インドにおいては農民からの直接買い付けも実施し，販売価

格の大幅な低下を実現している。

　さらに，物流システムの劣悪さが上述の品質劣化につながっていたため，メトロはその徹底管理を行った。インドの道路状況の劣悪さについて一例をあげれば，コルカタからムンバイまでの約2,150キロの道のりのトラック輸送に8日間を要すが，これは時速に直すとわずか11キロという具合であった（Geigenmüller and Schwertfeger 2011, p. 351）。メトロは，供給業者から商品を受領し店舗まで運ぶ輸送手段を自前で用意し，それらがきちんと運行されているかを常に管理するようにした。生鮮食品の劣化を防ぐために，売り場においては十分な冷蔵設備を用意した。さらに店舗とは別に温度・湿度管理を徹底した物流倉庫を用意した。この物流倉庫は，自ら商品を包装する能力に欠ける供給業者に代わって包装作業を行う場としても機能した（Khanna *et al.* 2006）。

　最後に，インドでの最も大きな問題となったのは，メトロに対する激しい反対運動である。外資規制が厳しかったインドにおいて，メトロは商業分野で初めての本格的な外資企業として目立った存在となっており，バンガロールへの出店後，メトロに商機を奪われることを懸念した現地の商人の反発を契機に，各地域の現地語（ヒンディー語でない）新聞にメトロに対する批判的な記事が頻出した（Schmekel 2005；Geigenmüller and Schwertfeger 2011）。反対運動は「メトロは卸売業者なのに一般消費者に販売しているのではないか」という告発運動に発展した。このような混乱は，メトロ側は自らが卸売店であることを明示し，入店を制限していたにもかかわらず，安売りを期待したインド人の一般消費者が店舗に押し寄せたために生じていた。メトロはこれに対して最小購買量を増やすなどの対応措置をとり，反対運動の収束に苦慮した。

　このようにインドにおいてメトロが直面した問題は，地方政府の問題や農産物調達などの点で中国と類似しているが，メトロ進出に対する反対運動はより深刻であった。さらに，流通近代化が遅れているインドでも，インターネットでの販売は急速に浸透しており，ネット小売業が新たな脅威となる見通しである。最近ではインドで増加するオンライントレードに対抗するため，対小売業者の顧客管理の強みを活かして，零細小売店の電子化の支援プログラムによって対応を図っている[11]。

▌4　おわりに

　最後に，本章で得られた知見に基づき，メトロが急速に国際化を進め，文化や制度の異なる国々に対して根を下ろすことができた原因，そして現在メトロが置かれている状況について整理しておきたい。

　まず，国際化におけるメトロの強みは，迅速で組織化され，対政府関係の構築や人材育成についても体系化された手法を組み込んだ国際化戦略と，C&Cというビジネスモデルの店舗から調達，物流に至る全体を現地で構築するという徹底したプロセスにあった。このようなメトロ側の積極的・組織的な動きが，C&Cによる中間流通効率化への貢献に期待する新興国政府の認可とも相まって，メトロC&Cは1990年代のアジアの流通近代化・小売国際化の先兵となったのである。

　続いて本章では，メトロが母国ドイツで発祥したC&Cという業態を，文化・慣習や流通構造が母国と大きく異なるアジアにどのように持ち込もうとし，どんな障害があったのかを現地のレベルに下りて検討した。その結果，明らかになったのは以下の諸点である。第1に，母国発のシステムやコンセプトの単なる移植ではなく，現地の顧客，調達・供給ネットワーク，政府組織との関係構築，すなわち「埋め込み」が重要であった。第2に，その中でも調達は特に大きなポイントであった。メトロは，物流環境の整備や農民・中小製造業者への訓練によって，彼らとの直接取引を進め，現地の農産物のサプライチェーンの合理化に部分的にせよ，貢献したのである。このような影響は特にベトナムにおいて顕著であった。第3に，アジアの流通自体に伝統的に「現金持帰り」的性格があるため，C&Cの現金持帰り卸というコンセプトを浸透させるのは容易ではなかった。中国やベトナムでは進出初期にはコンセプトの徹底を図るが，その後は売上拡大のため，（建前としての会員制度などは残すものの）事実上の小売業として展開し，結局のところは他の近代小売業態との差別化が困難になった。逆にインドでは地元小売業からの深刻な反対運動を招き，卸売業としての立ち位置をもっと徹底する必要があった。これらの事実は，日本以外のアジアにおけるC&Cのコンセプト移植の困難さを物語っている。

　先述の通りメトロは，C&Cという業態によってアジアにおける小売国際化の先駆けとなったが，現在ではアジアでの競争激化や流通近代化の進展により他の小売業態との差別化が困難になっている。メトロは2010年頃から拡大路線の修正とともに，一連の撤退行動により進出対象を絞り込む動きを見せているが，これは海外ないしアジアからの全面的な撤退を意味するのではないだろう。メトロはメディア・サトゥーン分割を契機に，C&Cの原点に戻り，その本来の強みである卸ビジネスに特化し，小売店支援や調達・物流システムを活かした新たな巻き返しを図っていくのではないかと考えられる。

■注

(1) Metro Group Investor News, No. 6-2015/16 (Düsseldorf, 30/03/2016)。なお，「メディア・サトゥーン」については薄井・ドーソン（2012）が詳しい。

(2) 2016年10月1日から2017年9月30日の会計年度における業績を指している。

(3) 一方，SHVは2010年にインドネシアの店舗を韓国ロッテマートに，2013年タイの店舗をタイの流通・アグリビジネスを手掛けるCPグループの中核企業，CPオールに売却した。これらの店舗は売却後もインドネシアやタイで発展を続けて，例えばタイのCPグループは買収後も「マクロ」ブランドを継承し，カンボジアに「マクロ」ブランドの店舗を新たに出店するなど，さらに発展させている。

(4) 2001年の中国WTO加盟後，メトロは同社への出資率を90％に引き上げた。

(5) 中国連鎖経営協会の公表資料による。

(6) 趙愛玲「麦德龙，超市巨头的中国攻略」『中国对外贸易』2009年6月15日。

(7) *Người Lao Động*, 2014年8月11日。

(8) *Người Lao Động*, 同上。

(9) *Việt Nam News*, 2016年1月8日。

(10) 1950年代以来のAPMC（Agricultural Produce Marketing Committee）の規定により，インドの農民はマンディに農産物を売ることが義務づけられていた（Khanna *et al.* 2006, p. 10）。小売業の購買担当者はマンディのセリ市での商品の購買が求められ，農家からの野菜や果実の直接調達は認められていなかった。中間業者による農民の搾取を防ぐことがその狙いであったが，マンディ周辺のアクセスの悪さと甚大な交通渋滞により多くの商品のロスが生じ，市場内では十分に情報が行き渡らないために不適切な値づけがされているなど，実施のその運用は極めて非効率だったとされている。

(11) Priyanka Pani, "Metro Cash & Carry helps kirana shops digitise, take on online giants", *The Hindu Business Online*, 9/11/2018.

■参考文献————————————————————————————————

【日本語文献（五十音順）】

薄井和夫・ドーソン, J. (2012)「ヨーロッパ家電小売業の競争構造：ユーロニクス, ディクソンズ, メディア・ザトゥーンの国際化戦略」(埼玉大学)『社会科学論集』(137), 15-42頁。

鳥羽達郎 (2017)「アジア流通の分析視座」鳥羽達郎・柳　純編『日系小売業のアジア展開：東アジアと東南アジアの小売動態』中央経済社, 21-40頁。

バート, S. (2008)「メトロ：ヨーロッパ卸売・小売帝国の形成」マーケティング史研究会編『ヨーロッパのトップ小売業：その史的展開』同文舘出版, 83-114頁。

【外国語文献（アルファベット順）】

Anderson, E., Schaffner, M., Albert, E., Vendal, J., and Lee, L. (2011) "Metro AG," in Sternquist, B. (ed.), *Retail Strategic International Expansion (SIRE2) Theory and Cases*, Brenda Sternquist Consulting, pp. 197-212.

Bell, R. (2004) "Metro in China or a Chinese Metro?" in Reynolds, J. and Cuthbertson, C. (eds.) *Retail Strategy: The View from the Bridge*, Elsevier, pp. 218-224.

Burt, S. (2013) "The Metro Group: Internationalizing the Cash and Carry Format," in Dawson, J. and Mukoyama, M. (eds.), *Global Strategies in Retailing: Asian and European Experiences*, Routledge, pp. 201-226.

Cadilhon, J.J. and Fearne, A.P. (2005), "Lessons in Collaboration: A Case Study from Vietnam," *Supply Chain Management Review*, May/June 2005, pp. 11-12.

Cadilhon, J.J., Moustier, P., Poole, N. D., Tam, P. T. G. and Fearne, A. P. (2006), "Traditional vs. Modern Food Systems?-Insights from Vegetable Supply Chains to Ho Chi Minh City," *Development Policy Review*, 24 (1), pp. 31-49.

Franz, M. (2012) "Resistance and Strategic Responses in Food Supply Networks: Metro Cash & Carry in Bangalore," Geografiska Annaler: Series B, *Human Geography*, 94 (2), pp. 161-176.

Geigenmüller, A. and Schwertfeger, M. (2011) "International Market Entry of Wholesale Companies in Emerging Markets: Metro Cash & Carry in India," in Zentes, J. and Swoboda, B. (eds.) *Fallstudien zum Internationalen Management: Grundlagen - Praxiserfahrungen - Perspektiven, Gabler*, pp. 329-340.

Geigenmüller, A. and Schwertfeger, M. (2011) "International Market Entry of Wholesale Companies in Emerging Markets: Metro Cash & Carry in India," in Zentes, J. and Swoboda, B. (eds.) *Fallstudien zum Internationalen Management: Grundlagen - Praxiserfahrungen - Perspektiven*, Gabler, pp. 341-356.

Ihara, M. (2013) "Impact of Hypermarkets on Consumption and Distribution in Rural Areas: Case Study of Ubon Ratchathani in Northeastern Thailand," *The International Review of Retail, Distribution and Consumer Research*, 23 (2), pp. 174-188.

Khanna, T., Palepu, K., Knoop, C., and Lane, D. (2006) "METRO Cash & Carry," Harvard Business School Case, No.9707505, *Harvard Business School Publishing*, pp. 1-25.

马炜・李君・黄美华・吴耀辉・王林荣 (2018)「麦德龙经营管理存在的问题及对策」『浙江万里学院学报』, 2018, 31 (02), pp. 1-17.［中国語文献］

Metro AG (2016, 2017), *Annual Report 2015/16, 2016/17*。

Meyer-Ohle, H. (2014) "Japanese Retailers in Southeast Asia: Strong Local Partners, Shopping Malls, and Aiming for Comprehensive Internationalization," *The International Review of Retail Distribution and Consumer Research*, 24 (5), pp. 500-515.

Mierdorf, Z., Mantrala, M. K. and Krafft, M. (2010) "Retailing in the Global World: Case Study of Metro Cash & Carry, in Krafft, M. and Mantrala, M. K. (eds.), *Retailing in the 21st Century: Current and Future Trends*, Springer, pp. 31-42.

Schmekel, V. (2005) "The Strategic Importance of Retail Investment in Asia and Its Implication for the Metro Group in Asia," *Journal of Global Marketing*, 18 (1/2), pp. 133-150.

Swoboda, B. and Olejnik, E. (2011) "International Market Selection in Retailing: Metro Cash & Carry," in Zentes, J. and Swoboda, B. (eds.) *Fallstudien zum Internationalen Management: Grundlagen - Praxiserfahrungen - Perspektiven, Gabler*, pp. 329-340.

Tömöri, M. (2010) "Spatial Diffusion of Metro Cash & Carry Focusing on Hungary and Romania," in Horga, I. and Süli-Zakar, I. (eds.), *Cross-Border Partnership: With Special Regard to the Hungarian-Romanian-Ukrainian Tripartite Border*, University of Oradea Press, pp. 131-135.

Wang, S. (2003) "Internationalization of Retailing in China," in Dawson, J., Mukouyama, M., Choi, S. C. and Larke, R. (eds.) *The Internationalisation of Retailing in Asia*, Routledge, pp. 114-135.

Wortmann, M. (2011) "Globalization of European Retailing," in Hamilton, G. G., Petrovic, M. and Senauer, B. (eds.) *The Market Makers: How Retailers are Reshaping the Global Economy*, Oxford University Press, pp. 117-154.

Wrigley, N., Coe N. H. and Currah, A. (2005) "Globalizing Retail: Conceptualizing the Distribution-Based Transnational Corporation (TNC)," *Progress in Human Geography*, 29 (4), pp. 437-457.

（井原　基）

第 7 章

アルディ
――ハードディスカウントストアの創設と展開

┃1 はじめに

　ヨーロッパでは過去数十年間，最も安定して伸びている食品系業態がディスカウントストア（DS）である。ディスカウントストアとは，簡単にいうと低価格戦略を採用する小売業態である。とりわけ，ヨーロッパで成長している業態はハードディスカウントストア（HDS）であり，別名ボックスストアとも呼ばれている。このボックスストアとは，ヨーロッパで生まれた業態で，リミテッド・アソートメント・ディスカウントストアとも呼ばれている。これらの多くはプライベートブランド商品を主体として品揃えを絞り込み，最小限度の人員で店舗運営することにより低価格販売を行っており，代表的な企業としてアルディ（Aldi）やリドル（Lidl）がある。

　1960年代に日本に登場した総合スーパー等は安売り商法を基本として流通革命を牽引し，現在，ディスカウントストア業態ではドンキホーテホールディングスが躍進を続けている。他方，アメリカでもKマート（K-Mart）やウォルマート（Wal-Mart）などのディスカウントストア業態が勢力を築いてきた。本章では，世界で急成長しているディスカウントストア業態であるドイツを本国とするアルディを中心としてアルディと同様な業態を運営しているリドルの国際戦略について考察する。

2　国内展開：アルディの企業概要と発展の軌跡

⑴　アルディの企業概要と歴史

　カンター・リテール（KANTAR RETAIL）による世界の小売業売上高上位
10社の中で，ディスカウントストア業態を主体とする企業には第4位にシュワ
ルツ・グループ（Schwarz Gruppe），第7位にアルディ，第8位にホーム・デ
ポがある（**図表7－1**参照）。シュワルツ・グループの売上高は1,160億ドルで
あり，そのうち国外売上高が64%を占めている。また，全売上高の約75%であ
る約860億ドルはディスカウントストア業態であるリドルによるものである。
第7位のアルディの売上高は984億ドルであり，そのうち国外売上高が69%を
占めている。アルディはリドル同様のディスカウントストア業態である。第8
位のホーム・デポの売上高は977億ドルであり，ディスカウントストア業態で
ある。このように，世界の小売業ランキングの中で，ディスカウント業態を主
とする企業が上位10社中3社を占めるまでになっている。本章では，上記3社

│図表7－1│2016年度世界の小売業売上高上位10社│

順位	企業名	国	小売売上高 （100万USドル）	売上成長率 （2012-17年）	国外営業の 売上比率
1	ウォルマート	アメリカ	511,366	2%	27%
2	アマゾン・ドットコム	アメリカ	138,020	19%	32%
3	コストコ	アメリカ	120,892	4%	26%
4	シュワルツ・グループ	ドイツ	116,020	6%	64%
5	クローガー	アメリカ	115,404	5%	0%
6	カルフール	フランス	102,016	-2%	61%
7	アルディ	ドイツ	98,433	5%	69%
8	ホーム・デポ	アメリカ	97,662	6%	9%
9	ウォルグリーン・ブーツ・ アライアンス	アメリカ	97,189	7%	15%
10	テスコ	イギリス	89,530	-3%	26%

出所：Kantar Retail's 2017 Top 50 Global Retailers（USA）より抜粋。

のうち住宅リフォーム・建設資材を取り扱うホーム・デポを除き，世界で急成長する食料品や日用雑貨を取り扱うディスカウントストア業態であるアルディを中心に，同様の業態で世界展開をしているリドルについて触れて述べていくことにする。

　アルディの歴史は，ドイツ西部のエッセンで1913年にアンナ・アルブレヒトが食料品を扱う店を開業したのが始まりである。1946年にアンナの子どもであるカールとテオのアルブレヒト兄弟がディスカウントストア事業を始めた。1962年に，アルブレヒトの最初の2文字のAlとディスカウントの最初の2文字DiをつけてAldiとなった。その後，煙草の販売に関して意見が対立し，事業を分割した。兄のカールは，アルディ・ズュート（Aldi Süd：アルディ・南）と弟テオはアルディ・ノルト（Aldi Nord：アルディ・北）を運営しており，両社合わせて世界17ヵ国で展開されている[1]。

　一方，リドルを運営するシュバルツ・グループは，ヨセフ・シュバルツが1930年にシュバルツ・レーベンスミッテル・ゾーティメン・ゴーサンロンという店名で創業し，果物卸売販売業者の共同経営者となり総合食料の卸売販売業者に育てたことから始まった。グループ内のディスカウント業態であるリドルは，1973年からドイツのアルディの業態コンセプトを模倣して始められ，息子のディーター・シュワルツが注力し拡大していき，リドルは世界26ヵ国で展開している[2]。

　これらアルディとリドルの共通点として，本国がドイツであること，通常のディスカウントチェーンよりも更にディスカウントした価格で商品を販売しているハードディスカウントストア業態の代表企業であることがあげられる。ハードディスカウントストア業態とは，約500㎡程度の小さい店舗に高回転の加工食品を中心とした品揃えを行う小売業態といわれ，リミテッド・アソートメント・ストアないしボックスストアともいわれる。リミテッド・アソートメント・ストアとは，品目が限定されている店という意味であり，ドライグロサリーを主体として800～1,000品目に絞られていることが特徴である。ボックスストアとは，商品が陳列ケースに個々に並べられているのではなく，段ボールカットで箱から出さずに陳列されている。さらに，両社はメーカーとの直接取引を基本としており，プライベートブランド（以下，PB）商品を多く取り扱っ

ている。それらの商品価格はスーパーマーケットに比べて平均15〜20％安く，店舗装飾，広告宣伝費を極力抑えて，売上高販管比率は平均9〜12％と低く抑えて運営している。また，売り場面積を1,000㎡以下にしてレジ台数は1店舗当たり3〜5台とし，従業員は店長1人，パート，アルバイト3〜4人で人件費率は平均2〜4％に絞っているといわれている。それでは次に，本国であるドイツでの成長の背景と展開について具体的に検討していく。

(2)　ドイツ本国内の成長背景と展開

　アルディ等は，なぜドイツ本国国内で成長していったのか，そして，現在国際展開している同社の業態であるボックスストアともいわれるハードディスカウント店舗を作り出していったのかについて考察していく。ドイツ国内での成長する社会背景と本国国内での展開について概観していく。

①　消費者と社会環境

　本国ドイツでは，東西ドイツで統治されていた頃，東ドイツは国営店でしか買い物ができず，消費文化が根づいていなかった。そのような中で，東西統一後の混乱で低所得者層が増え，低価格商品が選好された。ドイツでは食品企業が育つ土壌がない時代が長く続き，食品を製造してもそれを仕入れて販売してくれる小売企業は少なかった。その後，大手小売企業が寡占化し巨大化することで，そのため規模的にも食品製造業は小売業よりも弱い立場になってしまい，小売業にとって利益が多いPB商品を提供する製造業社が多くなった。PB商品を調達する目的について，ダニエル・I・パドバーグ（Daniel I. Padberg）は，①低価格販売の実現，②利益確保，③品質の差別化，④多ブランド化による顧客誘引，⑤ストア・ロイヤルティの向上，⑥商品の安定供給をあげている（Padberg 1968）。2002年ドイツマルク廃止される中で，ユーロ参加への影響で買い控えが進み，低価格商品の購入を望む人が増え，ますます急成長していった。そのため，アルディとリドルの成長は，景気変動と逆相関関係にあるといわれている。

　同様の現象は進出国のイギリスにおいてもみられた。イギリスでは，2008年

のリーマンショック直後に売上が急増したといわれている。また，EU離脱決定の影響により通貨のポンドが下落し，ドイツからの輸入商品価格が上昇したことにより売上高が急増した。このように，景気後退や物価上昇を契機として消費者を増やしてきた。アルディとリドルは低価格販売を主軸にしているため，進出当初は低所得層が中心であったものの，良質のPB商品という評判が広がるとともに多くの中間層などを取り込むようになってきているのである。このようにアルディにおける成長は，景気や国内産業のパワー構造を含む社会環境と消費者によって支えられてきたのである。次に，商品戦略の特徴についてみていく。

② 商品戦略

　アルディとリドルの商品戦略の特徴は，PB商品比率と低価格であることである。アルディのSKU数は平均1,500（新プロトタイプは1,750），PB比率は平均95%，同等ナショナルブランド（以下，NB）よりも30〜40%価格が安いことを売り物としている。リドルはNB比率がアルディより少し高く，PB比率は平均90%である。PB商品にはサムウェイズ（Samways）のモデルが参考になる（Samways 1995）（**図表7－2**参照）。サムウェイズは，PB商品についてその進化の過程に合わせて4つに分類している。第1段階は，ジェネリックであり，ベーシックや無地のパッケージ，低コスト，低品質，格安な製品ラインを採用するものである。第2段階は，エクスクルーシブ・レーベルであり，スト

｜図表7－2｜サムウェイズ（1995）によるPB商品分類｜

分類名	ジェネリック	エクスクルーシブ・レーベル	オウン・レーベル	オウン・ブランド
内容	ベーシックや無地のパッケージ。低コスト。低品質。格安な製品ライン。	ストア名なし。ブランド名は小売組織以外。小売組織独自の特注品。競争的な価格。	すべての製品にストア名を記載。高品質。企業イメージを促進する目的で利用する。	店舗名に依存したブランド。高品質。ブランドごとに販売促進を行う。
事例	カルフール	アルディ	マークス＆スペンサー	セインズベリーのNovon

出所：Samways（1995），p.10.

ア名なしで，ブランド名は小売組織以外のもので，小売組織独自の特注品であり，競争的な価格で提供するものを指す。第3段階は，オウン・レーベルと呼び，すべての製品にストア名を記載し，高品質商品で，かつ企業イメージを促進する目的で利用するものである。第4段階には，オウン・ブランドがあり，店舗名に依存し，高品質商品を提供するとともに，ブランドごとに販売促進を行うものである。

　PB商品戦略についてみると，アルディのドイツ本国では自社でしか取り扱いのない商品を陳列しているものの，メーカーが付けたラベルをそのまま使用し，自社PBラベルを貼る商品は極稀である。しかしながら，本国ほどストアブランドが浸透していなかった進出先のイギリスでは，ドイツのアルディを強調して，企業名を前面に打ち出したオウン・ブランドのPBラベル使用を中心としている。さらにアルカフェ（Al cafe）など新ブランドを開発し始め，2018年2月には，プレミアム，スタンダード，低価格の3つのグレードを設定して展開している。

　リドルのPB商品はドイツ本国と進出先のイギリスなど，すべての製品にストアブランドが記載されたオウン・レーベルを採用している。リドルも国外においてPBラインが一部拡大化の方向にある。アルディとの相違点としては，生鮮食品の取り扱いが多く，店内にパンを焼いて販売するコーナーを設置するなど新たな取り組みを先駆けて行うことが多いことである。アルディとリドルにおいて，進出先国のイギリスで市場占有率が急速に高くなった契機として，生鮮とりわけ畜産における国内産（つまり，イギリス産）商品を中心に取り扱うようになったことがあげられる。商品調達の現地化を推進し，進出先国内の調達ルートを確立したことで，反発が少なくなり現地における正当性を獲得し，消費者からの支持が高まったのである。近年では，単に低価格品のみでなく，健康志向に合わせて，オーガニックやビオ商品の取り扱いを増やしている[3]。さらに，アルディとリドルは，少し変わったものや面白い日用家電や雑貨を売り切りスタイルで販売し，週替りくらいのペースで商品を入れ替えることにより，消費者を飽きさせない工夫をしている。これにより，アルディとリドルの商品は良質で低価格であり，かつ差別化された楽しい商品が提供されているという評判を獲得したのである。次に，店舗戦略について考察する。

③　店舗戦略

　アルディとリドルはドイツ本国と国外進出先国の店舗戦略において，ストアブランドは統一化している。さらに，店舗は倉庫型であり，店頭にチラシを用意し，POPはなし，すべて箱陳列，営業時間限定（早朝と深夜はクローズ）としており，進出先国内の店舗形態および店内配置は標準化されていることが多い。価格販促はほとんどないものの，新たに国外進出した際には他の小売企業より価格の安さを強調した広告を行うことがある。立地は，工場跡地で土地代が安い場所が多く，郊外で多く出店する。出店する際には，大規模小売店舗の近くに出店し，アルディとリドルでは購入できない商品を大規模小売店舗で買うことができるようにしている。

　商品の販売価格を抑えるため，コスト削減が中心に考えられているため，提供される付加サービス機能はない。店内の店員は通常，レジ係以外はみられないほど少人数で店舗運営される。消費者は小型店舗のため，大型店舗に比べて必要なものを短時間で購入することが可能である。支払い方法も，イギリスではデビットカードと現金のみの支払でコストを抑えていたが，店舗拡大計画に伴い，2014年からVISAとMasterカードでの支払いを可能にした。ただし，カードで支払う際には使用手数料を消費者が負担する。このように，現地の消費者ニーズに合わせて，一部のサービスを改定することはあるものの，効率良い店舗運営に主軸が置かれている。

　このように，アルディやリドルに代表されるボックスストアともいわれるハードディスカウントストアは，ドイツ本国内の社会背景と消費文化に支えられ，作られていった。また，企業が効率化を求めた商品調達戦略と店舗戦略を行うことで作られていったものである。次節では，ドイツ本国内にて競争優位を獲得したアルディ等よる国際展開について詳細に考察する。

▎3　国際展開：業態の国際展開と宅配サービス企業との提携

　アルディは，アルディ・ズュート（Aldi Süd：アルディ・南）とアルディ・ノルト（Aldi Nord：アルディ・北）と両社に分社化しているものの，国際展開する際には企業ブランド名をアルディと統一している。またその商品ブラン

ドもアルディの名前で統一して，世界17ヵ国で展開している。アルディ・ズュートは英語圏の国々への進出が多く，1976年にアメリカ，1990年にイギリス，1999年にアイルランド，2001年にオーストラリアなどに進出している。アルディ・ノルトは，1973年にベルギー，1975年にオランダ，1977年にデンマーク，1988年にフランス，2002年にスペイン，2006年にポルトガル，2008年にポーランドなどに進出している他，アメリカでは1979年にトレーダージョーズを買収して運営している（**図表7－3**参照）。

　一方，リドルは1930年に創業され，1990年代以降，国外に積極的かつ急速に進出してきた。とりわけ，ベルリンの壁崩壊後，中欧から東欧の諸国へ，他の小売業が進出する前に店舗網を築いた。そのため，ギリシャ，ブルガリア，ルーマニアなどにはアルディの店舗はないが，リドルは店舗を展開している。

｜図表7－3｜　アルディの海外進出グループと進出年｜

国名	ストア名	アルディグループ	設立・進出年
ドイツ	アルディ	ズュート	1962年
オーストリア	ホファー	ズュート	1968年
アメリカ	アルディ・アメリカ	ズュート	1976年
イギリス	アルディ・イギリス	ズュート	1990年
アイルランド	アルディ	ズュート	1999年
オーストラリア	アルディ	ズュート	2001年
スロベニア	ホファー	ズュート	2005年
スイス	アルディ・スイス	ズュート	2005年
ハンガリー	アルディ	ズュート	2008年
ドイツ	アルディ	ノルト	1961年
ベルギー	アルディ	ノルト	1973年
オランダ	アルディ	ノルト	1975年
デンマーク	アルディ	ノルト	1977年
アメリカ	アルディ	ノルト	1979年
フランス	アルディ・マルシェ	ノルト	1988年
ルクセンブルク	アルディ	ノルト	1990年
スペイン	アルディ	ノルト	2002年
ポルトガル	アルディ	ノルト	2006年
ポーランド	アルディ	ノルト	2008年

出所：アルディのホームページ（http://www.aldi.com/）より作成。

		ドイツ	フランス	イギリス	オランダ	ベルギー	その他欧州国	アメリカ	オーストラリア	合計
アルディ	2007年	4,110	688	375	432	425	979	895	163	8,067
	2016年	4,201	918	703	504	461	1,604	1,581	425	10,397
	対比増減率	2.2%	33.4%	87.5%	16.7%	8.5%	63.8%	76.6%	160.7%	28.9%
リドル	2007年	2,900	1,319	466	256	252	2,493			7,686
	2016年	3,187	1,468	675	307	407	4,079			10,123
	対比増減率	9.9%	11.3%	44.8%	19.9%	61.5%	63.6%			31.7%

‖ **図表 7 − 4** ‖ **アルディとリドルの主要国店舗推移** ‖

出所：『ダイヤモンド・チェーンストア』2017年 9 月 1 日号，ダイヤモンド社，70頁。

　その他，北欧のスウェーデンとフィンランドもリドルのみの進出となっている。リドルは世界26ヵ国で展開しており，進出国はベルギー，ブルガリア，デンマーク，フィンランド，フランス，ギリシャ，アイルランド，イタリア，クロアチア，ルクセンブルク，マルタ，オランダ，オーストリア，ポーランド，ポルトガル，ルーマニア，スウェーデン，スイス，スロバキア，スロベニア，スペイン，チェコ，ハンガリー，イギリス，キプロス，アメリカである。したがって，ドイツ国内や世界レベルでは，売上高でアルディの後塵を拝しているが，リドルは欧州においてアルディの店舗数と売上高を上回っている。とりわけ，イギリスには1994年に進出し，アメリカには2017年 6 月に進出することにより注目が集まるようになった。

　このアルディとリドルの急成長について，各国の店舗推移と市場占有率から検証していこう。**図表 7 − 4** の主要国における店舗推移において，2007年と2016年と比較した際に増加率の高い国は，アルディのオーストラリア160.7%，イギリスの87.5%，アメリカの76.6%である。リドルは，その他欧州国で63.6%，ベルギー61.5%，イギリスの44.8%である。**図表 7 − 5** の各国グロサリー市場占有率において，本国ドイツが一番高く両社で23%となり，オランダで14%，ベルギーで13%，イギリスとその他欧州国で 8 %となり，ハードディスカウントストア 2 社が急成長していることがわかる。

　とりわけ，両社の台頭について注目を集めるようになったのは，イギリスにおける市場占有率の急拡大である。ちょうど，2008年から2013年におけるグロサリー部門における企業シェアが，ビッグ 4 といわれる上位 4 社（テスコ

| 図表7－5 | 2016年アルディとリドルの各国グロサリー市場占有率（%） |

	アルディ	リドル	合計
ドイツ	14	9	23
ベルギー	8	5	13
オランダ	6	8	14
イギリス	5	3	8
フランス	1	4	5
その他欧州国	2	6	8
オーストラリア	6		6
アメリカ	1		1

出所：『ダイヤモンド・チェーンストア』2017年9月1日号，ダイヤモンド社，70頁。

（Tesco）23.2%，セインズベリー（Sainsbury's）12.9%，ウォルマート（Wal-Mart）のアズダ（ASDA）12.8%，モリソンズ（Morrisons）9.2%）においてほとんど変化がなかったものの，ドイツ系小売企業であるアルディはシェア2.7%の約2倍増，リドルはシェア2.1%の約1.5倍増とシェアを急拡大させた[4]。そのため，売上高世界第1位の小売企業であるウォルマートがイギリスで展開しているアズダでは，これまでイギリス国内の小売企業を競合企業として戦略を立ててきたものの，2013年8月頃からアルディとリドルを競争相手であると認識を変更して研究をするようになってきたことが筆者のインタビュー調査から明らかになった（川端 2016）。このように，世界売上高上位の小売企業はアルディとリドルに脅威を抱くようになってきたのである。

　アルディがアメリカに進出したのは1976年であり，すでに40年が経過している。当初はわずか500アイテムであり，広告宣伝をほとんどせず，借入金もしない主義であったため，急速に店舗を増やすというようなことを考えず，少しずつ着実に店舗を増やす戦略を採っていた。アルディはアメリカにおいても，店舗数を増加させており，益々拡大傾向にある。そのような中で近年，リドルは2017年6月にウォルマートの本国であるアメリカに進出したことで再度注目を集めた。アメリカにおいて，リドルの近隣に立地するウォルマートなどの競合店舗では，リドルの取り扱う品目を絞って，同様もしくはそれを下回る価格を提示するなど徹底抗戦体制を採っている。例えば，リドルが卵1ダースを55

セントで販売すると，近距離の別企業の店舗では25セントで販売し，リドルも
それに対抗して卵1ダースを22セントで販売するといった激しい値下げ競争が
起きた。そのため，リドルはアメリカにおいて出店速度が計画より遅延するな
ど苦戦中といわれている。しかしながら，前述のように世界の小売業売上高上
位10社の中でもアルディとリドルが急成長していることは異論ないであろう。

　国際的にも急成長している同社の進出により，進出先国での影響としては，
消費スタイルの変化があげられる。例えば，イギリスの消費者は保守的なため，
決まった小売企業に通う方法を採っていたが，先にアルディやリドルにて揃え
られる限りのものを買い，足らないものを従来店で購入するような消費スタイ
ルをとる消費者が増えていった。企業においては，アルディとリドルに対抗し
ようとした結果，進出先国の小売業各社も販売価格の引き下げ競争に巻き込ま
れた。イギリスやフランスでは，アルディとリドルの価格が常にモニタリング
されるようになった。各社は価格比較機能を持ち，最低価格保証制度などの
サービスを始め，顧客カードやバウチャーにてキャッシュバックするなど実質
値下げを行った。このような，激しい価格競争を行っていた時期における決算
をみると，どの企業も大幅な売上高と利益の減少がみられた。

　価格競争以外の影響において，イギリスのセインズベリーではダンクスの
ハードディスカウント業態であるネットー（Netto）を再び運営する準備をし
た。また，アズダではPB戦略を変更し，新しいブランド投入を停止し，最安
値のPB商品を強化した。モリソンズでは，会員カードサービスを新たに始め
るなどの対抗策を採った。ただし，イギリス小売企業の各社の対策では，アル
ディとリドルの台頭の潮流を抑制するほどの効果はなかったといえよう。イギ
リスの快進撃の後，リドルがアメリカに進出した際には前述のように限られた
品目を同様の価格で販売し，低価格であるというストアブランドのイメージを
消費者に持たせないように徹底的に対抗した。その結果，リドルの出店計画は
大幅に縮小されているといった影響がみられた。

　各国進出先国における現地小売企業もアルディとリドル等のハードディスカ
ウント業態への対策を行っている。アルディとリドルの成長が比較的低調であ
る，フランスの小売企業の対策として大きく3つあげられる。第1に販売促進
戦略の修正である。複雑な販促を減らし，特売にした結果，価格差が5％以内

に縮まったのである。第2にPB商品の整理と縮小である。PB商品品群・アイテムを整理し，縮小した結果，アルディやリドルよりも安い価格で販売できるようにした。ここでは，共同仕入れを行い，安価を実現させた。第3にインターネット販売やドライブスルーといったオンライン・オフラインを融合させて消費者の利便性を高めたサービスを強化したことである。ドライブスルーとは，各国で多様に呼ばれており，イギリスではクリック・アンド・コレクト，フランスではドライブ，アメリカではピックアップ・ドライブスルーなどと呼ばれている。これは，製品をオンラインで予約し，店舗やガソリンスタンド併設店での受け取りに加えて，地下鉄の駅や駐車場などに設置したネットスーパー専用のロッカーで，商品を受け取るサービスのことである。これらは，消費者に買い物時間の短縮と利便性を提供する。

　各企業は，ドライブスルーやインターネット販売分野での売上高を伸ばしている。それに対し，アルディやリドルではインターネット販売をしていなかった。そのため，このようなサービスは，消費者の買い物時間を短縮し，利便性を高めており，アルディとリドルへの有効な対策となっていた。しかしながら，ついにアルディは2018年9月にオンデマンド買物代行・宅配サービスのインスタカートと提携した宅配サービスを全店に拡大することを発表した。現地系のクローガーやウォルマートなど宅配サービスで先行する競合店に追随するためである。アルディは同年11月までに35州に展開する1,800店以上で，注文から最短で1時間で届く宅配サービスを展開し，75都市のアルディで宅配が利用可能とした。このインスタカートの手数料は注文ごとに宅配手数料を払う場合，2時間の宅配が5.99ドル（35ドル以上），1時間宅配が7.99ドル（35ドル以上）であり，年会費149ドル（月額は14.99ドル）を払ってインスタカート・エクスプレス会員になると手数料は無料となる。アルディCEOであるジェイソン・ハートによると，インスタカートと組んだテスト展開では，注文の約20%が新規顧客だった。アルディは2017年8月からアトランタやシカゴ，ダラス，ロサンゼルスで宅配サービスのテストを開始した。アルディはまた，一部の店舗でカーブサイド・ピックアップサービスのテストを開始すると公表している[5]。このようにアルディも進出先国において，現地消費者に対応した政策を柔軟に採るようになってきている側面もみられる。

　加えて，ストアブランド向上による消費者の店舗選考確率を高めるという方法である。イギリスやフランスなど一部の大手小売企業では，買い物後にトークンというコインが渡され，小売企業が行っている幾つかの社会貢献事業がかかれた中からどこに寄付をしたいか選択してコインを投入する。これは，消費者がそのお店で買い物をすることで，国内外の社会や地域に貢献することができる仕組みである。そして，小売企業は実際にどのような社会貢献を行ったのか掲示することで，消費者の持つストアブランドイメージの向上に努めている。

　このようにアルディは，本国内で培ったボックスストアとも呼ばれる業態を競争優位として，隣接する諸国とアメリカにおいて比較的早くから海外進出をしてきた。分社化後は，進出する国や地域をそれぞれ分担しながら進出を続け，2000年代以降はさらに海外進出国を急速に拡大させてきた。アルディには，同業態のリドルという競合企業もありながら，両企業とも海外進出を進め，進出先国のハードディスカウント業態の市場占有率を押し上げてきた。それとともに，進出先国の現地企業はアルディやリドルに対抗し，低価格への対応策を行い，現地消費者も低所得者層のみならずより幅広い所得者層もハードディスカウント業態へ来店するようになるなど消費行動にも影響を与えてきたのである。また，アルディも海外展開をしていく中で，現地の消費者から支持を得るように，現地での商品調達網を新たに開拓し，現地特有の消費者行動に合わせてサービスの変更や付加をすることで進出先国における顧客獲得を図ってきたのである。

▌4　おわりに

　アルディとリドルに代表されるハードディスカウント業態は，世界の各市場の中で急成長している。アルディとリドルの強さは，低価格で良質な品揃えを行う調達網を現地に合わせて構築し，効率的な店舗運営に努めているところにある。それゆえそれほど多くのサービスは行っていない。そのため，アルディやリドルが進出してきた国の小売企業は，自社の商品戦略や店舗戦略を見直すとともに，オンラインとオフラインの融合を念頭においたインターネット販売に注力し，消費者の利便性に寄与するサービス面の強化に努めるなどして対策

を講じているのである。

　アルディの海外進出先国における成功の要因として，海外進出後に低価格商品を提供するために，現地の商品調達網を開拓することに注力することがあげられる。鳥羽（2014）は，海外市場での成否を分けるものとして，現地市場の正当性（Legitimacy）を獲得することの重要性を指摘している。成功しているといわれる海外進出先国の代表国の１つであるイギリスでは，牛乳，牛肉，豚肉，羊肉や野菜などを極力イギリス産またはスコットランド産を使うようになり消費者の反感が弱まると同時に，顧客が増加した。このように商品調達の現地化推進による正当性の獲得に加えて，高いPB商品比率を誇る同社においては現地ニーズにあったPB商品の投入も成功要因にあげられるであろう。アルディとリドルはドイツ本国と海外進出先国において，企業ブランドは統一化しているものの，国外においてPB商品ラインが一部拡大化の方向にある。

　アルディは，海外展開を進めながら各国の消費者や現地小売企業に大きな影響を与えてきた。進出先国では，一部消費者行動に合わせてサービスを付加することはあるものの，その新たなサービスを他国の全進出先国で導入するといったようなことはせずにコストを抑え，低価格商品およびPB商品を効率よく提供するという同社の業態コンセプトを忠実に守ってきたことこそが大きな競争優位となっているのである。しかしながら，現地大手小売企業がアルディを上回る低価格商品で対抗している国においては，一部苦戦しているところもみられる。今後，アルディがこういった国で，どのような打開策を講じていくのか注視していくことにしよう。

■注

(1)　詳細は，アルディ HP，http://www.aldi.com/，（アクセス日：2018年11月10日）を参照されたい。

(2)　詳細は，リドルのHP，http://www.lidl.de/，（アクセス日：2018年11月10日）を参照されたい。

(3)　ヨーロッパでは有機農産物や有機加工食品はBIO（ビオ）の名称で浸透している。ビオの定義は，人工的な加工をせずに，自然のままであることとされ，遺伝子組み換えの種子や農薬や化学肥料の利用は禁止されている。また，添加物も合成着色料・香料・化学調味料・保存料を使用せずに加工することが義務づけられている。加工食品の場合，最低でも95％の原材料がビオでなければならず，残りの５％も自然なものや許可された物質のみを利用されたものであるといったように厳しい基準が設けられている。

(4)　詳細は，川端（2016）を参照されたい。

(5)　カーブサイド・ピックアップとは，利用者がインターネットで注文した商品を指定されている店舗駐車場にて受け取るサービスのことである。

■参考文献

【日本語文献（五十音順）】

川端庸子（2016）「ドイツ系小売企業の市場参入とイギリスにおけるプライベートブランド戦略：イギリス系小売企業のビッグ4社（テスコ，セインズベリー，アズダ，モリソンズ）とドイツ系小売企業のアルディとリドルの実態調査」『阪南論集社会科学編』51(3)，177-191頁。

鳥羽達郎（2014）「小売企業の国際展開における地域と制度」日本流通学会，第28回全国大会報告資料。

『食品商業』（2017）12，商業界，116-121頁。

『ダイヤモンド・チェーンストア』（2017）48(15)，ダイヤモンド社，88-94頁。

【外国語文献（アルファベット順）】

KANTAR（2017）*"Kantar Retail's 2017 TOP50 Global Retailers"*

Padberg, D. I.（1968）*Economics of Food Retailing*, Cornell University.

Samways, A（1995）*Private Label in Europe*, Pearson.

【Webサイト】

アルディのHP，http://www.aldi.com/（アクセス日：2018年11月10日）。

アルディ UKのHP，https://www.aldi.co.uk/（アクセス日：2018年11月10日）。

リドルのHP，http://www.lidl.de/（アクセス日：2018年11月10日）。

（川端　庸子）

第 II 部

専門小売企業

第8章

トイザラス
——カテゴリーキラー業態の盛衰

1　はじめに

　19世紀末以降，時代の変化に対応しながら百貨店，チェーンストア，通信販売，ショッピングセンター，ゼネラルマーチャンダイズストア（GMS），スーパーマーケット，コンビニエンスストア，ディスカウントストアなどのさまざまな小売業態が誕生してきた。これら新たな業態の登場に共通する点はいずれも"業種"からの脱却であった。すなわち，カテゴリーに縛られた「種」ではなく，多様な商品を多様な「態」で消費者に利便性を提供することによって既存の商業施設と差別化を図ってきた。その意味で単一カテゴリーのまま業態化したトイザラス（Toys"R"Us）のビジネスモデルは近代小売業の発展において異端である。この新業態はカテゴリーキラーと呼ばれ"業種の業態化"を促進するモデルとなった。実際に家電やアパレル，DIYなどの業種で多くの企業がカテゴリーキラーの市場に参入し，時代の寵児として成長を遂げた。

　1980年代以降，トイザラスは国際化を開始し，世界各国に店舗展開を推し進め，グローバルリテーラーとしての地位を確立するに至る。デロイト・トーマツが毎年発行する『Global Powers of Retailing』の小売世界ランキングに入るカテゴリーキラー企業は多数あるものの，玩具カテゴリーではトイザラス1社のみとなっている。パワーセンター立地など時代の変化に対応しながら成長し，カテゴリーキラーの象徴的な存在であったトイザラスであったが，1990年代のウォルマートなどのディスカウント業態の台頭や，2000年代以降のインター

ネット環境の進展とともに発達してきたアマゾンなどのＥコマース業態との競争で事業構造が圧迫され，2017年9月に連邦破産法の適用を申請した。

　本章では，まずトイザラスのアメリカ国内での成長プロセスを考察し，次に国際化について，とりわけ日本市場について分析する。そして最後に経営破綻に至った背景とその後の展開について検討する。

▌2　国内展開：小売業態論や流通政策論との関係

(1)　誕生と成長発展

　1948年にアメリカのワシントンD. C. でチャールズ・ラザラスによって創業されたチルドレンズ・バーゲン・タウン（Children's Bargain Town）がその前身である。第二次世界大戦後，アメリカで起こったベビーブームの需要を得るべく，当初は子ども用の家具店として創業された，いわゆる家具専門店という業種であったが，後に玩具や三輪車，書籍，ベビー用品など取扱アイテム数を拡大し，総合玩具専門店という業態化路線を進めた。その後，店舗名をトイザラス（Toys"R"Us）とし，本格的にチェーンストア化を推し進めた。大量仕入によるコスト削減と低価格路線の近代的総合玩具専門店というトイザラスのビジネスモデルの原型となるものを確立した。それまでアメリカの玩具小売業は小型店のみであり，そのような環境の中でトイザラスは売り場面積約4,000㎡の大型店で，かつ20〜30％引き下げた低価格戦略で競争優勢を形成した。低価格戦略を採用できた背景には，大量仕入以外に，用地の効率化を上げるためにバックルームを削減し，店舗内の商品陳列を天井近くまで積み上げ，店舗そのものに倉庫機能を付随させようとするなど革新的な低コスト化への努力があった（『日経流通新聞』1991年1月8日付）。またオペレーションの特徴としては，消費者からの信頼を得るために全店舗統一の価格戦略が採用された。店舗設計もまた統一され，消費者がどこの店舗に行っても迷うことのない動線設計を採用し，標準化を追求したフォーマットであった。

　1978年には上場し，1983年には子ども向け衣料品を取り扱い始めるなど玩具を核として子ども市場を総合的に獲得しようとする戦略を進めている（鳥羽

2011)。1990年代に入ると直営店もしくはライセンスの形で急速に国際化を推し進めた。トイザラスがアメリカ本国において大型総合玩具専門店としての確固たる地位を築きつつある中，ディスカウント業態のウォルマートの台頭で急速に業績が悪化した。一時はアメリカの玩具業界販売におけるシェアが25％に達していたトイザラスであったが，1998年には16.8％にまで落ち込み，ウォルマートの17.4％に抜かれて首位が入れ替わっている（『日経流通新聞』1999年4月6日付）。玩具業界のカテゴリーキラー業態という範疇の中ではライバル不在の1社独走状態であったが，ディスカウントという新業態の出現に大きな影響を受け，約50億ドルの負債を抱えることになった。そのような経営不振の中，2005年にベインキャピタル・パートナーズ，コールスバーグ・クラビス・ロバーツ（KKR），ボルネード・リアルティ・トラストの大手買収ファンド3社により66億ドルで買収されトイザラスは非公開企業となり，不採算店舗の閉鎖など経営再建が行われた（『日本経済新聞』2010年6月11日付）。

　現在，トイザラスが開発した店舗フォーマットとしては通常店舗の「トイザラス」，ベビー総合専門店の「ベビーザラス」，「トイザラス」と「ベビーザラス」を併設したサイドバイサイド，小型店のエクスプレス，アウトレット，そしてネット販売の6種類のタイプがあり，全世界で展開されている。

⑵　カテゴリーキラー

　伝統的な業種から近代小売業態への変遷については小売の輪仮説（McNair 1958），真空地帯仮説（Nielsen 1966），アコーディオン仮説（Hollander 1979）などの諸論者の理論もしくは仮説で説明されてきた。これら諸理論では，ある1つの店舗が新業態として生まれ変わるには，①取扱商品が単一アイテムから多アイテムへ，②単店舗から多店舗へ，③大量仕入・大量販売による大規模化，④低価格化路線による既存業態との差別化，といった諸条件を成長のプロセスの中で備える必要があるということが指摘されている。歴史的に新業態としての地位を確立してきたものはすべてなんらかの突出したコンセプトを有しており，常々そのコンセプトとは既存の業態を否定するものであった。例えば百貨店業態が誕生した際には，それまでの前近代的な売り手主導の購買環境を否定

し，正札販売やショーウィンドー型の陳列などを採用することによって買い手主導による消費の民主化をコンセプトとして購買環境を提供したことが社会に受け入れられた。またGMS業態が登場したときには，都心部にしか存在しない百貨店の立地を否定し，郊外に多数チェーン展開することによって都市近郊以外に在住する消費者に対して百貨店が扱う商品に近い品質のものをより安価で提供したことが社会に受け入れられた（佐藤 1974）。

　トイザラスの場合，その革新性は取扱商品を単一カテゴリーの範囲の中にとどめたままの状態で近代化，大型化した点にある。過去には，百貨店，通信販売，GMS，スーパーマーケット，コンビニエンスストアなどが新業態として誕生した際には，いずれもカテゴリーを超えた品揃えで社会に受け入れられてきた。その反面，トイザラスは子ども用品関連商品という単一カテゴリーにおいて大規模店舗を展開し，多アイテムの品揃え，セルフサービス，低価格化を行うことによって，既存業態の存在を部分的に否定することに成功し，差別化を図った。ある意味，業種的な特徴を色濃く残したまま業態化した新たなビジネスモデルであるといえる。

　このトイザラスが構築した新業態はカテゴリーキラー（Category Killer）と呼ばれる。これを日本語に直訳するならば「部類の殺し屋」となり，小売ビジネスにおけるある１つの業態を指すものとしては奇異な名称に聞こえるが，その特質を端的に表現している。つまり，おもちゃという"カテゴリー"の範囲の中で可能な限り多くのアイテムを取り扱い，さらに大量仕入によって低価格化を推し進めることによって，「多カテゴリー・少アイテム」をビジネスモデルとする百貨店やGMSなどの既存の業態から顧客を奪いとる。そしてそのおもちゃ売り場を廃業に追いやり，"殺す＝キル"というものである。

　今日，この「単一カテゴリー・多アイテム」というカテゴリーキラー業態のビジネスモデルは多岐の業種にわたって応用されており，代表的なものとして家具カテゴリーのイケア（IKEA）やニトリ，文具カテゴリーのオフィスデポ，DIYカテゴリーのDCMカーマやコメリ，家電カテゴリーのヤマダ電機やビックカメラなどがある（**図表 8 - 1** 参照）。

　カテゴリーキラーのあり方は，さらに「再販売型」と「SPA型」に分類することができる。「再販売型」とは品揃えの大部分がナショナルブランド（NB）

┃ 図表 8 - 1 ┃ 日本国内の代表的カテゴリーキラー一覧 ┃

カテゴリー	再販売型	SPA型
玩　具	トイザラス	
家　具		イケア，ニトリ
文　具	オフィスデポ	
DIY	DCMカーマ，カインズ，コメリ，コーナン，ナフコ，ビバホーム，ジョイフル本田　etc.	
家　電	ヤマダ電機，ビックカメラ，エディオン，ケーズ電気，ノジマ，上新電機，コジマ，ベスト電器 etc.	
スポーツ用品	アルペン，ゼビオ，ヒマラヤ，ヤマノ，スポーツオーソリティ，ムラサキスポーツ etc.	
紳士服		洋服の青山，洋服の青木，コナカ，はるやま，タカキュー etc.
カジュアル衣類	しまむら	ZARA，H&M，GAP，ユニクロ

出所：各種資料より作成。

┃ 図表 8 - 2 ┃ グローバル小売業TOP100におけるカテゴリーキラーのランキング（2016年）┃

	企業名	業種	小売売上高 (100万 US$)	進出国数			企業名	業種	小売売上高 (100万 US$)	進出国数
1	The Home Depot	DIY	94,595	4		13	Dixons	家電	13,379	10
2	Lowe's	DIY	65,017	3		14	Ross Stores	アパレル	12,867	1
3	Best Buy	家電	39,403	4		15	L Brands	アパレル	12,574	79
4	IKEA	家具	37,982	48		16	Bed Bath and Beyond	家具	12,216	4
5	Inditex (ZARA)	アパレル	25,734	93		17	Gome Home	家電	11,544	1
6	H&M	アパレル	22,602	64		18	Toys"R"Us	玩具	11,540	39
7	Suning	家電	22,364	2		19	Decathlon	スポーツ	11,062	29
8	Adeo	DIY	17,959	12		20	AutoZone	自動車	10,636	4
9	Fast Retailing (ユニクロ)	アパレル	15,739	25		21	Falabella	DIY	10,288	6
10	Gap	アパレル	15,516	53		22	Menard	DIY	10,000	1
11	Kingfisher	DIY	14,958	10		23	Tangeilmann	DIY	9,856	13
12	Yamada Denki	家電	14,425	7						

出所：Deloitte Touche Tohmatsu（2018）*Global Powers of Retailing 2018*より作成。

で構成されており，取扱商品の独自性は希薄である。「SPA型」とは垂直統合モデルによって生産から販売まで独自企画で行い，独自性の強いプライベートブランド（PB）商品で構成されている。カテゴリーキラー業態においては，紳士服やカジュアル衣類などのアパレルや家具の業種が「SPA型」を，玩具業種のトイザラスを含めその他大部分が「再販売型」を採用する傾向にある。

　図表8－2はグローバル小売業におけるカテゴリーキラー業態のみを抽出し，ランキング一覧にしたものである。世界の小売業上位100社のうち23社がランクインしており，約4.3社に1社がカテゴリーキラーであることがわかる。また業種ではDIY（7社）や家電（6社），アパレル（6社）に集中している。その一方で玩具市場に特化するカテゴリーキラーはトイザラス1社のみであり，同業態にはライバル不在の独壇場であったことがわかる。こうしたカテゴリーキラー業態は1990年代以降，郊外のロードサイド型のパワーセンターのアンカーテナントとして立地することによって成長していった。

▎3　国際展開：経緯と現状分析

(1)　世界展開

　企業が国際化する際，その形式には3種の市場参入モードが存在する（Root 1994）。輸出参入モード，契約参入モード，投資参入モードである。小売業はサービス業であり，有形製品を生産しないことから製品輸出による国際化はない。そのため国際化の形式は，契約参入モードか投資参入モードに限られる（土屋 2010）。契約参入モードにはライセンシングや技術提携などが含まれ，ノウハウを有する側（ライセンサー）がそれを使用したい側（ライセンシー）にその商標やノウハウなどの権利を貸与し，その対価としてライセンス費用を得るビジネスのことである。国を越えるライセンスビジネスでは通常，進出先国の現地企業がライセンシーとなりノウハウが使用可能となる地域が指定されるエリアライセンス契約を結ぶ。仮にビジネスが拡大し，その範囲を超える際には新たな契約が必要となる。また投資参入モードには複数企業の合同投資によるジョイントベンチャー方式と自社のみの単独投資方式とがある。トイザラス

の国際化ではライセンシング，ジョイントベンチャー，単独投資（直営店）の
すべての方式が採用されていた。

　図表8－3はトイザラスの国際店舗展開について，年代ごとに直営店方式と
ライセンス方式に分類してまとめたものである。トイザラスの国際化は創業か
ら36年後の1984年にカナダに直営店舗を，そしてシンガポールにライセンス店
舗をオープンしたことに始まる。直営店では1980年代から90年代にかけてイギ
リスやフランス，ドイツ，日本，スペインなどの先進諸国に展開した後，2000
年代になってタイやマレーシア，中国などのアジア諸国に出店している。この
ことから海外への直接投資を行うにあたって経済発展段階の水準を考慮して国
際化の計画を立てたことが垣間みえる。その一方でライセンス方式では，80年
代には香港や台湾へ出店されているほぼ同時期に南アフリカ共和国に出店され
ており，また90年代にはスカンジナビア諸国とアラブ諸国に出店がなされてい
る。2000年代以降もアジア，北欧，中東，アフリカなどの諸国が混在した状態
で出店されていることから，ライセンシングによる国際化においては出店国の
選定順になんからの顕著な傾向があるわけではないことがわかる。また図表に
は記されていないが，過去に直営店ではベルギー，ルクセンブルク，オランダ
に，ライセンシングではイタリア，トルコ，インドネシア，モーリシャスにも

｜ 図表8－3 ｜ トイザラスによる国際店舗展開の推移 ｜

	直営店	ライセンス店
1980年代	カナダ（1984），イギリス（1985），フランス（1987），ドイツ（1987）	シンガポール（1984），香港（1986），南アフリカ（1987），台湾（1989）
1990年代	日本（1991），スペイン（1991），オーストリア（1991），スイス（1992），ポルトガル（1993），オーストラリア（1993）	スウェーデン（1994），デンマーク（1995），イスラエル（1995），アラブ首長国連邦（1995），サウジアラビア（1996），ノルウェー（1997）
2000年代	タイ（2005），マレーシア（2005），中国（2006）	エジプト（2000），フィンランド（2006），フィリピン（2006），アイスランド（2007），韓国（2007）クウェート（2009）
2010年代	ポーランド（2011）	マカオ（2010），ナミビア（2014），ザンビア（2015）

出所：各国トイザラス各社HPより作成。

出店した経緯があるがすでに撤退している。

　図表8-4は，2017年1月現在における国際展開の状況をエリア別に直営店方式とライセンス方式に分けて店舗数を示したものである。37ヵ国1,069店舗が展開されており，その中でも最も出店数が多いのは，アジア・オセアニアエリアで12ヵ国・地域500店舗（直営店427，ライセンス店73）となっている。次に多いのはヨーロッパエリアで13ヵ国367店舗，さらにアメリカ大陸1ヵ国86店舗，アフリカエリア3ヵ国63店舗，中東エリア8ヵ国57店舗と続いている。アジアとヨーロッパの2エリアだけで海外店舗総数の81％を占めており，その比重の偏りがみてとれる。とくに日本の163店舗と中国の131店舗という数は際立っており，直営店総数に占める割合はそれぞれ20％と16％となっている。また，ジョイントベンチャー方式としては2011年にライセンス方式から切り替えられたものがある。ライセンス事業のパートナーであった香港資本のリーファン・リテーリングとの合弁によってトイザラス・アジアを設立し，同社はシンガポール，香港，台湾，タイ，マレーシア，中国，ブルネイなどのアジア諸国

| 図表8-4 | エリア別進出国一覧（2017年1月現在）|

	アメリカ大陸	ヨーロッパ	アジア オセアニア	中東	アフリカ	総計
直営店	カナダ（82）	イギリス（90） ドイツ（67） スペイン（49） フランス（47） オーストリア（15） ポーランド（15） ポルトガル（10） スイス（10）	日本（163） 中国（131） オーストラリア（38） マレーシア（36） 台湾（22） 香港（15） タイ（12） シンガポール（9） ブルネイ（1）			18ヵ国・地域 812店舗
小計	1ヵ国：82店舗	8ヵ国：303店舗	9ヵ国・地域： 427店舗	0	0	
ライセンス店		スウェーデン（22） デンマーク（16） ノルウェー（16） フィンランド（7） アイスランド（3）	韓国（39） フィリピン（32） マカオ（2）	イスラエル（27） サウジアラビア（14） アラブ首長国連邦（8） エジプト（3） クウェート（2） バーレーン（1） オマーン（1） カタール（1）	南アフリカ（61） ナミビア（1） ザンビア（1）	19ヵ国 257店舗
小計	——	5ヵ国：64店舗	3ヵ国：73店舗	8ヵ国：57店舗	3ヵ国：63店舗	
総計	1ヵ国：82店舗	13ヵ国：367店舗	12ヵ国・地域： 500店舗	8ヵ国：57店舗	3ヵ国：63店舗	37ヵ国・地域： 1,069店舗

出所：Toysrus inc. Anual Report 2017より作成。

の店舗の所有権および統括権を取得している[1]。

　上述のリーファン・リテーリングが過去にアジア圏各国のライセンス事業をコントロールしていたのと同様に，北欧エリアではデンマークに本部のあるトップトイズ（TopToys）がスウェーデン，ノルウェー，フィンランド，アイスランドの計5ヵ国において64店舗のトイザラスのオペレーションをコントロールしていた。また中東エリアではアラブ首長国連邦のアルフタイム（Al-Futtaim）がエジプト，クウェート，バーレーン，オマーン，カタールの6ヵ国13店舗を，アフリカエリアでは南アフリカ共和国のアミックトレーディング（AMIC TRADING）がナミビアとザンビアの計3ヵ国5店舗をコントロールしていた。

　図表8－5は，2017年1月時点でのトイザラスの店舗フォーマットの数をアメリカ本国と海外とに分けて整理したものである。全世界合計1,691店舗が展開されており，そのうち52％がアメリカ本国，48％が海外という比率であった。先述したようにトイザラスの店舗フォーマットには5種類あり，通常店のトイザラスが932店舗と最も多くアメリカ本国が38％，海外が62％を占めている。一方，ベビー総合専門店であるベビーザラスの単独店ではその94％がアメリカ本国に集中しており，海外におけるベビーザラスの大部分の店舗が通常店と併設されるサイドバイサイドというフォーマットであったことがわかる。また，エクスプレスやアウトレットなどは海外ではほとんど運営されておらず，海外での店舗は通常店がメインで展開されていた。

│ **図表8－5** │ トイザラスの店舗フォーマット（2017年1月現在）│

フォーマット	特　徴	アメリカ店舗数		海外店舗数		合　計
トイザラス	通常店	358	（ 38％）	574	（62％）	932
ベビーザラス	ベビー総合専門店	223	（ 94％）	14	（ 6％）	237
サイド バイ サイド	トイザラスとベビーザラスの複合店	212	（ 50％）	208	（50％）	420
エクスプレス	小型店	48	（ 75％）	16	（15％）	64
アウトレット	アウトレット専門店	38	（100％）	0	（ 0％）	38
合　計		879	（ 52％）	812	（48％）	1,691

出所：図表8－4に同じ。

(2)　日本市場

①　日本市場参入までの経緯

　上述のごとく，トイザラスの国際店舗の中で最も展開数が多いのが日本市場である。1984年，初の国際店舗をカナダに出店した時点で，トイザラスはすでに日本市場に対して興味を有していた（小原・趙 2001）。日本市場に参入する上でトイザラス側が考慮していたことは，土地コストの高さと日本特有の複雑な流通経路であった（『日本経済新聞』1984年2月22日付）。アメリカで培った安価な土地に大規模店舗を展開するといった低コストオペレーションモデルは日本で実現できず，またバイイングパワーを活かしたメーカーからの直接仕入による低価格路線のモデルも，製造業と卸売業が密接に絡まった日本特有の流通システムでは実現できないと分析をしている。そのため，当初より日本市場進出の際には，他分野で流通に精通している企業との協力関係を築くことを模索していた。その一方で，日本の玩具小売業もトイザラスのモデルを研究し，1985年には靴の専門店であったチヨダやマルトミが玩具専門店へ進出し，それぞれハローマックとおもちゃのBANBANを展開した。これら店舗は郊外立地で店舗面積は約300㎡と当時の玩具店としては大型であり，1987年以降は年間70～80店舗というハイペースで大量出店した（『日経流通新聞』1987年6月2日付）。このようななか，1989年にトイザラスは日本マクドナルドとの合弁により日本トイザらス株式会社を設立した[2]。出資比率はアメリカ本社80％，日本マクドナルドが20％であった。日本のパートナー企業として日本マクドナルドを選定した理由は3つある（『日本経済新聞』1989年10月19日付）。1つはマクドナルドというアメリカ式のビジネスモデルを日本の環境に浸透させた経験を有していること。2つ目は店舗開発力である。当時の日本では大規模小売店舗法（大店法）による出店規制があり，トイザラスが日本市場で出店する際には政府との交渉が不可欠であった。過去20年間にわたり約700店を展開してきた日本マクドナルドの豊富な店舗開発の実績が評価された。3つ目は日本の商慣習への適応である。日本の玩具メーカーの商品を40～50％を取り扱う予定であったトイザラスにとって，日本の商慣習を熟知する日本マクドナルドにその交渉力を期待したというものである。日本市場へ参入する上での最大の問題点が法

律，商慣習の現地適応化であることを見極め，それらを解決するにあたって最適なパートナーとして玩具業ではない企業をパートナーとして選んだことは特徴的である。1991年12月，店舗面積3,000㎡と玩具店としては日本最大級の第1号店を茨城県の土浦市荒川沖に開店した。

②　日本市場参入後のインパクト

トイザラスの日本玩具市場への参入は「国内小売業VS外資小売業」という水平的なインパクトがあったと同時に，「日本の伝統的な流通システムVSグローバル小売業のビジネスモデル」という垂直的なインパクトもあった。**図表8−6**は垂直的なインパクトを５つの側面から比較したものである。

１点目の価格決定権については，日本の商慣習ではメーカー側が主導権を掌握していたのに対し，トイザラスは小売業が決定するという立場であった。２点目の所有権の移転については前者が返品可能であるのに対し，後者が買取方式となっている。当時の玩具流通は少数の大手メーカーと多数の小規模零細の玩具店で構成されており，返品可能とすることによって小規模零細の玩具店の在庫リスクを軽減させる代わりにメーカーサイドが価格コントロール権を掌握し，利益を確保するというシステムであった。一方のトイザラスは完全に買い取ることにより玩具メーカーの在庫リスクを軽減させる代わりに販売価格は自社で決定し，価格競争によって市場占有率をあげようとするという真逆のモデルであった。日本の玩具メーカーにとって価格コントロールの主導権を失うことは脅威であったが，返品による在庫リスクは解消されるというメリットもあった。さらに３点目の取引方式では，卸売業を介在させる従来の間接取引に

｜図表8−6｜日本玩具業界における商慣習とグローバル小売業の手法の比較｜

項　目	1990年以前の玩具商慣習	グローバル小売業の手法
販売価格の決定権	玩具メーカー	小売業
商品の所有権移転	返品可能	買取方式
メーカーとの取引	間接取引(卸売業が介在)	直接取引
発注頻度	その都度発注	アーリーバイング（1年間の計画発注）
仕入方式	個別仕入	インターナショナルバイング

出所：筆者作成。

対し，トイザらスはメーカーとの直接取引を求め，その代わりに4点目の発注頻度に際しては，アーリーバイイングによって約1年間の計画発注をすることで，メーカーにとっては早い段階から生産量を予測することができ，コスト削減などの効率化を期待できるという魅力もあった。そして5点目はトイザらスの仕入はインターナショナルバイイングで，日本トイザらスに商品を販売することで，アメリカの400店舗およびその他，世界の店舗網への商品供給の糸口をつかむ可能性を秘めているというものであった（『日経流通新聞』1991年1月8日付）。以上のように，グローバル小売業のトイザらスのビジネスモデルによる取引条件は，日本の玩具メーカーにとって厳しいものばかりではなく，それまでの流通取引慣習にはなかった大きな魅力も内在していた。このような状況下，1991年の6月に玩具メーカー最大手の任天堂が日本トイザらスと卸売業を介在しない直接取引を開始することを決めた（『日経流通新聞』1991年6月11日付）。そもそもファミリーコンピューター（ファミコン）という主力商品を持っていた任天堂はこの時点ですでにグローバルメーカーであり，世界最大の市場のアメリカでは1990年にトイザらスを通して約240万台のファミコンを販売していた。さらなる世界市場を目指す任天堂にとっては，トイザらスは重要なチャネルであったため，日本国内では初心会という一次卸グループを有しているにもかかわらず，トイザらスとの直接取引を決定した。この任天堂の動きに同調し，直接取引に消極的な態度をとっていた日本の他の大手玩具メーカーもトイザらスとの直接取引に応じている。

　以上のように，トイザらスの日本におけるオペレーションは日本の玩具流通システムに適応するのではなく，アメリカ本国と同じ標準化戦略で半ば強引に日本の伝統的な商慣行を変化させてしまうほどの力を持っていた。セルフサービスを徹底させた店舗のオペレーションなどもアメリカ流に行っていたが，その一方で日本の消費者嗜好にあわせた「コンセプト・ジャパン」といった日本向けの新型店舗を導入するなど適応化戦略も採用している（白2003）。

　トイザらスの日本市場参入は単なる1社の外資企業の経済活動というレベルを超え，アメリカの対日貿易赤字の是正を目的とした日米構造協議の象徴的な出来事でもあった。1992年には大店法改正後の第1号店となる橿原店（奈良県）の開店セレモニーにはブッシュ大統領が直々に訪問し，演説の中で「大店

法の改正によりトイザラスが日本市場で容易に店舗数も拡大できるようになり，それにともないアメリカの小規模メーカーの商品も日本市場への参入の可能性が高まり，ひいてはアメリカの雇用創出につながる（原文ママ）」（『日本経済新聞』1992年1月8日付）ということがアメリカ国民に大きくアピールされた。その言葉通り，翌年には10店舗，1996年には100店舗と急速に店舗網を拡大し，1997年の1月期の決算では売上高は約750億円と，わずか5年で日本の玩具業界第1位となっている（『日経流通新聞』1997年3月27日付）。その後も順調に店舗網を広げ，2004年には150店舗となった。競合他社であったマルトミ（おもちゃのBANBAN）は2000年に，チヨダ（ハローマック）は2008年にそれぞれ玩具市場から撤退しており，日本資本による大型玩具専門小売業は消滅した。これは1991年にトイザラスが日本市場に参入した後，約17年の時を経て起こっており，外資流通業による国際化のインパクトは，かなり遅れてやってきたことになる。このような遅れたインパクトは，小売業が国際化するプロセスの中でしばしば観察される（土屋 2012）。通常，外資小売業によって急激に国内の業者が淘汰された場合はナショナリズムの高揚により排斥運動などが発生しやすくなるが，参入後から長期間を経た場合はそれが現地で問題視されることは少なく，静かにインパクトを迎える。

▌4　経営破綻

　2017年9月に，アメリカ本国のトイザラスは連邦破産法11条の適用を申請し，約4億ドル（約450億円）の負債を抱え経営破綻した（『日本経済新聞』2017年9月19日付）。その後，アメリカ事業の買い手を模索したがみつからず，翌18年に735店舗を閉鎖し事業清算した。小売業の発展の歴史において，常に業界ナンバーワン企業の脅威となってきたのは同業態との競争ではなく，新業態の出現である。トイザラスもその例外ではなく，最初の脅威となったのはディスカウント業態のウォルマートであり，その際は大手ファンドに買収され，経営破綻を免れたことは先述のとおりである。その後，再度脅威となって現れたのがアマゾンなどのインターネット販売の普及である。そもそもアメリカは国土が広く，店舗展開のみによって各地に散在する顧客に商品を届けるのは至難の

業である。19世紀末に通信販売という業態がアメリカで誕生したのも，その需要を獲得するためであった。21世紀初頭に台頭したインターネットストアは，いわば電子版の通信販売といえる。通信販売と異なる点は販売する商品紹介の紙面数に制限がないため，消費者は膨大な商品にアクセスすることができるようになったことである。さらに平準化された価格情報によって，多くの売り手の中から最安値で提供する業者を探し出せるようになった。そもそもトイザラスを革新的存在たらしめていたのは玩具業種の専門性（＝豊富な品揃え）と低価格であった。インターネットストアの専門性は，品揃えの面でトイザラスを凌駕した。空間的に在庫制約のないロングテールを発揮できるバーチャル空間において消費者に無限の品揃えを提供し，また価格の面でもトイザラスと同様もしくはそれ以上の低価格で自宅まで配送するという新業態であった。専門性と低価格という最大の武器を奪いとられたカテゴリーキラー業態は，その存在意義を急速に失っていった。

　2018年に本国の事業が清算された後，世界各国にあったトイザラスの直営店やライセンス店舗のあり方は3種に分かれている。①アメリカ本国と同様に事業を整理するもの，②事業が順調であった直営店がそのまま現地企業，もしくは投資ファンドに買収されて継続しているもの，③ライセンシーであった現地企業がそのまま事業を引き継いでいるものである。①のケースではイギリス，オーストラリアの直営店がアメリカの事業清算とともに閉鎖されている。②のケースとしては，例えばカナダの店舗が2018年6月にカナダの投資会社フェアファックス・フィナンシャル・ホールディングス（Fairfax Financial Holdings Limited）に買収され，100％カナダ資本となった。同じく2018年にドイツ，オーストリア，スイスの店舗はアイルランドのスミスズ・トイズ（Smyths Toys）に，またスペインとポルトガルの店舗はグリーン・スワン（Green Swan）に買収されるなど新たな買い手がつき，オペレーションを続けている。直営店の中でも新興国が集中するアジアエリアでは，事業が好調であった。そもそもアジアエリアの運営および統括は，2011年の時点でトイザラス（85％）と香港のファン・リテーリング（15％）で出資されたトイザラス・アジアが別法人として行っており，トイザラスが持つ85％の株式は2018年11月に譲渡され，アメリカ本国の事業とは完全に切り離され，破綻の影響を受けないこととなっ

た。トイザラス・アジアは過去にライセンスで展開していたブルネイ，中国，香港，マレーシア，シンガポール，台湾，タイにあったアジア各地のトイザラス90店舗の所有権および統括権を取得し設立されたものであり，日本トイザらスも2017年に同グループに統合されている。2018年3月現在でトイザラス・アジアの店舗は411店舗あり，そのうち日本が161店舗，中国が156店舗，その他が94店舗という構成になっており，日本が約40％を占めている。アジアエリアでは，特に中間所得層が育ちつつある中国の地方都市にトイザラスの潜在市場がある。中国で人気のある日本のベビー関連商品などを中国市場へ導入するなど，日本の店舗と中国の店舗をインターナショナルバイイングでつなぐといったグローバルリテーラーならではの戦略を発揮するなどして，アメリカ本国で消えたトイザラスは，アジア市場で再度成長することが見込まれる（『日経流通新聞』2018年11月26日付）[3]。③のケースとしては，北欧エリアではトップトイズ（TopToys）がスカンジナビア5ヵ国を，中東エリアではアルフタイム（Al-Futtaim）が6ヵ国を，アフリカエリアではアミックトレーディング（AMIC TRADING）が3ヵ国をそれぞれ過去ライセンシーであった企業が継続して運営することが決まり，既存出店国内での店舗網の更なる拡大や新規国への出店がみられる[4]。

　国際化が進む小売業は，時として海外事業は順調であるにもかかわらず本国

│ **図表 8 － 7** │ 日本トイザらスの売上高とその他データ（単位：百万円）│

	売上高	営業利益	当期純利益	利益剰余金	日本の玩具市場	日本トイザらスの市場占有率
2009年	167,977	2,002	1,324	13,111	694,900	24.1%
2010年	162,426	3,681	1,982	14,833	669,894	24.2%
2011年	158,380	4,187	△618	14,215	690,363	22.9%
2012年	147,354	1,591	106	14,322	671,583	21.9%
2013年	137,906	△1,503	△6,502	7,819	750,946	18.3%
2014年	143,405	2,076	2,031	9,850	808,707	17.7%
2015年	145,124	3,565	3,261	13,646	800,593	18.1%
2016年	140,566	3,386	1,714	15,360	802,472	17.5%
2017年	139,453	1,648	2,274	17,622	800,036	17.4%

出所：『官報』各年度版および社団法人日本玩具協会『玩具市場規模調査結果データ』2009-2017より作成。

の本国事業が破綻するというケースが起こり得る。**図表8－7**は日本トイザらスの暦年の売上高，利益関連のデータである。2009年から2017年の8年間で売上高は1,679億円から1,394億円へと約17％減少しており，またネット販売業者との熾烈な競争の中で，日本の玩具市場における市場占有率も24.1％から17.4％へ6.7ポイント下落している。しかし当期純利益は毎年平均6.2億円を維持しており，またアメリカ本社が経営破綻した2017年の時点での利益剰余金は約176億円であった。人口が減少しつつある日本市場において業績が劇的に好転することは期待できないものの，事業を継続する上での確実な利益確保ができる企業体質であったことがわかる。

　このように本国での事業が消滅し，海外市場では生き残ることとなった例はグローバルリテーラーにとって珍しいケースではない。そごうが2000年に倒産した際には，台湾や香港の店舗は極めて順調であったことから現地企業に買収され，現在に至るまで高いパフォーマンスを維持したまま，運営が続けられている。また，アメリカのセブン・イレブン本社（Southland Corporation）が1980年代末に経営破綻した際，国際フランチャイジーの1つであった日本のイトーヨーカ堂とセブン・イレブンジャパンによって買収され子会社化されたケースでは，本国の本社が海外事業の順調さによって救われたものである。

▎5　おわりに

　世界の流通業態発展史においてカテゴリーキラーという業態を発明したトイザらスの功績は大きい。1990年代以降，世界はそのビジネスモデルに席巻され，他業種のカテゴリーキラー化を誘発した。そして創業から70年目にあたる2018年，その役割に終焉を迎えたかのようにアメリカ本国での事業は閉じた。しかし，トイザらスの経営破綻がカテゴリーキラー業態そのもののビジネスモデルに欠陥があったと一概に指摘することはできない。アメリカ本国の事業清算とともに店を閉じたイギリスやオーストラリアのケースはあるものの，それ以外のほとんどの国ではいずれかのファンドないし企業に買収され，トイザらスという商標を維持したままオペレーションが継続されることが決まっている。これらは単なる運営維持というレベルに留まることなく，更なる出店拡大が計画

されており，その傾向は特にアジアやアフリカエリアで顕著である。このような相違を分析するには経済発展のレベル，流通システム，普遍主義と個別主義，経済制度の違いなどを明確にする比較流通論の視点が必要となる（白石 2006）。トイザラスのカテゴリーキラーというビジネスモデルの普遍性が破綻したのか，それとも単に 1 ヵ国における個別的ケースとしての事業破綻であったのか。それを明らかにするためには経済発展のレベルや流通システム，経済制度の相違点などを考慮してさらに詳細な分析が求められる。そのような考察は他業種のカテゴリーキラーへの今後の示唆ともなる。ともあれ今後，世界的にネット社会化が急速に進展する中，既存の小売業態は実店舗とバーチャル空間とをいかに共存させるかという課題を抱えている。事業が継続している国々でのトイザラスも，将来的にはネット社会の進展の中でアメリカ本国と同様に淘汰されるのか否かを注視する必要がある。

■注

(1) 株式保有率はトイザラス本部が85％，リーファンリテーリングが15％となっている。
(2) 本章ではアメリカ本社を表現する際は「トイザラス」，そして日本子会社を表現する際は「トイザらス」としている。
(3) アジアエリアでは2019年度に68店舗の新規出店の計画があるとしている。
(4) アフリカエリアでは，南アフリカ共和国を本部とするアミックトレーディングの管轄下で，2018年にボツワナ市場に新規出店している。

■参考文献

【日本語文献（五十音順）】

国立印刷局『官報』。
小原　博・趙　士明（2001）「外資系企業の日本市場マーケティング：玩具小売り "トイザらス" の事例」『経営経理研究』(67)，91-110頁。
佐藤　肇（1974）『日本の流通機構』有斐閣。
社団法人日本玩具協会『玩具市場規模調査結果データ』2009-2017。
白石善章（2006）「比較流通論の方向性について」『熊本学園商学論集』13(1),103-116頁。
土屋仁志（2010）「国際化の進展と流通」村松幸廣・井上崇通・村松潤一編著『流通論』同文舘出版，155-169頁。
土屋仁志（2012）「台湾における日系百貨店の参入」『愛知大学経営論集』(165)，57-76頁。

第Ⅱ部　専門小売企業

鳥羽達郎（2011）「トイザラスの日本市場における展開：日本の流通業界における黒船の到来とその航跡」『大阪商業大学アミューズメント産業研究所紀要』(13)，63-87頁。

白　貞壬（2003）「グローバル・リテーラーの現地適応化過程とその段階的解明：トイザラスとカルフールの日本進出を事例として」『流通研究』6(2)，33-51頁。

【外国語文献（アルファベット順）】

Deloitte（2018）*Global Powers of Retailing 2018: Transformative Change, Reinvigorated Commerce*, Deloitte Tohmatsu Limited.

Franklin. R. Root（1994）*Entry Strategies for International Market*, Lexington Books.

Hollander, S. C.（1966）"Notes on the Retail Accordion Theory," *Journal of Retailing*, (42), pp. 29-40.

McNair, M. P.（1958）"Significant Trends and Development in the Postwar Period," in Smith, A. B. ed, *Competitive Distribution in a Free High-Level Economy and its Implications for the University*, Pittsburgh: University of Pittsburgh Press, pp. 1-25.

Nielsen, O.（1966）"Development in Retailing," Max. Kjaer-Hansen（ed.）*Reading in Danish Theory of Marketing*, North Holland Publishing Company, pp. 101-115.

Toysrus inc. *Annual Report 2017*.

（土屋　仁志）

164

第 **9** 章

コストコ
——会員制ホールセールクラブの創造と国際競争力

┃1　はじめに

　本章は，近年，アメリカの小売企業のうち，国内外で著しい成長を遂げているコストコに焦点を当てている。コストコは9割弱の個人会員（9,300万人のうち，8,220万人，**図表9－2**参照）を対象にビジネスを展開しているという意味で小売企業でありながら，メーカーから直接仕入れた商品を残りの1割強のビジネス会員（1,080万人，**図表9－2**参照）に卸売価格で販売するという意味から卸売企業でもある。本章では，会員のうち一般消費者の割合が約9割を占めていることから小売企業の範疇に入れて議論展開を行っている。

　コストコは幅広い品揃えを形成している意味で大型総合小売企業であるが，コンビニエンスストア並みの品目数を有し，商品カテゴリーごとの厳選されたブランドのみを展開しながらも特定の商品カテゴリーにおいて専門小売企業並みの販売額を誇っている。実際に，コストコの卸売並みの販売量から，その特定の商品カテゴリーを専門に展開している企業の販売額を上回っている。ワインや書籍などがそうであり，例えば，コストコの書籍販売額は大幅な値引き販売が行われているベストセラー本を中心に，大型書店チェーンのバーンズ・アンド・ノーブル（Barnes & Noble）を上回った（Spector 2005, p. 16）。また，コストコのウェブサイトの企業紹介のページで「専門店としての便利なサービスをも備えて」[1]いると示されていることから，本章ではコストコを専門小売企業と捉えている。

　本章では，こうしたコストコがそれぞれのカテゴリーを支配するようになった経緯を含め国内外で培った競争力を，小売業態の変貌や小売企業の国際化行動から論じることにする。それを論じる際に，コストコの競争相手である国内のウォルマート（Wal-Mart）傘下のサムズクラブ（Sam's Club）や海外進出国の現地企業との関係を避けて通ることはできない。小売業の本質は，個人商店であれ，大手小売チェーンであれ，良い品を安く販売し，きめ細かな顧客サービスを提供することにある。この命題についてコストコを通じて検証し，さらにその命題が海外においても変わらないことを強調したい。

▎2　国内展開：誕生と成長・発展の軌跡

⑴　会員制ホールセールクラブの生成と発展プロセス

　アメリカの会員制ホールセールクラブ（Membership Wholesale Club, 以下MWCと略称）の草分け企業として，プライスクラブ（Price Club）が1976年カルフォルニア州サンディエゴ市にある飛行機の格納庫を改造して第1号店を開店した。実際に，MWCの起源はプライスクラブの創業者ソル・プライス（Sol Price）による1954年のフェドマート（FedMart）の創業にある。フェドマートは政府職員をターゲットに2ドルの年会費をとる会員制倉庫型ディスカウントストアであった。MWCの父と呼ばれるソル・プライスの最初の事業，フェドマートは54店舗を持つチェーンストアとして成長したが，1970年代に経営支配権がドイツ企業に譲渡されてから創業者ソル・プライスは追放され，結局倒産してしまった（Spector 2005, p. 80）。

　ソル・プライスはその失敗経験を活かし，1976年に息子（ロバート・プライス）と再びプライスクラブを立ち上げるようになった。当初から配送を一切行わず現金で支払うキャッシュ・アンド・キャリー（Cash & Carry, 以下C&Cと略称）というコンセプトを徹底し，コストを削減しながらプレミアム商品をディスカウント価格で会員に提供した。フェドマートの失敗経験は業態コンセプトの定着および業態の発展に反映されていた。それは同業態の模倣者を多く呼び起こし，その1人がプライスにより大きな影響を受けたウォルマートの創

業者サム・ウォルトン（Sam Walton）であった。1983年，ウォルトンはサムズクラブの第1号店をオクラホマ市郊外に開いた。また，同年の半年後，プライスクラブの元副社長であったジム・シネガル（Jim Sinegal）を共同経営者とするジェフ・ブロットマン（Jeff Brotman）がコストコカンパニー（当時の社名）を創業し，ワシントン州シアトル南部の船具倉庫でコストコを開いた。

　実は，コストコが原型とした業態コンセプトは，フランスを拠点とするカルフール（Carrefour）が開発したハイパーマーケットであった（Spector 2005, p. 82）。コストコはカルフールと同じように大型倉庫の中に幅広い商品を低価格で提供し，広々とした駐車場まで完備していた。徳永豊は，コストコのようなウェアハウス小売業は，店舗を倉庫様式にすることによって低価格を実現するとともに，倉庫運営の諸原理を小売レベルに適用したものと理解すべきであり，アメリカの小売業のイノベーションの進展の姿を見ることができると指摘している（徳永 1990, 137-152頁）。

　倉庫運営の原理を十分に活かしたハイパーマーケットは，アメリカのスーパーマーケットを手本に，スーパーマーケットとディスカウントストアの結合形態として生み出された小売業態の国際移転の産物であった（徳永 1990；白 2004）。それが1970年代になってアメリカに再移転され，デトロイトの近くにメイジャーズ・スリフティ・エーカーズ（Meijer's Thrifty Acres）という国内初のハイパーマーケットが開店した（徳永 1990, 151頁）。そこで販売される多くの商品は売り場にフォークリフトで直接運搬され，そのままの状態で陳列されていた。荷下ろし・荷捌き・ケースカット・陳列作業などによって生じる時間とコストを削減する考え方は，現在のコストコの費用構造の基本となっている。

　模倣者の躍進とは裏腹に，MWCの嚆矢であるプライスクラブは事業拡大に失敗し，1993年にコストコと合併しプライスコストコ（PriceCostco）となった。同年，プライスコストコの第1号店がイギリスでオープンし，翌年にアジア大陸での第1号店を韓国にオープンした。同じ時期に，ウォルマートは競合他社のKマートからMWCのペース（PACE）を買収し，ペースのすべてをサムズクラブに転換した。その4年後の1997年には，プライスコストコが名称変更し，現在のコストコホールセールとなった。以上のようにMWC業界は吸収・合併

が繰り返される中で，コストコとサムズクラブの2強体制に集約されていた。

　同業態間の競合他社としてウォルマートが展開するサムズクラブは，コストコに比べ年会費も安く，個人会員よりビジネス客が多いのが特徴であった（今井 2010, 95-98頁）。当然，品揃えはディスカウント価格で販売できるPB商品が中心となっている。それに比べ，コストコの会員は比較的富裕層の個人会員が多く，それらの会員に対し，他の業態では高めの価格で提供されている高品質な優良ブランド商品を大幅な値引き価格で提供している。コストコの会員としてのプレステージは，鮮度の高い生鮮食料品およびデリカテッセン，医薬品，ブランドもののアパレルなど厳選された差別的な品揃えで集客効果を高めている。

　コストコは2005年時点でアメリカ最大の高級ワインの小売企業になっており，ボルドーワインの購買額は国内第1位となっていることなど（Spector 2005, pp. 83-84），コストコの購買力は他の追随を許さない。

　高級化路線で，MWC市場で確固たる地位を確立しているコストコを意識したサムズクラブは，商品カテゴリーの一部に独自の高級品を投入しながら追撃しようとしていた。ところが，国民の約10人に1人が会員であるコストコの販売力を追い越すことは最大のライバルとしてのサムズクラブ（2018年1月時点で597店舗）にとって非常に厳しい課題となっている。そこで同社は約1割に当たる店舗を閉鎖すると発表し，現在その一部は電子商取引の商品発送センターに転換している。

(2)　コストコのビジネスモデルと高収益構造

　MWCという業態は，当初，個人会員の存在はなく，その名前が示す通り，限定された中小小売店の店主だけを会員にし，幅広い範囲の商品を取り扱うものの，商品カテゴリーごとに人気商品ブランドに限定した品揃えを展開していた。

　また，メーカーから直接大量に仕入れる卸価格に，低マージンを実現することで販売価格を安く抑えることがコストコの低費用構造の基本となっている。大幅なディスカウント価格で提供する代わりに，大サイズパックの販売を行い，

在庫回転率を上げることでコストコの高収益構造を支えている。

　コストコが高収益の企業として猛威を振い始めたのは，その前身であるプライスクラブの創業から13年目の1989年に遡るが，当時，アメリカで収益率の高い企業上位3位にランクされてからである[2]。コストコは高収益構造を実現するために，運用面でさまざまな工夫を凝らしていた。例えば，室内装飾など無駄を排除する倉庫型店舗（ウェアハウス）で建設費を低く抑えるとともに，納入された商品をパレット積みのままフォークリフトで陳列棚に積み上げるなど店内作業を減らすことで人件費を大幅に抑えている。また新規出店以外の販促活動は一切行わないことで広告費も抑えているなど，他の業態と比べ，低い粗利益ですべての経費を吸収している。さらに，会員の年会費収入（2017年度全体売上高の2.26％）が営業利益を下支えしていることで，営業利益を確保する収益構造を作り上げている。

　コストコの商品政策の基本は，会員に高品質の商品とサービスを可能な限り低価格で提供することである。その中には，1995年に導入したカークランド・シグネチャー（Kirkland Signature）というプライベートブランド（以下，PBと略称）の存在が大きい。全国的メーカーのブランド（以下，NBと略称）の品質と同等もしくはそれ以上であるが，価格は必ずそれ以下というブランド構築の目標を掲げている。供給業者との連携により，製造工程の源流である原材料の飼育・栽培の過程まで関与し，製品の品質の改善および長期的・安定的供給に努めている。また，上質な製品を生産する協働組織のネットワークを構築し，ガイドラインを定め，トレーサビリティ，信頼性，そして安全性が担保されているPBを提供している。長期的な供給と品質の確保のために，サプライチェーンに関わっているすべての人々に次のような取り組みを実施している[3]。第1に，より多い生産量，品質，気候変動への対応などを指導・教育することによって，農水畜産業従事者，労働者，さらにはコミュニティを支援する。第2に，高品質の製品を，プレミアム価格で買い取る。第3に，健康，教育，住環境，清潔な飲料水，栄養価の高い食物などの諸問題の改善を提供する。このような取り組みは，地域の小規模農水畜産業事業者の経済的・社会的地位の向上にも繋がり，コストコにとって単一ブランドとして最も大きな売上を達成することに貢献した。2011年時点でコストコのPBは全体売上構成比の20％を占

めるようになっている。これこそがコストコならではのバリューチェーンネットワークの出発点である。

　コストコの低費用・高収益構造は，物流の効率性[4]を抜きにしては語れない。供給業者から店舗に届けられる商品パレットを満載にすることで配送コストを削減している。1つのパレットにより多くの商品を積載し，トラックの積載効率を最大限度にまで上げることによって配送用トラックの数を削減できる。このような前方向けロジスティクスだけではなく，後方向けロジスティクス（コストコではリバース・ロジスティクスあるいは還元物流という）においてもコスト削減に注意を払っているのが大きな特徴である。つまり，各店舗から物流センターに戻ってくる際に，トラックが可能な限り空荷状態で走行することのないようにする点である。帰り便のトラックは，物流センターから各店舗に配送される予定の商品をピックアップしたり，供給業者に返送すべき返送品などを満載して運んでくる。いわば，後方向けロジスティクスにより，商品の取扱コストを抑制し，その結果，事業運営コストが削減され，二酸化炭素の排出量の低減にも力を発揮している。

　以下の**図表9－1**では，コストコの低費用・高収益構造を分析するために，競合他社との経営指標の比較を行っている。比較対象としてアメリカでMWC業態の市場シェアをコストコとともに二分しているウォルマートグループのサムズクラブを取り上げている。また，世界小売業で首位の座を長らく守り続けてきた同グループの主業態の総合スーパー（General Merchandise Store，以下，GMSと略称）のウォルマートと，日本型GMSを主力業態としている日本小売業最大手のイオングループを取り上げている。ここでGMS業態を取り上げて比較するのは，売上高や取扱商品の幅，価格政策からMWCと最も類似している業態であり，他業態と比べてより激しい競争にさらされているからである（佐藤 2000，143-152頁）。

　図表9－1が示しているように，コストコは粗利益率11.3％で経営しており，それは競合他社の半分以下に相当する。それでも他社に比べ，3％台の高い営業利益率を計上している。低い粗利でもきちんと営業利益を確保できるのは，販売費および一般管理費（以下，販管費と略称）と代表される経費を低く抑えているからである。**図表9－1**からみると，販管費が最も高いイオンの38％台

┃図表9−1┃コストコと同異業態間競合他社の経営指標（2017年）┃

	コストコ	サムズクラブ	ウォルマート	イオン
売上高	$126,172	$59,216	$436,545	¥7,380,567
売上原価	$111,882	—	—	¥5,325,422
粗利益（率）	$14,290 (11.3%)	グループ（Wal-Mart Inc.）と して（24.7%）		¥2,055,144 (27.8%)
会費収入（率）	$2,853 (2.26%)	—	なし	なし
販売費および一般管理費(率)	$12,950 (10.3%)	グループとして $106,510（21.5%）		¥2,823,056 (38.2%)
営業利益（率）	$4,111 (3.3%)	$982	$23,221	¥210,273 (2.8%)

注１：単位は百万ドル（コストコ，サムズクラブ），百万円（イオン）
注２：決算日は2017年9月3日（コストコ），2018年1月31日（ウォルマート・サムズクラブ），2018年2月28日
　　　（イオン）
注３：公開されていない情報に関しては「ー」と表記している。
出所：佐藤（2000，150頁）と，各社における2017年度のアニュアルレポートおよび有価証券報告書に基づき作成。

と比べ，コストコの販管費は売上構成比10%台と非常に低いことがわかる。ま
た，商品の販売以外で得られる収入として2.26%も占めている会費収入はコス
トコの大きな収益源となっている。

　以上からコストコのMWCは，低い粗利・制限された品目数であっても，付
加価値の高い商品・サービスで十分運営できることが証明された。

┃3　国際展開：経緯と現状分析

　コストコによるMWCの出現は，業態としてだけではなく，収益構造の高い
小売組織の経営にしても非常に革新的であった。それは環境の異なる国・地域
においても通用するものであろうか。以下では，海外進出にも積極的であるコ
ストコの国際展開に注目し，小売国際化論の視点から分析していく。

　コストコは海外第1号店を1985年にカナダで開店したことを皮切りに，他の
同国企業よりも一早く地理的・文化的・心理的距離感のあるアジア大陸への進
出を果たした。アジア大陸での初店舗が1994年の韓国であり，1997年に台湾へ，
その2年後の99年に日本に進出し，アジア大陸での進出国すべてにおいて成功

| 図表 9 － 2 | 巨大な国際小売企業のコストコ |

店舗数	762（2018年 8 月時点）
国・地域の店舗数〔進出年度〕	アメリカ（44州）＆プエルトリコ　527店 カナダ（ 9 州）100店〔1985年〕 メキシコ（18州）39店〔1992年〕 イギリス28店〔1993年〕 韓国15店〔1994年〕 台湾13店〔1997年〕 日本26店〔1998年〕 オーストラリア10店〔2009年〕 スペイン 2 店〔2014年〕 アイスランド 1 店〔2017年〕 フランス 1 店〔2017年〕
会員数（2018年 5 月時点）	会員数（家族カードを含む）9,300万人 ゴールドスター（個人）会員4,000万人 ビジネス会員　750万人 ビジネスアドオン（追加）会員　330万人
店舗サイズ	平均サイズ　4,016坪
2017年の売上（ 9 月 3 日決算）	1,262億ドル（約13兆8,820億円）
従業員数	アメリカ　16万3,000人（正社員とパートタイム従業員） 世界各国　23万9,000人（正社員とパートタイム従業員）

出所：コストコ・ジャパンのホームページより加筆修正（http://www.costco.co.jp/p/aboutcostco/worldwide?lang=ja，2018年10月29日閲覧）。

を収めている。

　2004年にはアメリカの小売ランキングの上位 5 社に入り，同年世界上位11位に，4 年後の2008年には 3 段階の飛び級で世界第 8 番目の，名実ともに優秀な国際小売企業の仲間入りを果たした。そこには，当時台湾 5 店舗，韓国 6 店舗，日本 8 店舗というアジア大陸での持続的な成長・発展があった。2014年時点で国内においても順位を 2 位まで上げていたコストコは，翌年の2015年にはウォルマートの次で世界トップの座を争うまで成長し，国際小売企業としてのプレゼンスを高めている。

　1993年から始まったイギリスへの進出およびその成果のわりには，ヨーロッパ大陸への進出拡大を遅らせていたコストコであるが，2014年にスペインへの進出を果たし，2017年にはアイスランドおよびフランスでも第 1 号店を構え，

今後はヨーロッパ諸国への進出を拡大しつつある。

　本節では，いち早くアジア大陸への進出を果たし，欧州小売企業の中で珍しく成功を収めた韓国および日本市場に焦点を当てる。小売産業の発展水準が比較的遅れている韓国市場と，すでに成熟している日本市場での展開プロセスを比較しながら，コストコの海外市場進出戦略の特徴を導き出すことにする。

(1)　韓国市場進出と現地化戦略[5]

　1993年にオープンした韓国初のハイパーマーケットのEマートとは別途に，シンセゲ（新世界）はその翌年の1994年に現在のコストコホールセールとライセンス契約を結ぶ形で，ソウルのヤンピョンドン（楊坪洞）にアジア大陸初のコストコ（当時，プライスクラブ）をオープンした。韓国で小売企業各社が韓国型ハイパーマーケット（現在，韓国では大型マートと呼んでいる）を主力業態として展開していた1990年代に，独自路線を歩んできたコストコはウォルマートから取り残されたアメリカン・ライフスタイル好きの消費者層を吸収しながら徐々に成長していった。つまり，2006年にウォルマートの韓国からの撤退は，これまでコストコと棲み分けしていたアメリカン・ライフスタイル好きの需要がそのままコストコに吸収されるようになり，コストコの急成長を促す要因にもなった。

　2004年に約5,000億ウォンであった売上が，13店舗を運営していた2017年（決算日2017年8月31日）には3兆8,040億ウォンまで大きく伸びている[6]。すでに**図表9−1**で示されているように，コストコグループ全体の粗利益率が11.3%であるのに比べ，コストコ・コリアはより高い14.56%の経営をしている。また，グループ全体が3％台の営業利益率を計上しているのに対し，韓国のコストコは4％台のより高い営業利益率を達成している（**図表9−3**参照）。

| 図表9−3 | コストコ・コリアの実績（2017年） |

	売上高	粗利益（率）	営業利益（率）
コストコ・コリア	3兆8,040億ウォン	5,538億ウォン（14.56%）	1,675億ウォン（4.4%）

出所：韓国金融監督院電子公知システムのコストコ・コリア（2017）『監査報告書』より作成（http://www.dart.fsc. or.kr/dsaf001/main.do?rcpNo＝20171120000305，2018年11月4日閲覧）。

　いち早く会員制ホールセールクラブ業態を韓国に持ち込み，持続的に成長している。コストコの存在は，大型マートの飽和化やその成長の伸び悩み，売り場の老朽化などで活路を模索していた地元の小売企業に大きなヒントを提供してくれた。2010年11月，地元企業のEマートは非会員制を武器とするトレーダーズ（Traders）を開発し，コストコに次いで倉庫型マートの競争に本格的に突入した。今やトレーダーズは商品の販売方式の多様化，ターゲットや品揃えなどの修正を重ねながら，韓国的ウェアハウスのスタンダードを標榜している。

　既存のEマートの店舗の中で，老朽化し，業績の良くない店舗を倉庫型にリニューアルした形でトレーダーズに転換し，2017年12月末時点で14店舗を展開している。第1号店の開店初期には，自社の大型マート業態のEマートとの競争を避け，それとの差別化を図るために，自営業者の強力なパートナーというキャッチフレーズを事業目標と設定していた。彼らを対象に商品構成や店舗運営に関するコンサルティングも提供し，別途の相談室を運営しているほどであった[7]。

　現在は主なターゲットを当初の自営業者から一般消費者に変更し，とりわけ30-40代の主婦層を狙ってきた大型マートより若い20-30代の消費者層に焦点を合わせるようになっている。同業態の競合他社（主に，コストコ）と異なる非会員制で誰でも利用できる点がトレーダーズの大きな特徴となっている。それに加えて，商品の大サイズパック販売のみではなく，顧客ニーズに合わせた単品販売の増加や，現金のみではなく，多様な決済手段で支払うことができる。その結果，一般消費者に大きな支持を得ることができた。

　一方で，コストコと比べ，主要顧客層を引き付けるのに弱点として指摘されたトレーダーズの商品開発力は，産地直送を活かした生鮮部門の品揃えと海外有名ブランドの並行輸入商品の強化でカバーしている。輸入商品の需要の増加が見込まれる20-30代の主要顧客層のため，グローバル・ソーシングをより強化し，プレミアムブランドの輸入商品率を増やしている。これは政府により2012年から推進してきた「流通構造の改善および並行輸入市場の活性化」政策に支えられながら，これまでコストコの差別的競争力であったグローバル・ソーシングや商品開発力に勝るような，地元企業ならではの競争優位性を発揮できると考えられる。

　地元企業Eマートのトレーダーズの躍進は，これまで韓国の倉庫型マート市場で独走体制を維持してきたコストコにとって脅威であるのは確かである。にもかかわらず，2017年12月末時点の両社の店舗数と売上を比較してみると，14店舗のトレーダーズの売上（1兆5,214億ウォン，決算日2017年12月31日）[8]は13店舗のコストコの売上（3兆8,040億ウォン，決算日2017年8月31日）の約半分にも至らない。店舗数はほぼ同じであるにもかかわらず，売上でみると，両社には約2倍弱の差が存在する。その格差はどこから生まれてくるのか。

　それはコストコならではの商品政策の独自性に起因する。そこには商品企画・開発・調達・販促までのプロセスを体系的なシステムで取引先と顧客を有機的に繋ぐクラブ・デモンストレーション・サービス（Club Demonstration Services, Inc., 以下CDSと略称）の存在が大きい[9]。同社はコストコのビジネスパートナーとして1988年に設立されてから1992年にメキシコ，2004年には韓国という形でコストコの海外進出とともに国際展開している。その結果，現在は9ヵ国・地域で，現地の消費者の購買意思決定を促進させている。CDSは豊富な商品知識や経験をもとに商品プロモーションイベントを通じた商品情報の提供やマーケティング活動を行いながら，取引先と顧客のインターフェースとして両者を結び付ける役割を果たしている。コストコでは店頭での商品説明を原則的にせず，代わりに専属のCDSのスタッフがより専門的に商品活用の提案まで行っている。進出国における異なる消費者需要とのギャップは，現地の取引先や消費者に直接向き合うCDSによってより容易に解消される。コストコと共同開発したオペレーション・マニュアルを用いることで，安心で安全な販促イベントを行うことができ，商品のさらなる販売向上に貢献できるのである。

　CDSはコストコの取引先（商品）と顧客（市場）が接する重要なインターフェースであり，外資小売企業の現地化プロセスにおいて商品と市場をいかにマッチングさせるかの問題を解消してくれる。それは新興国市場よりも成熟市場においてより深刻な問題であり，そこでCDSの役割が一層期待できる。

(2)　日本市場進出と現地化戦略

　1999年4月に福岡市郊外に第1号店を開店したコストコは，アジア統括拠点

をシンガポールから日本に移し，日本における事業展開を本格的に開始した。2018年10月29日の時点で26店舗を運営しているコストコ・ジャパンであるが，当初は日本型GMS市場全体が低迷状態であることや，大サイズパックのまとめ買いのニーズが少ないことから，日本市場での成功には否定的な見解が多かった。

　商品調達，品揃え，運営上のオペレーション，会員の獲得など，日本市場でMWCを運営するのに多くの問題を抱えていたのは確かであるが，コストコは低価格に魅力ある商品をまとめ買いできる潜在的ニーズを掘り起こしながら，徐々に独自のビジネスモデルの強みを発揮していった。最初，日本の商慣習にそぐわないという理由で，コストコとの直接取引に消極的であったメーカーも今ではほとんど直接配送し，卸を経由する取引を減らしている。

　コストコの場合，日本市場は他のアジア市場に比べ成熟しており，すでにMWC業態の失敗を経験している。日本初の本格的なMWCは1992年から2002年まで国内のダイエーグループが運営していたコウズ（Kou'S）であった。コウズではGMSの平均4万5,000品目に比べ5,000品目前後の徹底した商品の絞り込みで，店内作業もGMSの約3割の従業員の数で賄っていた（『日本経済新聞』1992年10月20日付）。スキルの低いアルバイトでも簡単に作業を処理できるように，作業手順を簡素化した。商品全体の8〜9割は1〜6ヵ月単位で大量に計画発注し，メーカーとの直接取引・完全買取り仕入れ方式を採用することで仕入れコストの低減を可能にした（『日経流通新聞』1993年3月13日付）。そのため，会員にメーカー希望小売価格より2〜5割安い販売価格で提供できたのである。会員1人につき3人まで同伴できるため，4人でのまとめ買いを促しており，コストコよりもいち早く新しい購買行動スタイルを提案しようとした。その狙いが開店当初は的中しており，開店後わずか2週間で5万人以上の会員を確保することができた。デフレの不況時に，GMSとは異なる目新しい業態に対する消費者の期待が高まっていたことがうかがえる。

　デフレ傾向がさらに進み，消費者の価格志向が強くなっていた1997年頃からコウズの業績が向上し，会員数も翌年の1998年8月末で，約30万人規模で順調に伸びていた（『日経流通新聞』1998年11月19日付）。しかし，コウズはコストコと違って日本の消費者に最後まで支持を得られなかった。不況が深刻化し，専

門店においても安売りの攻勢が激しくなり，MWCならではの価格優位性はますます薄れていった。結局，ダイエーグループの業績の悪化の影響もあり，2002年にコウズの6店舗すべてが閉鎖された。

両社の第1号店の開店年度の間に6年のタイムラグがあったとしても，消費者需要とのギャップを埋めるための運営上のオペレーションに大きな違いが存在したことは否定できないだろう。MWC業態はケース単位，大サイズパックでの販売，包装なし，有料配達，現金での支払いが基本であり，商品説明も原則的に行わず，その業態の特徴を理解している会員のみによって成り立つ業態である点は共通している。ところが，両社の成否の明暗を分けた決定的な違いは，差別化された売れ筋商品の安定供給という課題の解決にあった（『日経産業新聞』1992年11月2日付，『日本経済新聞』1992年10月20日付）。メーカーから売れ筋商品を可能な限り大量に受け入れることができなければ，仕入れ値を安くすることはどうしても単発的になってしまい，価格優位性を失ってしまう。そうならないためには，計画仕入れによる通常の店頭販売価格よりも2〜3割安く提供できる商品群が必要であった。それがコウズのセービングプライスであり，コストコにとってはカークランド・シグネチャーであった。前者はもっぱら安ければ良いという層向けに走ってしまったために，品質を大切にしている消費者に魅力ある商品として受け入れられなかった。コストコのPBのようにきめ細かな日本の消費者を囲い込むことができるのであれば，顧客数が一挙に3〜4倍になる効率的な大量販売の仕組みは力を発揮できる。店舗側が共同購入を推奨しなくても顧客自らが共同購入・使い分けをし，その顧客の口コミで買い物ネットワークが広がっていく可能性が高くなる。

要するに，コストコは，コウズも同じように課題として掲げていた魅力的な独自商品開発および安定供給に成功しながら，市場拡大に顧客を組み込んだ買い物ネットワークづくりを実現したのである。一方，コウズの失敗は，日本の消費者が大サイズのパッケージで日用品や食料品を購入することに慣れていなかったというよりも，魅力的で安定供給の可能な商品群がなかったことにあった。

業務用や大サイズパックのまとめ買いは，それを置いておくスペースが広くない日本の家庭には量が多すぎる。それでもコストコがあえて訪れるほどの魅

力のある店舗となった理由はどこにあったのか。国産の定番商品の調達も充実させながら，輸入アイテムの豊富さを加えた安くて品質の良い品揃えにある。コストコの品揃えの良さを認知してもらうために，すべての販促イベントを管理・監督するマーケティング活動に特化したCDSの存在は日本市場においても販売向上に大きな力を発揮している。

　例えば，販促イベントの1つである試食であれば[10]，日本の小売企業もしばしば店頭で行っているが，通常は，メーカーが派遣したいわゆるマネキンが実施することが多い。効果的なデモンストレーションを行うためには，マネキンも一定の商品知識などを有していることが前提である。マネキンは特定のメーカーの専属ではないため，商品の特長などをどの程度理解しているかは，事前の研修によるといえよう。CDSの場合はコストコの専属企業であり，幅広い商品についての専門的知識および豊富なデモンストレーションについてのノウハウを蓄積してきたため，より効果的な試食販売が可能となる。また，一般的なスーパーでは見られない店内のCDS事務所・準備室を備えており，そこにはイベントマネジャーやセールスアドバイザーが常駐している。後者は日々研修・指導を受け，取引先が指定した手順や指示通りに販促イベントを行う体制を整えている。その販促イベントを通じて取引先においては売上向上に，顧客においてはその商品のリピーターとなるケースも多い[11]。顧客には大サイズパックばかりが目立つように見えるが，その中には冷凍食品のようにうまく使えばかなり安く，無駄なく使える商品も多い（『食品商業』2001年2月号，54頁）ことがCDSを通じて発信されるのである。このようなコストコならではのインストア・プロモーション管理システムは，消費者自身が自ら生活スタイルを変えてまでコストコを訪れる動きを促した。

　商品のリピーターおよびコストコ好きな会員が自分の買い物経験および情報を，SNSを通じて発信・共有することで，新しい顧客を呼び込んでいる。このようにCDSによるインストア・プロモーションのみではなく，SNSによる顧客間のブランドコミュニティからなる集客の連鎖効果は大きい。日本の消費者は小売産業が成熟しているだけに商品知識およびその習得レベルも高い。より豊富な消費経験をもとに，ときにはCDS以上に専門的である日本の消費者をプロモーション主体として駆り立てていった。

⑶　アジア市場での成功要因

市場環境の類似市場においても，異質市場においても，新興国市場においても，成熟市場においても独自の事業コンセプトと魅力のある品揃えというコストコならではの強みを発揮できたのは，その運営の一貫性にあることが明らかになった。

小売業の本質は商品販売にある。しかし，小売業の本質が何年たっても変わらないとしても，消費者が購入する商品や方法，理由は絶えず変化している。コストコは，商品開発から販売までのマーチャンダイジングの一連のプロセスにおける体系的なシステムづくりに努めていた。コストコならではの小売システムの中核をなしているのが，取引先と顧客を結び付けるインターフェースとしてのCDSの存在であった。環境の異なる国において，CDSの必要性はなおさらである。進出国・地域別のCDSは，コストコの理念や経営方針，事業コンセプトを十分把握しながら，現地の環境に合わせたプログラムを実施することができた。

MWC業態として先発優位性を発揮していた韓国市場においても，後発者としてMWC市場に遅れて参入した日本市場においても，コストコは確固とした一貫性のある事業展開を行っていた。世界全体を単一の市場と考えて，どこにおいても同一の優れたシステムで他の店舗では買えないコストコ独自の魅力的な商品で世界の顧客を満足させたのである。そうすることによって，コストコは小売業としての本質を充実させながら，常に変化する世界各国の環境に素早く対応できたのである。

▎4　おわりに

小売国際化論を軸とする本書の立場からいえば，消費市場が拡大している成長市場ももちろん重要であるが，むしろ競争が激しく，市場の方向性が見えにくい成熟化した市場において，進出企業がいかに商品知識や消費経験の豊富な顧客のニーズを掘り起こし，高付加価値型の商品やサービスを提供できたのか。本章ではそれについての問題がより興味深い研究課題であった。この意味から

すると，成熟化した日本市場におけるコストコの成功事例の分析は，小売国際化研究に以下のようなことを示唆している。

　コストコは両市場において確固とした一貫性のある事業展開をしていた。どこにおいても，同一の優れたシステムの下で他の店舗では買えないコストコ独自の魅力的な商品を販売していた。グローバル競争の中で，コストコが優秀な国際小売企業の仲間入りを果たせたのは，小売業の本質であるマーチャンダイジング機能を充実させながらも，成功した企業の共通項である低費用・高収益構造が実現できたからである。

　流通システムにおいて川下に位置するコストコが原材料の調達の源流に至る後方の垂直的ネットワークづくりだけではなく，もっぱら商品およびサービスを受け入れる消費者をプロモーション活動に組み込ませることによって買い物ネットワークという新たな関係様式を作り出したのである。このような消費者の自律的なつながりには，店内のプロモーションを率いているCDSという専属組織の存在が不可欠であった。

　小売企業が海外進出先を決める際に，すでに成熟化している市場よりも成長の見込みのある有望な新興国市場のほうを選好しているのは，持ち込んでいる業態コンセプトおよびそれを支える小売システムの強みがより発揮しやすいからである。それに対し，成熟化した市場参入の成否は，市場の飽和化や商品知識および消費経験の豊富な顧客の期待水準の高さをいかにクリアしていくかに依存する。

　コストコの日本市場での成功は，小売業の本質から決して譲ってはいけない差別化された小売ミックスとそれを支える優れた流通システムの一貫性にあったことが明らかにされた。要するに，小売産業の発展水準や消費市場の成熟度を問わず，どの国においても小売業の本質に対する考え方には変わりはない。問題は本国と異なる市場環境とのギャップをどうやって埋めていくかであるが，少なくともコストコの事例からみると，その本質さえ押さえていればそのギャップを埋めるためのシステムの柔軟性は高まっていくはずである。

■注

(1) コストコ・ジャパンのホームページ（http://www.costco.co.jp/p/aboutcostco?lang=ja,2018年10月29日閲覧）より引用。

(2) コストコ本社のホームページ（http://phx.corporate-ir.net/phoenix.zhtml?c=83830&p=irol-homeprofile）のPDFファイル（Historical Highlight.pdf, 2018年10月29日閲覧）より引用。

(3) コストコ・ジャパンのホームページ（http://www.costco.co.jp/p/aboutcostco/sustainability/merchandising?lang=ja#detail,2018年10月29日閲覧）より引用。

(4) コストコの効率的な物流の詳細については，コストコ・ジャパンのホームページ（http://www.costco.co.jp/p/aboutcostco/sustainability/operations?lang=ja#detail,2018年10月29日閲覧）を参照すること。

(5) コストコの韓国市場進出の詳細については，白（2014）を参照すること。

(6) 韓国金融監督院電子公知システムのコストコ・コリア（2017）『監査報告書』（http://www.dart.fsc.or.kr/dsaf001/main.do?rcpNo=20171120000305, 2018年11月4日閲覧）より引用。

(7) 『The Consumer News』オンライン記事（http://www.consumernews.co.kr/news/view.html?gid=main&bid=news&pid=224860, 2010年12月6日入力，2014年3月27日アクセス）と『MK뉴스』オンライン記事より引用。

(8) 大型マートのEマートと倉庫型大型マートのトレーダーズを運営している（株）Eマートの財務状況は確認できても，事業別売上は公表されていないため，やむを得ず2次データを使っている（http://www.dailies.kr/news/articleView.html?idxno=7775, 2018年2月22日承認，2018年11月4日アクセス）。

(9) 以下のCDSに関する情報の詳細はCDSのホームページ（http://www.clubdemojapan.com, 2018年11月11日閲覧）に基づいている。

(10) 試食販売におけるコストコと日本の小売企業の比較については，白（2017）に基づいている。

(11) CDSのホームページ（http://www.clubdemojapan.com, 2018年11月11日閲覧）より引用。

■参考文献

【日本語文献（五十音順）】

今井豊治（2010）「成長を続けるホールセールクラブの収益構造の特色：コストコ・ホールセールクラブ」波形克彦編『アメリカ流通業の経営革新』同友館，92-101頁。

佐藤生美雄（2000）『コストコ：会員制ホールセールクラブは，なぜ"高価値商品を低価格で"が可能なのか』ダイヤモンド社。

徳永　豊（1990）『アメリカの流通業の歴史に学ぶ』中央経済社。

白　貞壬（2004）「フランス的小売業態の国際移転プロセス：取り込み型国際移転から持ち込み型国際移転へ」『マーケティング・ジャーナル』24(2)，45-58頁。

白　貞壬（2014）「韓国の消費者ライフスタイルの変化と新しい小売業態の成長」『流通科学大学論集：流通・経営編』27(1)，133-148頁。

白　貞壬（2017）「グローバル小売の店舗戦略」小田部正明・栗木　契・太田一樹編『1からのグローバルマーケティング』碩学舎，188-199頁。

【外国語文献（アルファベット順）】

Baek, J. and Wang, S. (2018) "The Localization Strategies and Success of Costco: Focusing on a Japanese Mature Retail Market," *Journal of Industrial Distribution & Business*, 9 (2), pp. 7-16.

Spector, R. (2005) *Category Killers : the Retail Revolution and Its Impact on Consumer Culture*, Harvard Business School Press. 〔ロバート，スペクター著・遠藤真美訳（2005）『カテゴリー・キラー：小売革命でここまで変わる!消費の「質」と「意味」』ランダムハウス講談社〕

（白　貞壬）

第10章

イケア
――世界中の部屋を豊かにする家具と生活雑貨の製造小売業

1 はじめに

　1980年代の後半以降，小売業の国際化が進展してきた。国内産業と認識され
てきた小売業についても国境を越えることを可能とする環境条件が整い，世界
市場を舞台とした事業展開が繰り広げられている。しかし，それは小売業に備
わる体質が解消されたことを意味するものではない。そこには，地域産業や内
需型産業と認識されてきた体質を国際的なものへと転換させる小売企業の創造
的な取り組みが存在している。それでは，どのような取り組みが国際的な躍進
を可能にしてきたのだろうか。小売企業の国境を越える事業展開について議論
する場合，多くが「世界標準化」と「現地適応化」の議論を援用してきた。周
知のように，世界標準化とは，世界全体を同質的な単一市場と認識し，個別市
場の特性への対応を控えることで効率を追求する。そして現地適応化とは，進
出各国の現地市場に正面から向き合い，個別市場の特性に積極的な対応を図る
ことで効果を追求する。これまで，食品を軸に多様な商品を取り扱う総合型の
小売業態（以下，業態と略称）は現地適応化が要求され，非食品を取り扱う専
門型の業態は世界標準化が適切であると考えられてきた。しかし現実は，その
ように単純なものではない。いかなる業態を展開する小売企業であっても，両
軸の間で調整作業が重要な課題となる（Treadgold 1990/91, pp. 24-26）。
　このような問題を検討するには，マーケティング・マネジメントの議論にお
ける「創造的適応（Creative Adaptation）」の概念が助けとなる（Howard 1957,

p. 4, 18；荒川 1970, 2-3頁；三浦 1971, 123-133頁）。創造的適応とは，企業を取り巻く環境条件と企業の標的となる消費特性に対して，適応行動と創造行動を図ることを意味する。環境条件との対応では，特定の環境に受け入れられるように受動的な行動を図る一方で，自ら理想的な環境を整備するために能動的な行動に挑戦する。そして消費者との対応では，その顕在的な需要に対応すると同時に，潜在的な需要を見出し，それに対応する提供物を創造して提案することにも挑戦する。こうした視点は，およそ半世紀前から小売企業の研究にも取り入れられてきた（Lazer and Kelley 1961, pp. 35-37；三浦 1968, 4-5頁）。国境を越えて異質の市場に踏み入る小売企業のマーケティングにおいては，特に創造的適応が重要になる。なぜなら，メーカーなどに比べて現地市場で多様なステークホルダー（利害関係者）と密接なかかわりを築くことが求められるからである。本章は，スウェーデンを代表する多国籍企業のイケア（IKEA）を取り上げる。家具や生活雑貨を総合的に取り扱う専門型業態を世界市場で躍進させるイケアの事例研究を通じて，小売企業の国際展開における創造的適応の内実に迫ることを目的としている。

▌2　国内展開：家具と生活雑貨を提供する小売業態の誕生

　イケアの起源は，1943年に実業学校（中学校）の卒業を迎えようとしていた17歳のイングヴァル・カンプラード（Ingvar Kamprad）がスウェーデン南部のスモーランド地方で創業した雑貨販売業にある（Rüdiger 2006, pp. 39-40）。その社名は，カンプラードの氏名と彼が育ったエルムタリッド（Elmtaryd）農場とアグナリッド（Agunnaryd）村の頭文字に由来する。当初は，文房具や裁縫道具などが販売された。さまざまな生活雑貨をカタログで宣伝広告する通信販売によって事業を拡大する中で，1950年から家具の取り扱いを始めた。森と湖に囲まれたスモーランド地方には，生産を依頼できる大小数多くの家具製作所が存在していた。しかしカタログでは商品の質を確かめることができないことから，購入した商品に裏切られることを心配する消費者が多かった。そこで1951年に家具の常設展示場を開設し，消費者に品定めをする機会を提供した。その成功が契機となり，1958年に同地方のエルムフルトに第１号店を開店

し，通信販売から店舗販売へと転換した。それから60年が経過する現在（2017年度末），49ヵ国・地域（以下，「地域」の表記を省略）で403の店舗を展開するまでに至っている（IKEA 2018, p. 4）。

　イケアが提供する北欧風の洗練されたデザインと実用性を兼ね備えた手ごろな価格の家具や生活雑貨は，国境や文化を越えて高く評価されている。いまやスウェーデンを象徴する巨大企業となったイケアは，会社全体を導くビジョンとして「より快適な毎日を，より多くの人々に提供すること」を掲げている。これは創業期から追求されたものであり，「優れたデザインと機能性を兼ね備えたホームファニッシング関連の商品を幅広く取り揃え，多くの人々に購入してもらえるように可能な限り手ごろな価格で提供する」という明確な経営理念の下に実践されている。その成長発展は，こうしたビジョンと理念を原動力として推し進められてきた。

　イケアのマーケティングは，デザインと機能に優れた商品を手ごろな価格で提供するところに特長がある。そして，これを実現するために，自ら商品の企画開発に取り組んでいる。社内に擁する15名の専属デザイナーと75名の契約デザイナーが1年間に2,000品目もの新商品を開発している（IKEA 2014, p. 5）。また，手ごろな価格を実現するために，すべての商品を大量生産することで規模の経済性が追求されている。したがって，イケアの店舗ではどの国でも同じ商品が販売されている。さまざまな国で生産される家具は，「フラットパック（平たく梱包すること）」ができるように設計されている。そうすることで，輸送用コンテナへの積み込みや倉庫での保管が効率化されるためである。なお，それは輸送時に発生する家具の傷みを軽減することにも繋がった。このように自ら商品の企画開発や製造過程に介入するイケアは，家具と生活雑貨の製造小売業ということになる。

　そしてイケアは，土地が安い郊外の幹線道路沿いにある広大な敷地に大規模な店舗を構えて，徹底的なセルフサービス方式で販売する。イケアの店舗に入ると，すぐにショールームへと誘導される。そこには，北欧，モダン，そしてカントリーを基調とする具体的な生活の様式や場面を演出した約50のルームセットが設置されている。顧客はショールームを回遊しながら多彩なルームセットで品定めし，メモ用紙に選択した商品名と陳列番号を記入する。その後，

多様な生活雑貨を取り揃える広大な売り場，休憩できるカフェ，そしてゆっくりと食事できるレストランを経由し，在庫場所のセルフサービス・エリアへと導かれる。そこでメモした商品を自身で大型の棚から探り取り，カートでレジまで運搬して精算する。そして駐車場の積載スペースで自動車に荷物を積み込んで持ち帰り，自宅で組み立てる。すなわち，イケアの販売様式は，顧客がセルフサービスで購入し，自ら持ち帰って組み立てる「キャッシュ・アンド・キャリー（Cash and Carry）」の原則を取り入れているのである。

　イケアの店舗には，これまで従業員が担当していた役割を顧客に担わせるような仕組みが備わっている。そもそも通信販売業に端を発するイケアが常設展示場を設置したのは，商品に触れて吟味することができない顧客の要望に配慮したものであった（Torekull 1998, pp. 23-27；Rüdiger 2006, pp. 54-56）。店内のショールームに設置されるルームセットでは，自宅の日常生活におけるさまざまな場面が演出されている。このように見ると，イケアの提供物は北欧風の洗練されたデザインと実用性を兼ね備えた手ごろな価格の商品に限定されない。その店舗空間では実際の生活環境に照らし合わせて商品を吟味する機会を提供することによって，多様なニーズを持った顧客の意思決定や価値実現の手助けがなされている（Edvardsson and Enquist 2002, pp. 178-181；Edvardsson *et al.* 2005）。すなわち，こうした経験価値を提供することによって[1]，顧客が能動的に従業員の役割を担うように促されているのである。

┃3　国際展開：国境を越える創造的適応の取り組み

　イケアの国際展開は，創業して20年の歳月が経過した1963年にノルウェーのオスロに出店することから始まる。それは必ずしも積極的な動機によるものでなく，イケアの躍進に脅威を覚えた販売業者の組合や家具メーカーによる圧力が影響していた（Torekull 1998, pp. 43-50；Rüdiger, 2006 pp. 58-64）。当初は1969年にデンマークへと進出し，近隣のスカンジナビア地域で拡大を図った。そして1973年にスイス[2]，翌年にドイツに踏み入ることで西欧での拡大に挑んできた。さらには1976年にカナダと1985年にアメリカに矛先を向け，北米での拡大に挑戦した。1990年代に入ると中欧にも進出してきた。1990年にハンガ

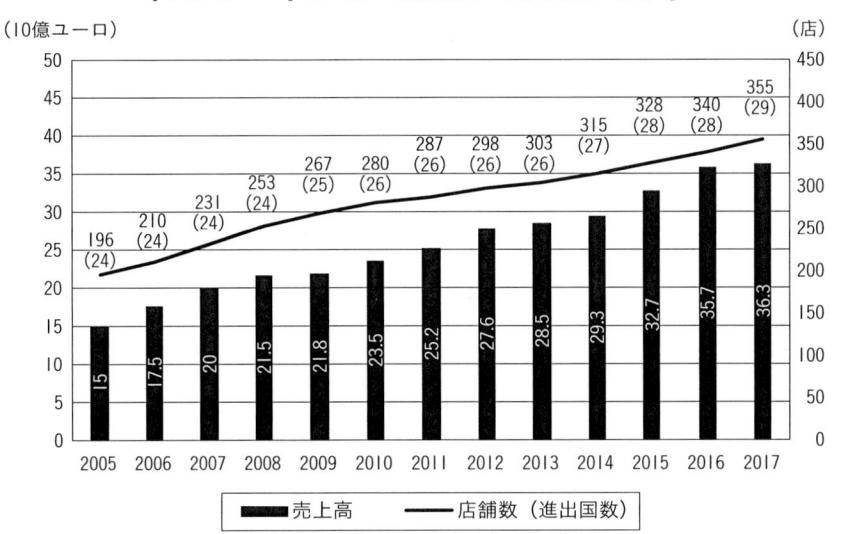

‖ **図表10－1** ‖ 売上高・店舗展開・進出国数の推移 ‖

注：イケアグループが展開する直営店の業績。
出所：IKEA（2005-2017）*Fact & Figure 2005-2008, Yearly Summary 2009-2017*より作成。

リー，その翌年にポーランドとチェコに進出している。その後は，アジア諸国にも攻勢をかけてきた。1994年に台湾に踏み入り，その経験を糧に1998年には中国へ進出した。それから2011年にタイ，2014年にインドネシアと韓国，そして2018年にインドへと進出を果たしてきた。2020年にはフィリピンに進出することを計画している。初めて国境を越えてから半世紀以上が経過する現在，29ヵ国で355の店舗を直営で展開し，363億ユーロもの売上高を誇る（**図表10－1参照**）。そして世界の小売業売上高ランキング（2017年度）では，第27位に位置している（Deloitte 2019, p. 27）。総売上高に占める国外部門の割合は95%以上を占めており，その存在基盤は完全に海外市場に立脚している（IKEA 2017a, p. 71）。

　このようにスウェーデンを象徴する多国籍企業となったイケアは，オランダに拠点を置くスティヒング・インカ財団（Stiching INGKA Foundation）に所有されている。当財団がインカ・ホールディングB. V.（INGKA Holding B. V.）を所有し，この会社がイケアを統括している。また，イケアのコンセプト，商標，フランチャイズ権については，同じくオランダに存在するインター・イ

│ 図表10－2 │ 組織構造の概略 │

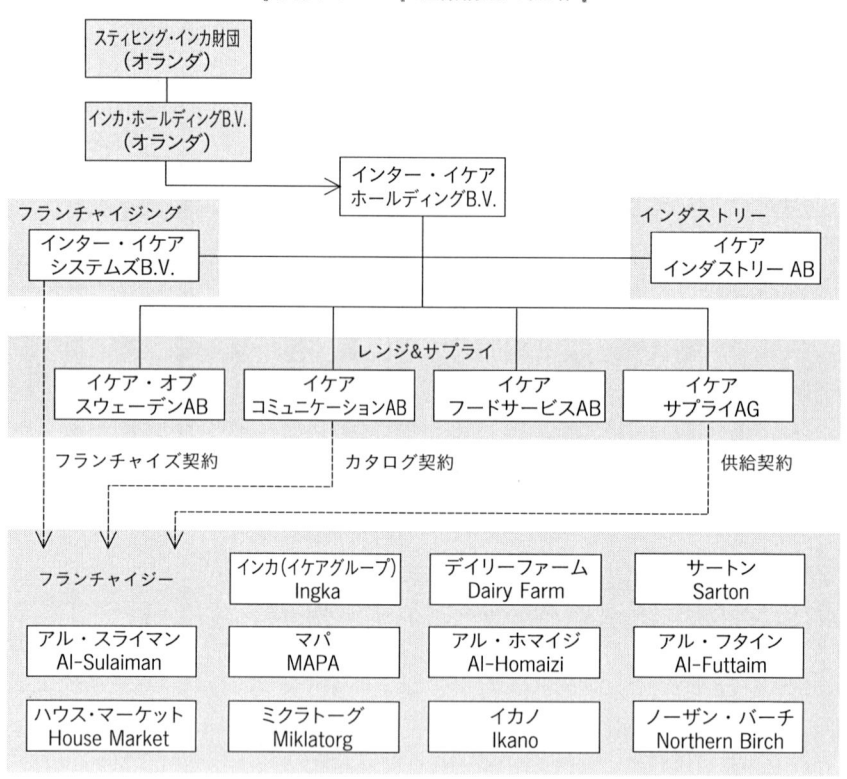

出所：IKEA（2017）*Inter IKEA Group Financial Summary FY17*, pp. 5-8とインター・イケアシステムB.V.のホーム
　　　ページ（https://inter.ikea.com/en/about-us/business-in-brief/）における情報より作成。

ケアシステムズB. V.（Inter IKEA Systems B. V.）によって所有されている
（**図表10－2**参照）。この複雑な組織構造は，イケアの独立と長期的な存続が模
索された結果であるといわれる。実際，それはイケアが非上場企業であること
から推察できるように，金融機関の横槍や株主の短期的な利益獲得要求を回避
し，四半期ごとの業績を意識することなく長期的な展望に立った経営の舵取り
が重視されてきた。例えば，それはカナダ進出に始まる北米市場で黒字転換す
るまでに22年もの歳月を耐え忍んだことや（Torekull 1998, p. 193），1998年に
進出した中国でも長期間に及んで黒字転換に至らない状況が続いたことを許容
してきたことからも窺える（Wei and Zou 2007, p. 1）。また，それは世界の多

国籍企業が敬遠し，財政危機が勃発して厳しい経済環境下にあったロシアへも果敢に進出してきたことにも表れている（Rüdiger 2006, pp. 143-144）。こうした長期的な展望に立った姿勢が功を奏し，新興経済諸国に布石を打つことで先発者の利益を獲得してきた。

(1)　先行研究におけるイケアの国際展開についての評価

イケアの国際展開については，いくつかの先行研究において評価されてきた。例えば，アラン・トレッドゴールド（Alan Treadgold）は，提供物の普遍的な訴求力に自信を持ち，広範な海外市場に急激な速度で拡張する「攻撃型」と評価した（Treadgold 1988, p. 11）。また，地理的に広範な海外市場に見られる同質的な嗜好を標的として一様に接近する「グローバル型」とも評価している（Treadgold 1990/91, pp. 23-26）。次いでウォルター J・サルモン（Walter J. Salmon）とアンドレ・トルディマン（André Tordjman）は，専門型業態を世界の同質的市場で画一的に店舗展開し，中央集権的な組織体制によって，設計，製造，流通の垂直的統合がなされる「グローバル戦略」を採用していると評価する（Salmon and Tordjman 1989, p. 4）。そしてエバート・ヘルフェリヒ（Evert Helfferich）らは，複数の大陸に広がる地理的領域に進出し，中央集権的な管理体制で進出各国の現地市場に備わる固有性への対応を最小限度に抑えて，世界規模の同質的市場を標的とする「グローバル小売企業」と評価している（Helfferich *et al.* 1997, pp. 302-303）。総じて，これらの先行研究はイケアを世界標準化を採用するグローバルな小売企業として評価しているようである。また，イケアの国際展開について最初に本格的な研究に取り組んだヨーテボリ大学のリタ・マーテンソン（Rita Mårtenson）も，同社を「購買，物流，そしてマーケティングについて戦略的に『規模の経済性』を追求するグローバル企業」（Mårtenson 1988, p. 25）と評価している。

小売企業の国際展開における世界標準化は，国境を越えてチェーンストア方式を展開することと認識されてきた（Salmon and Tordjman 1989, pp. 4-8；向山 1996, 59-62頁）。周知のように，チェーンストア方式の特徴は，本部機能と店舗機能を分離することにある。本部に，仕入れ，品揃え，そして価格設定にか

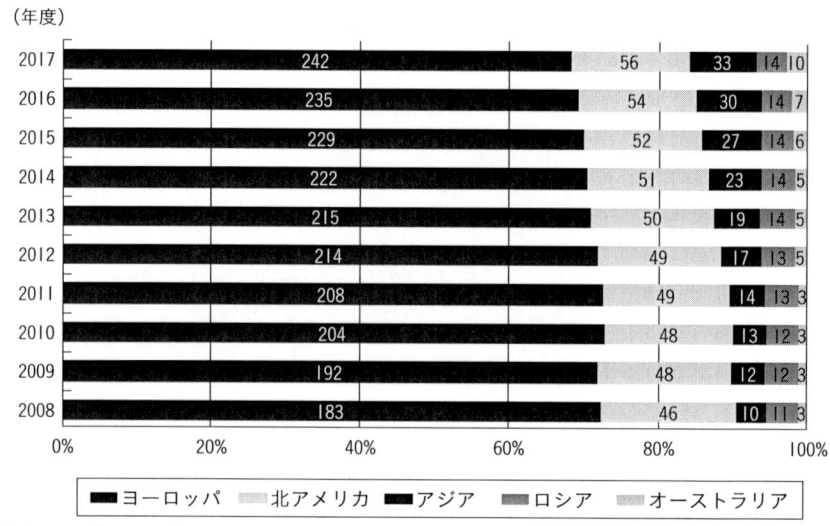

│ 図表10－3 │ 地域別店舗展開の推移（単位：店）│

凡例：■ヨーロッパ　▨北アメリカ　■アジア　▨ロシア　▨オーストラリア

出所：IKEA（2008-2017）*Fact & Figure 2008, Yearly Summary 2009-2017*より作成。

かわる権限を集中させる。そうすることによって商品調達で供給業者との交渉力を強化すると同時に，広範な市場で標準化されたマーケティングを実践することによってもたらされる効率性を享受することも可能になる。換言すれば，それは本部による集中仕入れと多数の店舗展開によって効率的な経営を追求するのである。さらには，広範な市場に点在する同質的需要に接近することを可能にすることによって，小売業の小規模分散性を克服するのである（佐藤 1971，91-104頁；Bucklin 1972，pp. 95-104；田村 2001，213-214頁）。

　このように整理してみると，イケアの国際展開は必ずしも地理的に近隣の同質的な市場から漸進的に拡張するのではなく，世界規模で広範に点在する同質的な市場に向けて同時多発的な出店が可能になると考えられる。しかし，イケアの取り組みは，必ずしもそのような展開を見せてこなかった。その国際展開は近隣の同質的市場に進出することから始まり，試行錯誤の取り組みの中で学習を積み重ねながら漸進的に拡張してきた。そして現在でも，その店舗展開や売上高の大部分がヨーロッパに集中している（**図表10－3・図表10－4**参照）。このような実態に即してイケアの国際展開を認識するのであれば，「グローバ

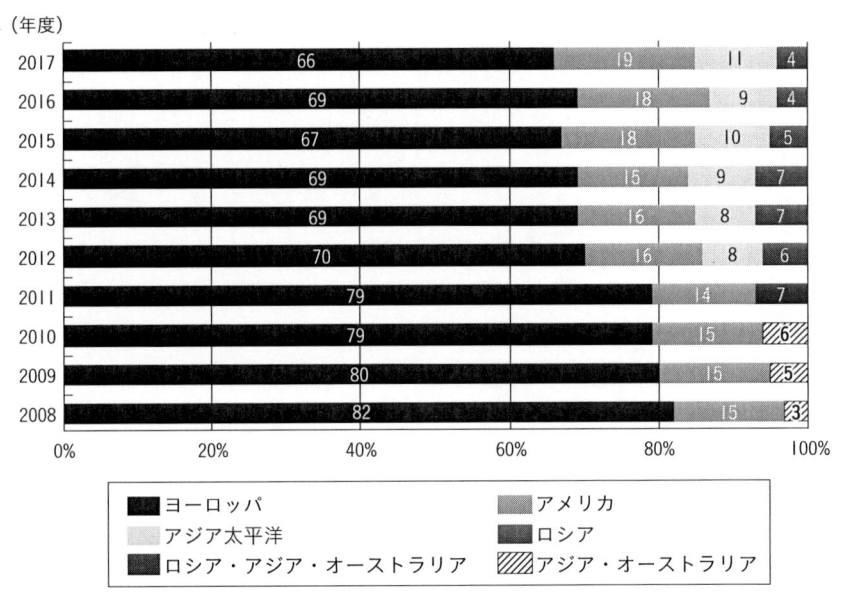

│ 図表10－4 │ 地域別売上高比の推移（単位：%）│

注：2012年度から集計の地域区分が変更されている。
出所：IKEA（2008-2017）*Fact & Figure 2008, Yearly Summary 2009-2017*より作成。

ル」というよりもヨーロッパという一部の地域で躍進する「リージョナル」な
小売企業としたほうが適切だろう（Rugman and Girod 2003；Rugman 2005, pp.
79-95）。また，イケアの国際展開には，さまざまな側面で現地適応化の取り組
みが認められる。イケアのように専門型業態を展開する場合であっても，現地
市場に根差した事業システムを構築することが最大の課題となるためである
（白石・鳥羽 2002, 58-62頁）。最初に，現地の消費者にどのような商品やサービ
スを提供するのか考えなければならない。また，そのためには商品の製造を委
託するメーカーや原材料の供給業者と密接な取引関係を構築することによって，
商品調達や物流の体制を整備することが主要な課題となる。以下では，イケア
の国境を越えるマーケティングを概観することにしよう。

(2)　進出国への参入様式

　イケアの国際展開は，その大部分が進出国に全額出資の現地子会社を設立する形で推進されてきた。こうした方法で国際展開を図るには，独自の実行可能性調査に労を要すると同時に，多大なる経営資源の投入が要求される。また，現地市場で地位を確立するためにも長期的な取り組みが要求される。しかし，現地市場で迅速な意思決定ができ，事業展開についても統制力を堅持することが可能となる。長期的展望に立脚した経営を重視すると同時に，コーポレートブランドやビジネスモデルを維持するためには現地子会社が取得した敷地に店舗を構えて運営する方法が適していた（Kling and Goteman 2003, p. 33）。なお，本国と地理的に距離があり，文化的に異質な市場，あるいは多大なる経営資源を投入するに及ばないと判断した市場へ進出するに際しては，フランチャイジングが採用されてきた（Laulajainen 2001, pp. 619-620）。それは情報の不確実性が高い市場に参入するに先立って，実験的に市場の可能性を探る手段としても評価された。複雑な法的要件や加盟者の統制に困難が伴うが，低コストで短期間に広範な市場に進出することを助ける。現在は，中東欧や東南アジアの新興経済諸国への進出に採用されており，世界規模でのブランド認知を強化する役割を担っている。

(3)　国境を越えるマーケティングの特徴

　以上で取り上げたように，イケアの国際展開は世界標準化に相当すると評価されてきた。しかし厳密には，スウェーデンで培ったマーケティングを完全に複製してきたわけではない。すべての進出国で学習を積み重ねながら適応的な取り組みを見せてきた。以下では，イケアの国境を越えるマーケティングを概観することにしよう。

　最初に，イケアの店舗においては，すべての進出国でスウェーデン語の名前を冠した同じ商品が販売されている。そうした意味では，世界標準化に相当する。しかし，イケアは進出各国の需要特性を軽視しているわけではない。これまでは，現地市場に応じた商品を提供する必要性に直面してきた。例えば，ア

メリカに進出した当初[3]，ベッドのサイズが現地で一般的な規格と異なっていたことが原因で消費者に受け入れられなかったことがある。ベッドが魅力的であっても，それに合うマットレスやシーツを容易に購入することができなかったからである。また，ヨーロッパ諸国で好評のキャビネットもアメリカのオーブンレンジや食洗器が収まらず，顧客を寄せ付けなかった。こうした経験を積み重ねた結果，主要な家具や台所用品のサイズについては現地適応化が図られるようになった（Dahlvig 2012, p. 71）。その他にも，オランダ人の好みに合わせて長いベッドを作り，イタリア人のために背の高いクローゼットを作り，さらにドイツ人の嗜好に応えて靴箱を作ったこともある（Jungbluth 2006, p. 216）。

　このような経験を重ねる中で，世界市場を意識した商品開発に取り組むようになった。しかし，それは進出各国で現地適応化を図るような取り組みではなかった。良質な商品を手ごろな価格で提供するために，取扱商品の世界標準化は堅持されている。しかし，その取り組みには，現地適応化の発想が備わっている。具体的には，世界中の多様な人々に受け入れられるように「デモクラティックデザイン（Democratic Design）」という理念の下，「形」「機能」「品質」「持続可能性」，そして「低価格」という側面からバランスの取れた商品開発に取り組まれている（IKEA 2016, p. 23）。実際にさまざまな国の家庭を年間1,000軒ほど訪問し，消費者がどのような暮らし方を求めているのか，あるいは日常生活でどのような悩みを抱えているのかを探ることから着手される。現地の生活や文化に触れることに着想を求めるのである。このような取り組みは，本国のスウェーデンで生活する人々のために開発された商品を国外で販売する世界標準化とは明らかに異なる。さらに，進出各国の店舗における品揃えやルームセットの提案については現地の生活様式や住居の特性に応じて現地化が図られている。およそ9,500種類の取扱商品の中から現地の需要特性に対応する品揃えの形成や暮らしの課題に対する解決策を提案するのである。

　次いで販売促進活動については，本部で一元管理されている。世界市場で確固たるブランド認知を確立するために，基本的には世界標準化で取り組まれている。ブランド・アイデンティティを維持するために，本部で策定されたガイドラインに沿った取り組みが要求される。イケアの販売促進活動においては，カタログの配布が最も重要な手段として位置づけられてきた。現在でも，宣伝

広告費の7割がカタログに費やされている。すべての進出国の言語に翻訳し、年間に約2億1,300万部を発行している（IKEA 2015, p. 13）。世界で最大の発行部数を誇る印刷物となるイケアのカタログはそれぞれの進出国における経験の長さや文化的事情に配慮して若干の調整が施されることがあるが、ほぼ同じ内容となっている[4]。ただ唯一の例外として、広大な市場の中国では、コスト上の制約から小冊子型のパンフレットを配布する現地適応化が見られる（Johansson and Thelander 2009, p. 210）。しかしながら、進出各国における広告活動については、国ごとに現地の代理店と提携して個別に取り組まれる。現地の伝統や文化に応じて柔軟なメディアの選択や自由な表現を用いることが許容されている（Mårtenson 1987, pp. 12-13；Kristoffersson 2014, p. 9）。したがって、すべての進出国で多様な広告が展開されている。

なかでも、イケアは進出各国で注目を集めるために挑発的な宣伝文句を謳うことで有名である。伝統的に樫の木の重厚な家具が好まれてきたドイツに進出した際には、「明るい色の木の素材で色鮮やかに暮らしましょう（Wir treiben's bunt mit hellem Holz）」と呼びかけた（Jungbluth 2006, p. 93）。1985年に進出したアメリカでは、「ここは大きな国だ。誰か（イケア）が家具を揃えないと（It's a Big Country. Someone's Got to Furnish It）」という自信に満ちた宣伝文句が注目を集めた。また、2009年にバラク・オバマ（Barack Obama）が大統領に就任した際には、彼の選挙運動に倣い「変革は家から始まる（Change Begins at Home）」とユーモアに溢れる広告を展開した。そしてイギリスでは、「（この国の家庭を象徴する）花柄のソファーやベッドなどの家具を処分しよう（Chuck Out Your Chintz）」や「イギリスっぽいのはやめよう（Stop Being So English）」と謳って注目を集めた（Kristoffersson 2014, p. 39）。しかし、イケアの取扱商品や販売様式に馴染みのない中国に進出した当初は、挑発的な文句を控えて「小さな変化が爽やかな新生活をもたらす（一点点改変・生活新呈現）」と柔らかな表現が用いられた（Johansson and Thelander 2009, p. 211）。

そして価格戦略についても、すべての進出国で手ごろな価格が追求されてきた。しかし、実際の価格設定については進出国によって異なっている。なぜなら、進出各国に商品を供給するに際しては関税や配送コストが影響すると同時に、具体的な価格設定は現地市場における競合企業の価格を基準に検討される

ためである。例えば，巨大な競合企業が存在するドイツに比べて，競合者が存在しないオーストリアでの価格は高く設定されていた。しかしオーストリアでの価格設定は，現地の伝統的な専門店と比べると低かった（Mårtenson 1981, pp. 430-435, 1987, p. 12, 1991, pp. 275-278）。すなわち，イケアの国際展開における価格設定は，現地市場で競合他社と比べた時の手ごろさを追求しているのである。なお，イケアは手ごろな価格を実現するために柔軟な取り組みを見せたことがある。進出当初の中国では，関税や輸送費に加え，類似商品を低価格で販売する現地企業が存在することから手ごろな価格を訴求することができなかった。そこで中国の現地子会社については，イケアインダストリー ABが統括する商品調達の主導権を付与して取扱商品のおよそ半分を中国国内で調達することによって低価格が追求されている（Fong 2006）。

　それから，店舗を構える立地条件についても世界標準化されてきたが，進出各国で適応的な取り組みが見られるようになった。例えば，郊外部での出店規制が強化されてきたイギリスでは，他国に先駆けて都心部で出店可能な小型店舗の開発に取り組んできた（Konzelmann *et al.* 2009, p. 131）。また，人口が大都市に集中し続けるドイツでは，都心の便利な立地条件に都市型店舗の開発が模索されている（Hultman *et al.* 2017, pp. 231-238）。さらに，自動車の普及率が低く，公共の交通機関も未成熟であった中国への参入に際しても，都心部の便利な立地条件や既存の商業施設に出店することで対応してきた（Miller 2004；Wei and Zou 2007；Johansson and Thelander 2009）。その他，未開拓市場に近いタイやマレーシアなどの東南アジアでは，大都市の郊外に通常の大型店を出店した直後に地方都市で出店費用を抑えた小型店を迅速に出店することで中間所得層の開拓に繋げようとしている（『日本経済新聞』2018年4月6日付）。あらゆる立地条件に出店が可能な小型店や都市型店は，郊外の大型店に対するショーウィンドーとしての役割を果たすことも期待されている。さらには，これまで店舗販売に重点を置いてきたが，電子商取引にも力を入れ始めた。現在，14ヵ国でオンラインストアを展開している。こうした取り組みを見せる中で，2016年には長期計画の目標に「マルチチャネル・ホームファニッシング・リテーラー（Multichannel Home Furnishing Retailer）」になることを掲げた（IKEA 2016, p. 27, 47）。このように新たな販売拠点を創造することによって，顧客に

｜ 図表10－5 ｜ 取引する供給業者数の推移 ｜

年　度	2005	2006	2007	2008	2009	2010	2011	2012	2013	2014	2015	2016	2017
供給業者数	1,300	1,300	1,350	1,380	1,220	1,074	1,026	1,084	1,046	1,002	978	978	970
取引国数	53	54	50	54	54	55	53	53	51	51	50	50	51

出所：IKEA（2005-2017）*Sustainability Report 2005-2017*より作成。

時間や場所の利便性を改善することに尽力してきた。

　最後に，商品調達の国際展開について見てみたい。イケアの国際展開は1961年に共産主義国であったポーランドに商品調達を求めたことに始まり，店舗展開よりも先行していた。国内の家具産業が独占的な状況にあったことに加え，イケアの初期展開における成功が競合者や家具メーカーの不当な圧力を招いたことが直接的なきっかけとなった（Mårtenson 1981, p. 268）。これが発展途上国の供給業者（契約工場）と相互依存の関係を構築する調達体制の原型となった。以上で述べたように，小売企業であるイケアは独自に商品開発に取り組む。しかし動態的な需要に対応するために，生産手段を保有せずに多くの供給業者と取引関係を構築することで商品調達を実現している[5]。現在，51ヵ国に拡散する970の供給業者から調達している（**図表10－5**参照）。その多くは，中国（29%），ポーランド（18%），イタリア（7%），リトアニア（7%），そしてスウェーデン（4%）から調達している（IKEA 2018, p. 36）。この商品調達や物流の実務については，スウェーデンに拠点を置くイケアインダストリー AB が統括している（**図表10－2**参照）。実質的な供給業者の開拓や通常業務は，18ヵ国に設置する31ヵ所のストア・ディストリビューション・サイトと13ヵ国に設置する26ヵ所のカスタマー・ディストリビューション・サイトが担っている（IKEA 2017a, p. 16）。前者が，世界各国で調達された商品の物流について指揮を執る。そして後者は，供給業者に技術教育やその他の支援を提供すると同時に，新たな供給業者の発掘を担っている。

▌4　日本展開：再挑戦の取り組み

　イケアの日本進出は，2002年6月にトミー・クルバーグ（Tommy Kullberg）が率いるイケア・ジャパン株式会社（以下，イケアと略称）を設立す

｜図表10－6｜イケア・ジャパン株式会社の店舗プロフィール｜

店　舗	イケアTokyo-Bay （第１号店）	イケア港北 （第２号店）	イケア神戸 （第３号店）	イケア鶴浜 （第４号店）	イケア新三郷 （第５号店）
立　地	千葉県船橋市	神奈川県横浜市	兵庫県神戸市	大阪府大阪市	埼玉県三郷市
開店日	2006年4月24日	2006年9月15日	2008年4月15日	2008年8月1日	2008年11月19日
敷地面積	42,500㎡	48,000㎡	43,700㎡	45,000㎡	57,177㎡
店舗面積	40,000㎡	40,000㎡	40,000㎡	40,000㎡	87,636㎡
売場面積	23,499㎡	25,024㎡	23,900㎡	23,500㎡	25,725㎡
取扱品目	約9,500品目	約9,500品目	約9,500品目	約9,500品目	約9,500品目
駐車台数	約1,300台（無料）	約2,000台（無料）	約2,000台（無料）	約2,000台（無料）	約2,500台（無料）
店舗構造	地上5階 （2層売場）	地上4階 （2層売場）	地上4階 （2層売場）	地上4階 （2層売場）	地上2階 （2層売場）
営業時間	（平日） 10:00～21:00 （土日・祝日） 9:00～21:00	（平日） 10:00～21:00 （土日・祝日） 9:00～21:00	（平日） 10:00～21:00 （土日・祝日） 9:00～21:00	（平日） 10:00～21:00 （土日・祝日） 9:00～21:00	（平日） 10:00～21:00 （土日・祝日） 9:00～21:00
店　舗	イケア福岡新宮 （第6号店）	イケア立川 （第7号店）	イケア仙台 （第8号店）	イケア長久手 （第9号店）	イケア原宿 （第10号店）
立　地	福岡県新宮町	東京都立川市	宮城県仙台市	愛知県長久手市	東京都渋谷区
開店日	2012年4月11日	2014年4月10日	2014年7月17日	2017年10月11日	2020年春予定
敷地面積	62,722㎡	26,000㎡	29,655㎡	48,129㎡	—
店舗面積	31,661㎡	40,000㎡	28,855㎡	31,191㎡	約2,500㎡
売場面積	20,442㎡	23,723㎡	16,723㎡	20,000㎡	—
取扱品目	約9,500品目	約9,500品目	約7,500品目	約9,500品目	—
駐車台数	約1,000台（無料）	1,500台（有料）	約700台（無料）	約1,450台（無料）	—
店舗構造	地上4階 （2層売場）	地上5階 （2層売場）	地上3・地下1階 （2層売場）	地上4・地下1階 （2層売場）	複合施設テナント （2層売場）
営業時間	（平日） 10:00～21:00 （土日・祝日） 9:00～21:00	（平日） 10:00～21:00 （土日・祝日） 9:00～21:00	（平日） 10:00～21:00 （土日・祝日） 10:00～21:00	（平日） 10:00～21:00 （土日・祝日） 9:00～21:00	—

注：この他にも小規模な仮設店を展開したことがある。宮城県で東日本大震災で被災した消費者の生活再建を支援することを目的として2011年9月26日に仙台ミニショップを開店した（2014年5月11日閉店）。また、多店舗展開を図るための方法として検討している小型店を実験する目的で熊本県で2015年10月23日にタッチポイント熊本を開店した（開店・2018年7月31日閉店）。
出所：イケア・ジャパンのホームページ，ニュース・リリース，新聞報道より作成。

ることで実現された。正確には1970年代に進出した経験があるので，2度目の挑戦となる[6]。日本の家具市場が閉鎖的で競争が少なく，先進諸国の中でも比較的に商品価格が高いことや日本人が器用でホームセンターのような業態が普及している状況に可能性が見出された[7]。日本市場における店舗展開は，2006

年4月に千葉県船橋市でイケア船橋（現イケアTokyo-Bay）を開店することで始まった。それから13年の歳月が過ぎた現在，東北から九州に及ぶ広範な市場で9店舗を展開している（**図表10-6参照**）。本節では，日本市場における取り組みを振り返り，イケアの国外市場における創造的適応の実際に目を向けることにしたい。

(1)　店舗展開：取扱商品と顧客サービス

イケアの国際展開は，すべての進出国で画一的な店舗を構え，まったく同じ商品を販売することに特徴づけられる。しかし以上で概観してきたように，日本市場における店舗展開についても完全に標準化されているわけでない。綿密な市場調査や試行錯誤を通じて学習しながら漸進的に日本市場における店舗展開を模索してきた。実際に，豊富な取扱商品の中から日本の需要特性に応じて，店舗単位で立地条件に適切な品揃えの形成が模索されている。また商品を展示するルームセットも本部のイケアコミュニケーションABで考案されたスタイルがすべての進出国で標準的に採用されるが，ある程度は現地適応化が許容される部分もある。いかにイケアの商品を日本の建築や生活様式で役立てることができるのかを探るために，店舗単位で周辺住宅を訪問して研究している（日経デザイン編 2015，128-143頁）。こうした取り組みを通じて，その他の国では見られない日本家屋の狭い間取りや押し入れのある畳敷き和室の収納や演出を提案したルームセットと日本のマンションや戸建ての間取りの全体を再現するホームセットを生み出してきた[8]。

上述したように，イケアは手ごろな価格を実現するためにセルフサービス方式による販売を基本としている。したがって，日本でもセルフサービス方式を浸透させるために，買い物方法を説明するリーフレットの配布や大型パネルの設置に取り組んできた。さらに日本市場では，高齢者や単身生活者の利便性を高めるサービスを提供してきた。来店客が買いたい家具を指定するだけで自宅まで届けるサービス，来店客と一緒に売り場を回りながら購入プランを提案するサービス，そして顧客の要望に応じて家具の配置やコーディネートを提案するインテリア相談サービスなどを導入してきた[9]。また，頻繁な買い替え需要

が期待できない中で，2017年からイケアで購入した不要な大型家具を下取りするサービスを開始した[10]。消費者が抱くゴミとして処分することへのためらいや面倒さを払拭することによって，買い替えに繋げようとしている。また翌年6月からは，乳児用家具の下取りサービスも開始した。短期間の利用に限定される商品を下取りし，子どもの成長に合わせて新たな商品が必要な消費者の負担を抑えることを目的としている。こうして下取りした家具については，修繕して店内のアウトレットコーナーで販売することによって環境問題にも配慮している。

　イケアの店舗展開は，郊外に大型の店舗を展開することを基本とする。しかし以上で概観したとおり，進出各国で新たな立地条件が模索されている。日本のように土地が限られる進出国においては，大型店を出店し続けることは難しい。また，「郊外立地」や「大型」の店舗は，少子高齢化が進み単身生活者が多い社会では不便となることもある。こうした課題に対応するために，イケアは2014年4月に日本で初の都市型店舗を東京都内に出店した。家賃が高く住居空間が狭い家で生活する都市の消費者を標的として，収納用品の売り場を既存店の2倍に広げ，電車で来店する顧客に配慮して配送サービスを充実させている。また実験的な取り組みとして，2015年10月から2018年7月にかけて熊本市で小型店を展開した[11]。標準的な店舗の1割程度の規模で，店頭には限定的な商品を取り扱い，残りはカタログを用いて通信販売した。原則として，在庫を持たない展示場の役割を果たした。さらに日本市場でネット通販が急激に拡大していることを踏まえて，2014年に福岡新宮店でインターネットを用いた通販サービスを導入してきた。それから仙台店や船橋店に導入し，2017年4月にはオンラインストアによる通信販売を開始した[12]。こうして日本市場においても，消費者の居住環境や生活様式に配慮し，大型店，小型店，そして通信販売（EC）によるマルチチャネル化を図ることであらゆる需要に接近しようとしている。

(2)　販売促進活動

　日本市場での販売促進活動についても，カタログの配布が基本的な手段とされている。すべての進出国で共通の内容となっているが，日本の生活様式を演

出する空間を紹介するページを設けるような取り組みを見せてきた。また，通常は店頭や店舗周辺の住宅地で無料配布されるが，多くの人が手軽に入手できるようにコンビニエンスストアや書店で500円分の割引クーポンを付けて350円で販売するような取り組みを見せたこともある[13]。また新たに出店するに際しては，ユニークな広告やイベントを仕掛けることで人々の関心を集めてきた。1号店を出店するに際しては，明治神宮外苑で日本独特の間取りとなる4畳半サイズで「アートの部屋」や「本好きの部屋」などの創造性に溢れたルームセットを展示するイベントを開催し，千葉県の新浦安駅に隣接するマンション一棟の全ベランダにイケアのロゴマークを記した布団を干すベランダジャックを実施した。また，イケアポートアイランド（現・イケア神戸）を出店するに際しては，神戸新交通と共同企画して三宮とポートアイランドを結ぶポートライナーをショールームに様変わりさせるなどの斬新な取り組みで人々の関心を集めてきた（北欧スタイル編集部編 2008，148-151頁；日経デザイン編 2015，146-155頁）。さらには，関東の地方テレビ局で部屋の演出方法などを紹介する番組の放映を通じた宣伝やプロシューマー[14]教育に取り組んだこともある。その他にも，現地の関連業界との連携は，極めてユニークな取り組みとなった[15]。例えば，住宅メーカーのスウェーデンハウスと提携し，イケアの家具類で演出したモデルハウスを公開することで潜在顧客に接近を図った。また，都市再生機構が運営する賃貸マンションにイケアがコーディネートとしたモデルルームを設置し，入居検討者に家具の選び方などをアドバイスするサービスを提供することで潜在顧客との接点を創造した。さらに，三井不動産レジデンシャルのマンションのモデルルームをイケアの家具や雑貨でコーディネートするような取り組みも見せた。このような関連業界と連携した販売促進活動は，日本市場に特有の取り組みといえる。

(3) 商品供給と物流の体制構築[16]

最後に，日本市場を基点とする商品調達については，中国の上海とマレーシアのクアラルンプールに設置した物流センターを経由して調達することから始まった。当初の日本国内での物流は，千葉県に設置した仮の物流センターが担

当した。しかし同時に，日本での店舗展開を見据えて，本格的な物流拠点を整備する準備が進められた。そして2006年に愛知県弥富市に土地を取得し，本格的な物流センターの建設に着手した。立地条件の選択については，関東地方と関西地方の中間に位置し，名古屋港や高速道路に隣接していることが評価された。そして2008年2月に国内店舗に向けての物流を専門に担うイケア・ディストリビューションサービス株式会社を設立し，2008年10月から稼働させてきた。それまでは，上海とクアラルンプールの物流センターを使っていたために発注してから国内の港に届くまで2週間を要していたものが1週間以内に短縮された。また顧客への配送については，佐川急便グループと業務提携するなどの取り組みを見せてきた。佐川急便が物流業務全般を請け負う形で物流体制の整備を支援している。さらには，関連業界と提携することで卸売業としての機能も果たしている。例えば，不動産業と提携し，イケアの家具が備え付けられた物件（部屋）の開発に繋げてきた。また，リフォームを手掛ける地域の工務店と提携し，リフォームに用いる設備や部品の供給にも繋げている。イケアの公式サイトで提携工務店を紹介し，工務店がイケアの店舗でリフォームの説明会を開催する機会も設けるなどの協働を図っている。こうした進出国における地域企業との連携は，世界的に見ても異例である。

5　おわりに

本章では，イケアの国境を越えるマーケティングを創造的適応という視点から見てきた。イケアは経営理念や業態コンセプトの世界標準化を基軸としながら，それを具現化するために進出各国の環境条件で現地適応化に挑戦してきた。すなわち，本国で構築してきた家具と生活雑貨を取り扱う専門型業態を進出各国で標準的に再現することを基本としながらも，それを具現化する過程で適応的な取り組みに挑戦してきたことを明らかにすることができた。こうした理解は，すべての進出国で画一的なマーケティングを図り，現地市場の固有性に過剰に適応行動を図らないと評価する先行研究とは必ずしも同じでない。イケアの競争優位は，その利害関係者と共創する組織能力に存在している。具体的には，世界規模の店舗展開，有能なデザイナーによる独創的な商品の企画開発，

さまざまな国に存在する供給業者からの商品調達，フラットパック（平箱包装）による物流や保管の効率化，そしてセルフサービス方式による販売によって，良質な商品を手ごろな価格で提供する事業システムに宿っている。本章では，イケアの国際展開が縦横に拡張する有機的なネットワークを形成することによって推進されてきたことを確認してきた。

　最初に，イケアの革新性が川上の供給業者と川下の顧客を取り込む垂直的統合によって構築される事業システムに具現化されていることについて整理しよう（Normann and Ramirez 1993）。川上との関係では，世界各国に分散する複数の契約工場から低価格で良質な商品の安定供給を受ける一方，それらに対しては技術教育や機械設備のリース供与に併せて資金調達に支援を提供する。こうして供給業者と共存共栄を志向する取引関係を構築することによって，効率的かつ効果的な商品調達を実現してきた[17]。そして川下との関係では，徹底的なセルフサービス方式に加えて，商品の配送や組み立ての労を担って貰うことにで北欧風の洗練されたデザインと実用性を兼ね備えた家具と生活雑貨を手ごろな価格で提供してきた。実際に，多くの顧客が自身で商品のピックアップ，配送，そして組み立ての役割を担う。ショールームのルームセットで日常の生活環境に照らし合わせて商品を吟味する機会を提供することによって，顧客の価値実現や意思決定の手助けがなされている。すなわち，こうした経験価値を提供することで顧客が従業員の役割を担うように促されている。イケアの垂直的統合は，川上の供給業者を顧客へ，そして川下の顧客をパートナーへと転換させることによって価値創造を実現しているのである。

　次いでイケアの垂直的統合は，水平的統合と補完関係にあることについて整理したい。以上で見てきたように，イケアは49ヵ国もの市場で403の店舗を展開している（IKEA 2018, p. 4）。ここでの水平的統合とは本国から国境を越えて広範な市場でチェーン・オペレーションを展開している状態を意味するが，それは冒頭で紹介した経営理念を軸に実際の事業展開を掌る知識や技術を本社と進出各国の現地会社との間で共有する文化や体制を育むことによって実現されている（Jonsson and Elg 2006；Jonsson 2008, 2010）。業態コンセプトの世界標準化が効率的な店舗展開を促進し，その結果として大量販売が実現される。さらには，多店舗展開が商品調達や物流に効率性をもたらす。すなわち，垂直

的統合と水平的統合は相互依存の関係にあるのである。なお，イケアの国境を越えるマーケティングは，完全に世界標準化されたものではない。基本的には標準化された枠の中で，適応的な取り組みを許容することによって効果的なマーケティングが追求されている。このように見てみると，イケアの水平的統合は，世界標準化の効率と現地適応化の効果を同時に追求しているものと評価することができる（Johansson and Thelander 2009；Jonsson and Foss 2011；Burt *et al.* 2011, Burt *et al.* 2016：Vahlne and Jonsson 2017）。

　イケアの国境を越えるマーケティングは，先行研究が指摘するように世界標準化によって推進されてきたものと評価することができる。しかし，それは本国で構築してきた経営理念や業態コンセプトを単純に複製するものではなかった。現地市場の文脈において，それらを再現しようとするところに適応的かつ創造的な取り組みが見られた。すなわち，現地市場で経営理念や業態コンセプトを再現する試行錯誤の過程で創造的な取り組みが図られてきたのである。品揃えの形成，ルームセットにおける商品の提案，顧客サービス，商品の価格設定，店舗の立地条件，そして販売促進活動のすべての側面において，現地市場の文脈で価値を実現しようとする取り組みが見られた。そもそも，世界標準化は本国で構築してきた手法を盲目的に複製することであってはならない。なぜなら，そうした姿勢が国際展開の原動力となる強みを反故にすることがあるためである。また現地適応化についても，単純に現地市場の特徴や要求に受動的な対応を図ることであってはならない。それが国際展開の原動力となった強みを放棄することに繋がる場合があるためである。すなわち，本国で構築してきた強みを現地市場の文脈で再現するような視点や取り組みが要求されるのである。世界標準化や現地適応化の視点は，マーケティングに取り組む主体の意識が本国市場に立脚している。すなわち，それは本国を基点に進出国でのマーケティングについて考えることに特徴づけられる。しかし改めていうまでもないが，マーケティングの課題は市場と真剣に向き合うことに集約される。したがって，マーケティングについて「国際」や「グローバル」といった形容詞を冠して考えることは余計なことなのかもしれない。創造的適応の視点は，進出各国に立脚して世界標準化と現地適応化を融合させながら現地市場と向き合うことを助ける。

■付記

本研究は，JSPS科研費18K01900の助成を受けた研究成果の一部である。

■注

(1) 今日のように製品やサービスで差別化を図ることが困難な社会に存在する企業は，消費者がそれらを購入して使用する過程で心地良さや感動といった「経験価値」を提供することが重要な課題になると論じられている（Pine Ⅱ and Gilmore 1998, 2000）。こうした動きの中で，あらゆる企業のマーケティング活動についても，消費者に「感覚的経験価値」「情緒的経験価値」「創造的・認知的経験価値」「肉体的経験価値とライフスタイル全般」，そして「準拠集団や文化との関連づけ」を訴求することの重要性が唱えられている（Schmitt 1999）。

(2) 当時のスイスには，百貨店のグローブス（Globus）やスーパーマーケットのミグロ（Miglos）といった強力な競合企業が存在していた。イケアにとってヨーロッパで最も厳しい市場であったが，「スイスで成功できなければ，他国でも成功できない」という積極的な動機で進出した（IKEA 1984, pp. 68-74）。

(3) アメリカにおける経験は，いくつかの先行研究で紹介されている（Torekull 1998, p. 196；Magidson and Brandyberry 2001；Moon 2004；Jungbluth 2006, pp. 121-122）。

(4) カタログの作成に際して，現地で信仰される宗教の戒律に配慮したことで逆に非難された経験がある。2013年に発行したサウジアラビア用のカタログにおける写真から女性の姿を削除したことが，男女平等の精神に反すると本国のスウェーデンで問題視された（Kristoffersson 2014, p. 101）。

(5) しかし，商品調達における緊急の必要性や最低限度の安定性を確保するために，1991年4月にスウェーデンの木材加工会社を買収して製造を担当する子会社のスウェッドウッド（Swedwood）を設立した（Jungbluth 2006, pp. 127-128）。この動きには，供給業者の立場を理解しようとする積極的な目的もあった。なお，現在はイケアインダストリーABと改名されている（図表10－2参照）。41の工場を所有し，商品の10～12%を生産している（IKEA 2017b, pp. 8-9）。

(6) イケアは1974年に日本市場に進出したことがある。輸入家具の販売を手掛けていた湯川美術品との合弁でイケア・ジャパンを設立したが，1983年に撤退した。イングヴァル・カンプラードは「当時は我々自身に経験が乏しく，失敗した。物流システムや倉庫などのインフラも十分整っていなかった」（『日経流通新聞』2006年11月6日付）と振り返る。また，トミー・クルバーグは「当時のイケアはまだ小さく，スウェーデン，ノルウェー，スイスに出ているだけ。日本で成功するには消費者心理を勉強する必要がありますが，不足していたようです。合弁相手から『日本向け商品を』という声も出ましたが，応えられませんでした。日本の消費者に組み立て家具の持ち帰りという販売形式が馴染んでいなかった」（『日経流通新聞』2006年4月17日付）と述べている。この時の日本進出は，貿易部の無計画な思い付きで踏み切られた。日本市場での取扱商品や価格設定の意思決定は，日本のパートナー側に委ねられた。その結果，ショッピングモールの一角で限定的な商品が高価格で販売されることになり，イケアの経営理念を実践することができなかったという（Vahlne and Jonsson 2017, p. 65）。

(7) 再進出に際しての日本市場の評価については，トミー・クルバーグの新聞報道におけるコメントを整理した（『日経流通新聞』2002年6月13日付，2006年4月17日付，2006年6月26日付）。

(8) 日本市場での創造的なルームセットやホームセットの提案については，新聞報道を整理した（『日本経済新聞』2008年11月20日付，2011年10月13日付；『日経流通新聞』2011年11月16日付，2011年12月16日付，2012年8月6日付，2014年5月26日付）

(9)　日本市場での新たな顧客サービスの導入については，新聞報道を整理した（『日経流通新聞』2010年6月9日付，2011年8月5日付；『日本経済新聞』2011年7月30日付）。

(10)　日本市場での下取りサービスの導入については，新聞報道を参照した（『日本経済新聞』2017年1月18日付，2018年5月31日付；『日経流通新聞』2019年2月11日付）。

(11)　熊本県での小型店の展開については，新聞報道を参照した（『日本経済新聞』2015年8月27日付，2015年8月27日付；『日経流通新聞』2015年10月30日付）。

(12)　日本市場でのオンラインストアの導入については，新聞報道を参照した（『日経流通新聞』2016年5月9日付；『日本経済新聞』2017年2月24日付）。

(13)　カタログの販売は，2009年に始まり2015年に終了している。日本市場でのカタログについては，新聞報道を参照した（『日本経済新聞』2009年8月1日付；『日経流通新聞』2011年10月17日付）。

(14)　プロシューマー（prosumer）とは，未来学者のアルビン・トフラー（Alvin Toffler）がその著書『第三の波』で提示した概念であり，生産者（producer）と消費者（consumer）を組み合わせた造語である。イケアのいうプロシューマーとは，生産活動や販売活動に積極的に参加することで健全な日常生活を追求する能動的な消費者を意味している。

(15)　日本市場における関連業界とのネットワーク構築については，新聞報道を参照した（『日経産業新聞』2012年1月17日付；『日経流通新聞』2013年1月30日付，2013年12月13日付）。

(16)　日本市場における商品供給と物流の体制構築については，新聞報道を参照した（『日経流通新聞』2008年4月13日付，2008年10月8日付，2012年11月19日付，2013年1月11日付）。

(17)　イケアの国際的な商品調達における社会問題への対応については，鳥羽（2016）を参照されたい。

■参考文献

【日本語文献（五十音順）】

荒川祐吉（1970）「マーケティング・サイエンスの系譜」『国民経済雑誌』121(2)，神戸大学経済経営学会，1-20頁。

佐藤　肇（1971）『流通産業革命：近代商業百年に学ぶ』有斐閣。

白石善章・鳥羽達郎（2002）「小売技術の海外移転に関する一考察(2)：比較流通論の分析視角より」『流通科学大学論集（流通・経営編）』14(3)，流通科学大学学術研究会，53-65頁。

田村正紀（2001）『流通原理』千倉書房。

鳥羽達郎（2010）「国境を越える小売企業の事業システム：世界標準化と現地適応化を止揚するイケアの創造的適応」『流通』(25)，日本流通学会，1-16頁。

鳥羽達郎（2013）「製造小売業の新展開：商品調達における共通価値の創造」大石芳裕・山口夕妃子編『グローバル・マーケティングの新展開』白桃書房，143-168頁。

鳥羽達郎（2016）「小売企業の商品調達と社会的責任：イケアの商品調達と共通価値の創造に関する事例研究」『流通』(38)，日本流通学会，47-56頁。

鳥羽達郎（2017）「アジア流通の分析視座」柳　純・鳥羽達郎編『日系小売企業のアジア展開：東アジアと東南アジアの小売動態』中央経済社，21-40頁。

日経デザイン編（2015）『「買わずにいられない！」イケアのデザイン』日経BP社。

北欧スタイル編集部編（2008）『IKEAのすべてがわかる本』枻出版社。

三浦　信（1968）「流通企業のマーケティング」三浦　信・菅原正博共著『マーチャンダイジング・マネジメント』千倉書房，1-10頁。

三浦　信（1971）『マーケティングの構造』ミネルヴァ書房。

向山雅夫（1996）『ピュア・グローバルへの着地：もの作りの深化プロセス探求』千倉書房。

【外国語文献（アルファベット順）】

Bucklin, L. (1972) *Competition and Evolution in the Distributive Trades*, Prentice Hall.

Burt, S., Johansson, U. and Thelander, Å. (2011) "Standardized Marketing Strategies in Retailing? IKEA's Marketing Strategies in Sweden, the UK and China," *Journal of Retailing and Consumer Services*, 18 (3), pp. 183-193.

Burt, S., Johansson, U. and Dawson, J. (2016) "International Retailing as Embedded Business Models," *Journal of Economic Geography*, 16 (3), pp. 715-747.

Dahlvig, A. (2012) *The IKEA Edge: Building Global Growth and Social Good at the World's Most Iconic Home Store*, The McGraw-Hill Companies.〔志村未帆訳（2012）『IKEAモデル：なぜ世界に進出できたのか』集英社〕

Deloitte (2019) *Global Powers of Retailing 2019*, Deloitte Tohmatsu Limited.

Edvardsson, B. and Enquist, B. (2002) "'The IKEA Saga': How Service Culture Drives Service Strategy," *The Service Industries Journal*, 22 (4), pp. 153-186.

Edvardsson, B., Enquist, B. and Johnston, R. (2005) "Cocreating Customer Value Through Hyperreality in the Prepurchase Service Experience," *Journal of Service Research*, 8 (2), pp. 149-161.

Fong, M. (2006) "Ikea Hits Home in China: The Swedish Design Giant, Unlike Other Retailers, Slashes Prices for the Chinese," *The Wall Street Journal*, March 2.

Helfferich, E., Hinfelaar, M. and Kasper, H. (1997) "Towards a Clear Terminology on International Retailing," *The International Review of Retail, Distribution and Consumer Research*, 7 (3), pp. 287-307.

Howard, J.A. (1957) *Marketing Management: Analysis and Decision*, R. D. Irwin.〔田島義博訳（1960）『経営者のためのマーケティングマネジメント：その分析と決定』建帛社〕

Hultman, J., Johansson, U., Wispeler, A. and Wolf, L. (2017) "Exploring Store Format Development and Its Influence on Store Image and Store Clientele: The Case of IKEA's Development of An Inner-City Store Format," *The International Review of Retail, Distribution and Consumer Research*, 27 (3), pp. 227-240.

IKEA (1984) *The Future is Filled with Opportunities*, Inter-IKEA.

IKEA (2014) *IKEA Group Sustainability FY14*, Inter IKEA Systems B. V.

IKEA (2015) *Yearly Summary FY15*, INGKA Holding B. V.

IKEA (2016) *Yearly Summary FY16*, INGKA Holding B. V.

IKEA (2017a) *Yearly Summary FY17*, INGKA Holding B. V.

IKEA (2017b) *Inter IKEA Group Financial Summary FY17*, INGKA Holding B. V.

IKEA (2018) *Inter IKEA Sustainability Summary Report FY17*, INGKA Holding B. V.

Johansson, U. and Thelander, Å. (2009) "A Standardized Approach to the World? IKEA in China," *International Journal of Quality and Service Sciences*, 1 (2), pp. 199-219.

Jonsson, A. (2008) "A Transnational Perspective on Knowledge Sharing: Lessons Learned from IKEA's Entry into Russia, China and Japan," *The International Review of Retail, Distribution and Consumer Research*, 18 (1), pp. 17-44.

Jonsson, A. (2010) "Bringing in Knowing in Practice: The Paradox of Sharing and Using Best

Practices the IKEA-World," in Jordan, J. and Mitterhofer, H. (eds.) *Beyond Knowledge Management-Sociomaterial and Sociocultural Perspectives within Management Research*, Innsbruck University Press, pp. 37-56.

Jonsson, A. and Elg, U. (2006) "Knowledge and Knowledge Sharing in Retail Internationalization: IKEA's Entry into Russia," *The International Review of Retail, Distribution and Consumer Research*, 16 (2), pp. 239-256.

Jonsson, A. and Foss, N. J. (2011) "International Expansion through Flexible Replication: Learning from the Internationalization Experience of IKEA," *Journal of International Business Studies*, 42 (9), pp. 1079-1102.

Jungbluth, R. (2006) *Die 11 Geheimnisse des IKEA-Erfolgs*, Campus Verlag GmbH. 〔瀬野文教訳 (2006)『IKEA超巨大小売業, 成功の秘訣』日本経済新聞出版社〕

Kling, K and Goteman, I. (2003) "IKEA CEO Anders Dahlving on International Growth and IKEA's Unique Corporate Culture and Brand Identity," *Academy of Management Executive*, 17 (1), pp. 31-37.

Konzelmann, S., Wilkinson, F., Craypo, C. and Aridi, R. (2009) "The Export of Varieties of Capitalism: The Cases of Wal-Mart and IKEA," in Elsner, W. and Hanappi, H. (eds.) *Varieties of Capitalism and New Institutional Deals*, Edward Elgar Publishing, pp. 123-150.

Kristoffersson, S. (2014) *Design by IKEA: A Cultural History*, Bloomsbury. 〔太田美幸訳 (2015)『イケアとスウェーデン：福祉国家イメージの文化史』新評論〕

Laulajainen, R. (1991) "Two Retailer Go Global: The Geographical Dimension," *The International Review of Retail, Distribution and Consumer Research*, 1 (5), pp. 607-626.

Lazer, W. and Kelley, E. J. (1961) "The Retailing Mix: Planning and Management," *Journal of Retailing*, 37 (1), pp. 34-41.

Magidson, J. and Brandyberry, G. (2001) "Putting Customers in the 'Wish Mode'," *Harvard Business Review*, 7 (8), p. 26, 28. 〔ダイヤモンド社編集部訳 (2004)「イケア：顧客とのコラボレーション」『Diamondハーバード・ビジネス・レビュー』29 (6), ダイヤモンド社, 114-116頁〕

Mårtenson, R. (1981) *Innovations in Multinational Retailing: IKEA on the Swedish, Swiss, German, and Austrian Furniture Markets*, Gothenburg.

Mårtenson, R. (1987) "Is Standardization of Marketing Feasible in Cultural Bound Industries?: A European Case Study," *International Marketing Review*, 3 (3), pp. 7-17.

Mårtenson, R. (1988) "Cross-Cultural Similarities and Differences in Multinational Retailing," in Kaynak, E. (ed.) *Transnational Retailing*, deGruyter, pp. 21-32.

Mårtenson, R. (1991) "Pricing Decisions in Global Marketing," in Kaynak, E. (ed.) *Sociopolitical Aspects of International Marketing*, The Haworth Press, pp. 257-279.

Miller, P. M. (2004) "IKEA with Chinese Characteristics," *The China Business Review*, July-August, pp. 36-38.

Moon, Y. (2004) "IKEA Invades America," Harvard Business School Case, 504094, Harvard Business School Publishing, pp. 1-13.

Normann, R. and Ramirez, R. (1993) "From Value Chain to Value Constellation: Designing Interactive Strategy," *Harvard Business Review*, 71 (4), pp. 65-77. 〔田村明比古訳 (1993)「価値付加型から価値創造型企業への変革：企業, 顧客, サプライヤーとつくる相互啓発戦略」『Diamondハーバード・ビジネス・レビュー』18 (6), ダイヤモンド社, 4-21頁〕

Pine II, B. J. and Gilmore, J. H. (1998) "Welcome to the Experience Economy," *Harvard Business Review*, 76 (4), pp.97-105. 〔飯岡美紀訳 (1999)「経験価値の創造をビジネスにする法：サービス経済の成熟がもたらす新しい経済の台頭」『Diamondハーバード・ビジネス』24 (1),

ダイヤモンド社，9-20頁〕

Pine II, B. J. and Gilmore, J. H.（2000）*The Experience Economy: Work Is Theatre & Every business a Stage*, Harvard Business School Press.〔電通「経験経済」研究会訳（2000）『経験経済：エクスペリエンス・エコノミー』流通科学大学出版会〕

Rüdiger, J.（2006）*Die 11 Geheimnisse des IKEA-Erfolgs*, Cambus Verlag.〔瀬野文教訳（2007）『IKEA超巨大小売業，成功の秘訣』日本経済新聞出版社〕

Rugman, A. M.（2005）*The Regional Multinationals: MNEs and "Global" Strategies Management*, Cambridge.

Rugman, A. M. and Girod, S.（2003）"Retail Multinationals and Globalization: The Evidence is Regional," *European Management Journal*, 21 (1), pp. 24-37.

Salmon, W. J. and Tordjman, A.（1989）"The Internationalisation of Retailing," *International Journal of Retailing*, 4 (2), pp. 3-16.

Schmitt, B. H.（1999）*Experiential Marketing: How to Get Customers to Sense, Feel, Think, Act, and Relate to Your Company and Brands*, The Free Press.〔嶋村和恵・広瀬盛一訳（2000）『経験価値マーケティング：消費者が「何か」を感じるプラスαの魅力』ダイヤモンド社〕

Torekull, B.（1998）*Leading by Design: The IKEA Story*, Harper Business.〔楠野透子訳（2008）『イケアの挑戦：創業者（イングヴァル・カンプラード）は語る』ノルディック出版〕

Treadgold, A.（1988）"Retailing without Frontier: The Emergence of Transnational Retailers," *Retail and Distribution Management*, 16 (6), pp. 8-12.

Treadgold, A.（1990/91）"The Emerging Internationalisation of Retailing: Present Status and Future Challenges," *Irish Marketing Review*, 5 (2), pp. 11-27.

Vahlne, J. and Jonsson, A.（2017）"Ambidexterity as a Dynamic Capability in the Globalization of the Multinational Business Enterprise（MBE）: Case Studies of AB Volvo and IKEA," *International Business Review*, 26 (1), pp. 57-70.

Wei, L. Q. and Zou, X.（2007）"IKEA in China: Facing Dilemmas in an Emerging Economy," *Asian Case Research Journal*, 11 (1), pp. 1-21.

（鳥羽　達郎）

第11章

インディテックス
―世界市場で躍進するファストファッションの雄

┃ 1 はじめに

　グローバリゼーションを認識する視点には，情報化社会の進展に伴う収縮した世界観が存在している。世界中のあらゆる出来事が瞬時に個人的な体験として受け止められるようになり，地球単位の共同社会が構築されたものと認識された[1]。情報化社会の進展は，ファッション業界にも影響を及ぼしてきた。最先端の流行を瞬時に察知することが可能となり，世界中の消費者が流行に敏感となった。こうして同質的な嗜好を持つ消費者層が生み出される中で，カジュアル衣料を提供するアパレル小売企業の世界的な展開が加速化してきた。その先陣を切ったベネトン（Benetton）やギャップ（GAP Inc.）は，ベーシックなカジュアル衣料の大量生産と低価格販売を可能とする事業システムを構築することで成功を収めてきた。流行に左右されないデザインで商品の陳腐化を回避し，標的を特定の顧客層に限定しないことで広範な市場に接近してきた。

　しかし消費社会が成熟する中で人々の嗜好やライフスタイルが多様化し，そうしたカジュアル衣料は個性を追求する消費者の要求に応えることが難しくなった。また，高級ブランドに固執せずに，身の丈に合ったファッションを享受しようとする消費者も増加している。こうした状況の中で，最新の流行を取り込みながら人々の多彩な嗜好に応えるカジュアル衣料として，ファストファッションが台頭した。日本では，2009年に流行語となるほどの社会現象となった（日経MJ編 2009, 24-30頁）。スペインのインディテックス（Inditex），

スウェーデンのヘネス・アンド・マウリッツ（Hennes & Mauritz），そしてアメリカのフォーエバー21（Forever 21）などは，それを象徴する存在といえる。本章では，その開拓者となるスペインのインディテックスが構築してきたファストファッションのビジネスモデルと事業システムに備わる革新性を明らかにした上で，それをどのように世界規模の事業展開に反映させてきたのかについて明らかにすることを目的としている。

▌2　国内展開[2]：ファストファッションを生み出す事業システムの構築

　インディテックスの起源は，1963年にアマンシオ・オルテガ・ガオナ（Amancio Ortega Gaona）が婦人向けの部屋着や下着を生産する小さな工房のコンフェクシオネス・ゴア（Confecciones GOA）を開業した時に遡る。それから12年後の1975年にスペインの北西部に位置するガリシア州ア・コールニャにザラ（ZARA）の1号店が開店された。ドイツの卸売企業から下着の大口注文が突然取り消される事態に直面し，行き先を失った大量の商品を販売するための窓口として誕生した（Ferdows *et al.* 2004, p. 104）。この不運な事態への前向きな対応が，世界最大のアパレル製造小売業へと進化する契機となった。1980年代に国内の主要都市に店舗網を拡大し，1985年にはザラと工房の持ち株会社としてインディテックスを設立した。

　それからザラを躍進させる中であらゆる嗜好への対応を模索し，多様なコンセプトを備えた7つのブランドを漸進的に生み出してきた。1991年に若者にベーシックファッションを提供する「プル&ベア（Pull&Bear）」と伝統的なスタイルで高品質の商品を手ごろな価格で提供する「マッシモ・ドゥッティ（Massimo Dutti）」を誕生させた。次いで1998年には10代から20代の若い女性に低価格で流行のファッションを提供する「ベルシュカ（Bershka）」，翌年に20代から30代の大人の女性に最先端のファッションを提供する「ストラディバリウス（Stradivarius）」を生み出した。さらに2001年にランジェリー専門店の「オイショ（Oysho）」，2003年に家具や生活雑貨を提供する「ザラホーム（Zara Home）」，そして2008年に洗練されたアクセサリーを訴求する「ウテルケ（Uterqüe）」を誕生させてきた。現在（2017年度末），ザラを筆頭に8つのブラ

ンドを冠する7,475もの店舗を擁し（Inditex 2018, pp. 12-13），アパレル小売業界で世界最大規模の売上高を誇る（Deloitte 2019, p. 13）。

(1)　ファストファッションのビジネスモデル

　ザラを筆頭にインディテックスが擁するブランドのビジネスモデルは，総じて「ファストファッション（Fast Fashion）」と称される。一般的には，最新の流行をデザインに反映させながら最低限度の品質を保証し，手ごろな価格で提供される衣料品（装飾品や化粧品などを含める場合もある）を指す。日本の辞典類で初めてこの用語を掲載した『現代用語の基礎知識』では，「ファストフードのように，流行を素早く取り入れ，おしゃれなものを安く提供するブランド，その商品」（自由国民社編 2008, 1380頁）と定義されている[3]。ベーシックファッションが商品の陳腐化を回避する一方で，ファストファッションは商品の陳腐化と積極的に向き合うビジネスモデルと評価することができる。

　もとは欧米のファッション業界で用いられていた言葉といわれるが，この用語の「ファスト」という接頭語には，最先端の流行を的確に察知し，それを商品企画から店頭販売に至る垂直的過程に首尾よく反映させるという意味合いが備わる[4]。矢継ぎ早に新商品を投入し，売り切れ御免の方式で消費者の購買意欲を喚起して短期間で売り尽くす。たとえ特定の商品に人気があったとしても，あえて同一商品の追加生産を控えることで商品の回転率を高める。その結果，店頭には常に新商品が並び，消費者の来店や購買の頻度を高めることが期待される。こうして大量生産に要する在庫管理や在庫処分に伴う値下げ販売を回避することによって，最先端の流行を捉えた衣料品を手ごろな価格で販売することを可能にしている。

　この「ファストファッション」という用語については，欧米の学者によっていくつかの定義づけが試みられている。例えば，リッツ・バーンズ（Liz Barnes）とゲイナー・リー・グリーンウッド（Gaynor Lea-Greenwood）によれば，「消費者の需要を最高のタイミングで充足させるために，商品調達に要する過程や新商品を店頭に陳列するまでの所要時間の短縮を図る事業戦略」（Barnes and Lea-Greenwood 2006, p. 259）と定義されている。また，サンウン・

ビョン（Sang-Eun Byun）とブレンダ・スターンクィスト（Brenda Stern-quist）によれば，「短期的な周期で連続的に商品を刷新し，在庫を高速回転させることで最先端の流行に対応するマーケティングの接近法」（Byun and Sternquist 2008, p. 145）と定義されている。いずれも，最新の流行に機動的な対応を図る商品調達に着目しているという点で共通している。その論理は，「希少性の創造」と「過剰在庫の抑制」に集約される。

　なお，一口にファストファッションといっても，その取り組みには多様な接近法が存在している。本章で取り上げるインディテックスでは一定の生産機能を社内に包摂し，商品の企画から販売までを首尾よく統制する。一方へネス・アンド・マウリッツは，商品企画に取り組むが生産機能を保有していない。そしてフォーエバー21については，商品企画や生産過程には介入せず，バイヤーが膨大な数の納入業者と取引関係を構築することで多彩な商品を低コストで調達することを特徴とする。したがって，ファストファッションという範疇においても，企業間で新商品の投入頻度，品質，デザインの統一性，プロモーション，そして価格設定などを掌るマーケティングに個性が見受けられる。

(2)　ファストファッションの事業システム[5]

　以上に概観したファストファッションのビジネスモデルは，製造小売業（SPA：Specialty Store Retailer of Private Label Apparel）と称される機動的な事業システムを構築することで具現化されている。製造小売業は，単独企業が商品の企画，開発，素材調達，製造（縫製），物流，そして販売までを一貫して手掛けることで実需に即応した商品調達を追求するところに特徴がある[6]。絶え間なく変化する流行に俊敏な対応を可能とする柔軟な組織体制を整備し，時流に乗った商品を適量生産することで絶妙なタイミングと手ごろな価格で提供するのである。そうした商品を多頻度少量で生産することで大量販売に繋げ，延期と投機の効用を同時に享受する工夫が施されている。すなわち，コンビニエンスストアと同様に，「必要な商品」を「必要な分量」だけ「必要な時」に取り揃えることを追求するのである。

　インディテックスにおける商品企画は，社内に擁する700人を超えるデザイ

ナーによって担われている（Inditex 2018, p. 55）。しかし，デザイナーの発想のみに依存したものづくりにこだわっているわけではない（Inditex 2008, p. 141）。その商品開発は，最先端の流行や消費者の実需を起点とするところに特徴がある。ファッションショー，雑誌，テレビ，映画，そして先進諸国の主要都市で繁華街を彩る最先端の流行を観察し，そこから着想を得ることで商品企画が始まる。この点について，インディテックスの社員は，「私たちは流行を創造するようなことはしない。むしろ，流行に追随する。スタイル，色，素材のいずれについても，流行を推測することはない。すなわち，私たちの仕事は需要に対応することに尽きる。そのための秘訣はないが，最新の流行を的確に察知する必要がある。したがって，雑誌，ファッションショー，映画，そして街頭観察を活用して流行の把握に努める。併せて，トレンド・トラッカーや調査会社を利用する。私たちは絶えず目を見開いて流行を追い求めている」（Tungate 2005, p. 52）と明言している。また，店頭を訪れる顧客から実需を読み取り，品揃えの形成や商品企画に繋げている（Inditex 2010, p. 16）。こうしてインディテックスが 1 年間に生み出す新商品の数は 2 万点以上にも及ぶが（Inditex 2018, p. 71）， 1 日に平均55点ほどの新商品を投入していることになる。

　次いで，インディテックスは商品調達の大部分をスペインの自社工場や近隣諸国の供給業者に依存している。当初は，ザラの店舗で販売する商品のおよそ 5 割をスペインで生産していた。また，生地についても40％をインディテックス・グループの工場から調達していた（Ferdows *et al.* 2003, p. 64；Ferdows *et al.* 2004, p. 109）。競合他社がコストを重視して東南アジア諸国を中心とする発展途上国から調達する中で，インディテックスは商品調達の速度や品質管理を重視してスペインの近隣諸国に集中させてきた。広範な市場に進出することで膨大な数の店舗を展開するようになっても，絶え間なく変化し続ける流行に俊敏かつ柔軟な対応を図るために過半数の商品を自社工場で生産してきた（Ferdows *et al.* 2004, p. 109）。最先端の流行を反映した商品や複雑な工程を要する商品はスペインの自社工場で迅速に製造し[7]，ベーシックなデザインの商品については国外の供給業者に委託生産するのである。すなわち，最先端のデザインを追求する商品は延期的に流行の把握をシーズン直前まで引き付け，本国の自社工場や近隣国で迅速に生産する。そして流行に左右されないベーシックな

デザインの商品は投機的に委託生産することでコストを圧縮し，低価格に繋げる。インディテックスの商品調達は，こうして投機的な大量生産によってもたらされる「効率」と延期的な特注生産によってもたらされる「効果」を同時に追求するのである。

　また，その商品調達は店頭での実需に応じてシーズン中に生産量を機動的に調整しているところにも強さの源泉がある。新商品を投入してからも，消費者の細かなニーズに合わせて仕様の調整を図るのである。各シーズンに先立ってデザインを確定するのは全体の２割程度で，それ以外は店頭における顧客の反応を見ながら機動的に調整される。スペインや近隣諸国の生産拠点で改良した製品を供給することによって流行に対応する（『日経ビジネス』2012年11月５日，32頁）[8]。こうした取り組みが在庫を最小限度に抑えて在庫処分セールのリスクを軽減すると同時に，需要への効果的な対応に繋がっている。パンカジュ・ゲマワット（Pankaj Ghemawat）は，インディテックスが商品調達の拠点を本国の近隣諸国に凝縮させることによって「集中の経済（Economics of Concentration）」を享受していることをホーム・ベース戦略と称している（Ghemawat 2005, p. 102）。

　世界各国で生産されるインディテックスの商品は，一度スペインの本社が構える14ヵ所の物流拠点に収集される。どの国で生産しているとしても，すべての商品をスペインの物流センターに集約した上で進出各国の店舗に直送される（Inditex 2018, p. 328）。物流の効率性よりも，誤配送の排除や品質の検査など１ヵ所での集中管理のメリットを重視する。商品配送にはトラック便と航空貨物便が利用されるが，ヨーロッパ諸国の店舗へは陸路で24時間以内に配送している。通常，アパレル業界では，遠く離れた外国への商品配送についてはコストの安い船舶や鉄道が利用される。しかしインディテックスでは，配送についても速度が追求される。それはアジアやアメリカの店舗には，航空機を利用して48時間以内に配送していることに象徴される（Inditex 2011, p. 9）。また，各国には配送拠点を設けずに空港から店舗に直送される。さらには，商品が店舗に到着してから即座に陳列できるように，スペインの配送センターで値札を付け，ハンガーに吊るした状態で梱包してから配送するほど徹底されている。こうした取り組みの結果，商品企画から店頭販売まで約２週間で実現されている。

このようなインディテックスの取り組みは，経営史学者のアルフレッド・デュポン・チャンドラー（Alfred DuPont Chandler）のいう「速度の経済性（Economies of Speed)」を追求することに合致する[9]。

▌3　国際展開：国境を越える店舗展開と商品調達の同期化

　市場のグローバリゼーションにかかわる議論は，同質的な消費者の姿，すなわち世界市場の同質化を見ることで口火が切られた。かつてピーター・ファーディナンド・ドラッカー（Peter Ferdinand Drucker）は，大規模な情報革命が世界に同質的な需要の形成を促し，それに対応すべく同質的な供給体制の出現を予測して「グローバル・ショッピングセンター」と称した（Drucker 1969, pp. 79-80)。確かに，東京の銀座，ニューヨークの五番街，パリのシャンゼリゼ通り，そしてロンドンのオックスフォード通りといった世界の主要都市にある繁華街を歩いてみると，同じようなアパレル・ブランドが軒を連ねる光景がドラッカーの描写を彷彿させる[10]。

　インディテックスはスペインの片田舎に誕生したが，いまでは世界最大のアパレル小売企業として君臨するまでに成長発展してきた。その国際展開は，主力ブランドであるザラを中心に推進されてきた。それは1988年にポルトガルのポルトへ進出したことに始まる[11]。それから翌年にアメリカのニューヨーク，1990年にフランスのパリと近隣の欧米諸国へ漸進的に進出した。そして2001年に株式を公開した際，ヨーロッパで存在基盤を確立するために国際展開を強化することが目標に掲げられた（Inditex 2002, p. 12)。以来，ヨーロッパを国内市場と認識して多店舗展開を図ってきた（Inditex 2007, p. 4)。2008年には，国外の店舗数が国内の店舗数を上回るまでに至った。

　近年では，アラブ首長国連邦やクウェートなどの中東諸国に加え，日本や中国などの東アジアでの拡張に邁進してきた。2016年にアルバ，ニカラグア，パラグアイ，ニュージーランド，ベトナム，そして2017年にはベラルーシへの進出を果たした（Inditex 2017, pp. 12-13, 2018, pp. 16-22)。中間階級層が増加するアジア，南米，そして中東などの地域における新興国を開拓することによって，持続的な成長を維持することが追求されている。初めて国境を越えてから

| 図表11－1 | 国際展開の概況 |

年　　度	2008	2009	2010	2011	2012	2013	2014	2015	2016	2017
進出国・地域数	71	72	75	80	85	86	87	87	92	95
総店舗数	4,264	4,607	5,044	5,527	6,009	6,340	6,683	7,013	7,292	7,475
国外店舗数	2,368	2,707	3,119	3,595	4,079	4,482	4,861	5,187	5,505	5,787
国外店舗比率	56％	59％	62％	65％	98％	71％	73％	74％	75％	77％
総売上高	10,406	11,083	12,526	13,793	15,946	16,724	18,117	20,900	23,310	25,336
国外売上高	6,676	7,347	8,841	10,038	12,396	13,195	14,410	16,897	19,059	20,912
国外売上比率	66％	68％	72％	75％	79％	80％	81％	82％	83％	84％

注：進出国・地域数には，出身国のスペインは含めていない。売上高の単位は，100万ユーロ。
出所：Inditex（2009-2018）*Annual Report 2008-2017* を用いて作成。

30 年が経過する現在，95ヵ国・地域（以下，「地域」の表記を省略）もの国外市場で5,787の店舗を展開している。そして総売上高に占める国外売上高の比率は84％に及ぶ（**図表11－1** 参照）。このように見てみると，インディテックスはグローバルな小売企業と認識することができる。しかし，その店舗展開や売上高の分布を確認してみると，ヨーロッパが全体のおよそ7割以上を占めている（**図表11－2・図表11－3** 参照）。したがって，厳密にはヨーロッパを拠点とするリージョナルな小売企業と評価しなければならないだろう[12]。

　なお，近年はインターネット通販に力を入れている。2007年10月にザラホームがヨーロッパの14ヵ国で導入し，2010年9月にザラが続いた。現在は，すべてのブランドがインターネット通販を展開している。会長兼最高経営責任者のパブロ・イスラ（Pablo Isla）は，「インディテックスが擁するすべてのブランドが2020年までに世界中どこからでもオンラインで購入できるようにする。私たちは，顧客が世界中のどこにいようと私たちのファッション・コレクションを入手できるようにしたい」（Inditex 2018a）と意気込みを示している。そして2018年11月には，ザラのインターネット通販を拡大することを目的として世界規模のオンライン・プラットフォーム（www.zara.om/ww）を構築し，アフリカ諸国，中南米のカリブ海諸国，そしてインドネシアなど新たに106ヵ国の国外市場に向けてインターネット通販を開始した。現地に出店していない国から注文を受けた場合は，顧客の居住地に最も近い進出国の店舗から発送される（Inditex 2018b）。こうして店舗販売にインターネット通販を融合することに

‖ 図表11－2 ‖ 地域別の店舗展開（単位：店）‖

（年度）

年度	スペイン	ヨーロッパ	アメリカ	アジア・その他
2017	1,688	3,320	805	1,662
2016	1,787	3,228	743	1,534
2015	1,826	3,062	682	1,443
2014	1,822	2,942	614	1,305
2013	1,858	2,731	548	1,203
2012	1,930	2,544	482	1,053
2011	1,932	2,314	425	856
2010	1,925	2,086	395	638
2009	1,900	1,856	366	485
2008	1,896	1,660	338	370
2007	1,747	1,362	294	288
2006	1,628	1,033	252	218
2005	1,461	848	211	172
2004	1,321	622	183	118
2003	1,130	519	172	101

注：その他の地域には，中東，アフリカ，そしてアジアが含まれる。
出所：Inditex（2004-2018）*Annual Report 2003-2017*を用いて作成。

‖ 図表11－3 ‖ 地域別の売上高（単位：100万ユーロ）‖

（年度）

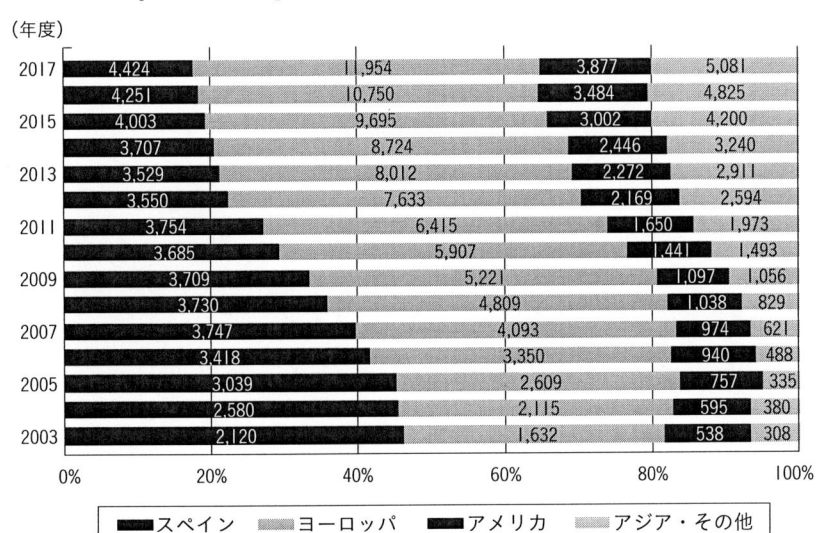

年度	スペイン	ヨーロッパ	アメリカ	アジア・その他
2017	4,424	11,954	3,877	5,081
2016	4,251	10,750	3,484	4,825
2015	4,003	9,695	3,002	4,200
2014	3,707	8,724	2,446	3,240
2013	3,529	8,012	2,272	2,911
2012	3,550	7,633	2,169	2,594
2011	3,754	6,415	1,650	1,973
2010	3,685	5,907	1,441	1,493
2009	3,709	5,221	1,097	1,056
2008	3,730	4,809	1,038	829
2007	3,747	4,093	974	621
2006	3,418	3,350	940	488
2005	3,039	2,609	757	335
2004	2,580	2,115	595	380
2003	2,120	1,632	538	308

注：その他の地域には，中東とアフリカが含まれる。
出所：Inditex（2004-2018）*Annual Report 2003-2017*を用いて作成。

┃ 図表11－4 ┃ 店舗展開の特徴（単位：店）┃

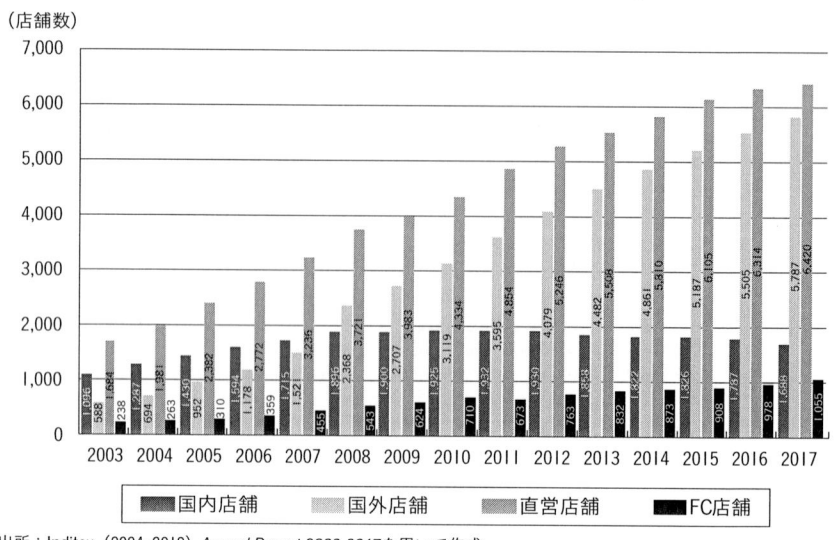

出所：Inditex（2004-2018）*Annual Report 2003-2017*を用いて作成。

よって相乗効果を図り，持続的な成長と発展を模索している（Inditex 2018, p. 41）。

⑴ 進出国への参入様式

インディテックスの国際展開は，3つの参入様式を柔軟に採用することで推進されてきた。最初に，地理的に近隣のヨーロッパ諸国やラテン文化を共有する南米諸国への進出は，現地に完全出資の子会社を設立することで実現してきた。次いで，進出に伴う手続きや出店に要する不動産確保の困難性などの障壁が存在する国については，現地企業と合弁会社を設立することで進出してきた。そして本国と市場の異質性が強く，取引慣行や法的規制といった市場環境にかかわる情報の非対称性が極めて濃厚で，かつ小規模な国への進出については，比較的に低リスクで店舗拡張を助けるフランチャイジングが採用されてきた（Inditex 2003, p. 38）。現在，国外市場では1,055の店舗をフランチャイジングによって展開している（Inditex 2018, p. 278）。なお，合弁会社の設立やフラン

チャイジングで進出した国についても，現地市場で経験を積み重ねた後に直営に転換するような動きも見せてきた。最先端の流行を追い求めるファストファッションのビジネスモデルにおいては，迅速な意思決定とその実行を可能とする本部主導の垂直的統合が要求されるためである。実際，この15年間の動きを見てみると，直営店の割合が大部分を占める（**図表11－4**参照）。

(2)　進出各国の現地市場におけるマーケティングの展開[13]

　かつてセオドア・レビット（Theodore Levitt）は，通信技術や交通基盤が発達することによって，人々の嗜好が同質的に収斂される現象を見抜いて「市場のグローバリゼーション」と称した。換言すれば，地球規模で見られるようになった同質的な市場を標的とすることに大きな可能性が見出されたのである。もちろん，それは個別市場に備わる固有性を軽視しても良いという見解ではなかった（Levitt 1983, p. 97）。インディテックスの国境を越えるマーケティングはレビットの見解に合致しており，本国を拠点に世界規模の同質的な巨大市場を標的として世界標準化を追求することに特徴づけられる。店舗設計，品揃え，顧客サービスは，すべての進出国で標準化されている。しかし同時に，最新の流行を追い求めるファストファッションのビジネスモデルは，現地適応化の要素を包摂している。現地における品揃えについては，文化特性，人種や体格，気候や季節，そして顧客の嗜好に応じて個別の店舗単位で巧みに形成される。また，価格設定についても進出国によって配送コストや現地市場における競合企業の価格設定などを勘案して調整されている。例えば，ザラの商品について見てみると，スペインに比べて日本やオーストラリアにおける価格は1.5倍から2倍ほど高く設定されている（Viardot 2014, pp. 84-85）。すなわち，世界標準化を基本としながらも，進出各国の市場特性に応じてある程度の現地適応化を図るところに特徴がある。こうしたインディテックスの国際マーケティングは「地球中心志向（Geocentric Orientation）」と称されている（Lopez and Fan 2009, p. 287）。

　なお，インディテックスのマーケティング戦略は，宣伝広告に多額を投じないことに特徴づけられる。競合企業が売上高の3％から4％を宣伝広告費に投

じるのに対して，インディテックスでは0.3％ に過ぎないといわれる（Ferdows *et al.* 2003, p. 63；The Economist 2005, p. 55）。もちろん，宣伝広告を軽視しているわけではない。世界市場で躍進するためには，ブランドの認知度を高める必要がある。インディテックスの進出各国での出店戦略は，ロンドン，パリ，ニューヨーク，上海，そして東京といった主要都市の繁華街や一等地に巨大な旗艦店を広告塔として構えることを基本方針としてきた（Lopez and Fan 2009, p. 287, 292）。メディアとの接触が生命線となるファッション業界では，効果的な情報発信を意識して店舗の立地条件が選択される。ファストファッションのビジネスモデルやその収益性から考えれば，一等地への出店は利益を圧迫する要因となる。しかしインディテックスでマーケティングを担当する役員が「わが社では店舗や口コミが広告の役割を果たす」（Ferdows *et al.* 2003, p. 63）と述べているように，都心の一等地に構える巨大な旗艦店をマーケティング・コミュニケーションの重要な媒体として位置づけており，周辺都市への拡大に繋げる跳躍板として認識されている。大都市の象徴的な場所に大規模な旗艦店を構えることは，洗練された印象の創造や知名度の高揚に多大なる効果が期待される。また，周囲には高級ブランドが出店しているために自身の印象を高めることにも繋がる（Fernie *et al.* 1998；Moore *et al.* 2010）。

　また，インディテックスの国際展開は，最初に主力ブランドのザラで進出を果たして市場地位を築いた後，補完的にその他のブランドを投入することで多様な顧客層の需要に全面的に対応してきた（Inditex 2008, p. 21, 2010, p. 22）。2013年からは複数のブランドを世界各地で同時に展開する「マルチコンセプト戦略」を国際展開の軸に据えてきた（Inditex 2014, p. 221）。また，進出各国における事業展開については，すべてのブランドについて個別に現地法人を設立することによって，主導的な運営が促されている。現在，ザラを95ヵ国で1,834店舗，プル＆ベアを73ヵ国で761店舗，マッシモ・ドゥッティを74ヵ国で584店舗，ベルシュカを74ヵ国で890店舗，ストラディバリウスを67ヵ国で730店舗，そしてオイショを51ヵ国で488店舗，ザラホームを64ヵ国で444店舗，そしてウテルケについては15ヵ国で56店舗を展開している。近年は，ベルシュカ，ストラディバリウス，そしてオイショの出店に力を入れている。実際，この15年間の国外市場におけるブランド別の出店状況が均等化していることを確認するこ

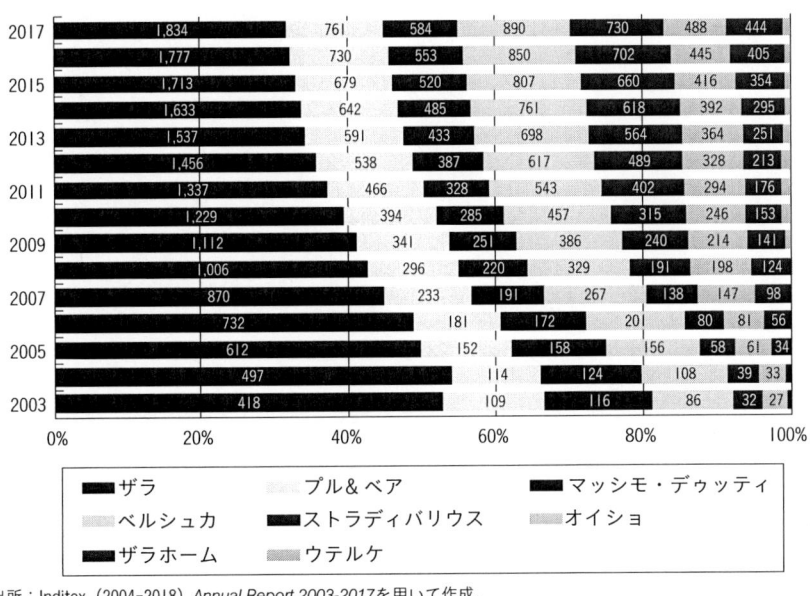

│図表11－5│国外市場におけるブランド別の店舗展開（単位：店）│

出所：Inditex（2004-2018）*Annual Report 2003-2017*を用いて作成。

とができる（**図表11－5**参照）。

(3) 国際的な商品調達と物流の体制

　第2節で確認したように，インディテックスが展開するファストファッションのビジネスモデルは，取扱商品の過半数を本国の自社工場で生産することが強みの源泉となってきた。現在でも，大部分の商品調達を本国の自社工場や近隣国に依存していると認識されている（Berger 2005, p. 252；Streeck 2009, p. 528）。また，インディテックスの国際的な店舗展開がヨーロッパに傾注しているのは，商品調達や物流の拠点が本国を中心とするヨーロッパに結集していることに起因している（Ghemawat 2005 p. 102）。実際，動態的な流行に対して柔軟かつ俊敏に反応するために，現在でも供給業者の37％がスペイン，ポルトガル，モロッコ，そしてトルコの隣接国に集中している（Inditex 2018, p. 238）。しかし，インディテックスがファストファッションのビジネスモデルをより広

| 図表11－6 | 取引する供給業者数の地域別推移 |

年　度	2008	2009	2010	2011	2012	2013	2014	2015	2016	2017
ヨーロッパ：EU	516	512	458	447	446	497	491	500	482	463
ヨーロッパ：EU外	91	99	99	134	136	151	160	185	179	182
アジア	417	481	599	686	672	738	759	836	938	980
アメリカ	61	51	63	66	68	82	80	74	65	48
アフリカ	101	94	118	127	112	124	135	130	141	151
合　計	1,186	1,237	1,337	1,490	1,434	1,592	1,625 (5,382)	1,725 (6,298)	1,805 (6,959)	1,824 (7,210)

注：2011年度から集計時期が変更されている。合計におけるカッコ内の数値は，取引工場の数を示す。
出所：Inditex（2009-2018）*Annual Report 2008-2017*を用いて作成。

範な市場に拡大するためには調達拠点の分散化は免れない。

　この10年間の動きを確認してみると，インディテックスは進出国が増加するに伴い商品調達の拠点を分散させてきた（**図表11－6**参照）。現在は，50ヵ国以上の広範な国々に存在する1,824社の供給業者が運営する7,210の工場から調達している（Inditex 2018, p. 71）。インディテックスの躍進は，世界規模で確立されてきた商品調達のネットワークに立脚しているのである。とりわけ，繊維産業が能力を高めてきたアジアの新興経済国に存在する供給業者や取引工場に多くを依存している。実際，商品調達の拠点がアメリカ，アジア，そしてアフリカなどの地域に拡張するに伴って，進出国の地理的範囲や店舗展開の数が拡大してきた（Inditex 2018, p. 107）。近年は，中国，インド，そしてパキスタンなどのアジア諸国に存在する供給業者との取引関係に多くを依存している。こうした調達拠点の分散化が販売拠点の拡大を支えてきたといっても過言でない[14]。

　しかし近年，アパレル小売業の国際的な商品調達の過程で発展途上国の契約工場やその下請工場における強制労働や児童就労などの問題が露呈し，社会的な評価に多大な影響を及ぼすようになっている。インディテックスにおいては，そうした社会問題の改善や抑制を図るために，多くの努力がなされている（鳥羽・岸本 2017）。その取り組みは，供給業者に対する監査や改善指導に加えて，技術指導や労働環境の改善支援に取り組むことを通じて有能な供給業者へと育成することによって共存共栄を図ろうとしていることに特徴づけられる。こうした姿勢は，社会問題や社会的ニーズの解決を図ることで社会的価値を創造し

ながら，それを企業の成長や発展に繋げることで経済的価値をも追求する「共通価値の創造（CSV：Creating Shared Value）」という考え方に相当する（Porter and Kramer 2011）。例えば，2015年度のアニュアルレポートにおいては，「本来の事業展開で価値を生み出すと同時に，社会に対する価値を創造することがインディテックスの地域社会への投資計画における基本的な目標」（Inditex 2016, p. 98）と明言されている。こうした見解は，まさしく共通価値の視点に合致している。供給業者の能力開発や職場環境の改善をもたらすことで自身の商品調達を強化する能動的な取り組みなのである。

⑷　日本市場における事業展開

インディテックスの日本進出は，1997年8月に衣料品商社の株式会社ビギと合弁でザラ・ジャパンを設立することによって実現された。ファストファッションを展開するアパレル小売企業としては，日本市場で先発者となった。それから翌年の8月に東京の渋谷区に第1号店を開店し，アジアにおける事業展開の幕開けを飾った。当初，ザラ・ジャパン社長の城尾卓佳は「当面は東京での展開に力を入れて，日本での知名度を上げたい」（『日本経済新聞』1998年2月19日付）と述べ，都心における事業展開に軸足を置いてきた。日本法人の設立に際してはインディテックス側が49％を出資したが，ビギとの初期展開を通じて日本事業に要するノウハウを蓄積した。それから2回に分けて出資比率を高め，2005年に日本法人を完全子会社にすることで日本事業の加速化が目指された（Inditex 2004, p. 55, 2005, p. 40, 2006, p. 35）。

日本市場における初期展開を観察すると，本国のスペインやその他の国外市場と同様の取り組みが踏襲されている。実際に最新の流行を反映した新商品を週に2回の頻度で投入し，店頭に陳列される商品の3割が入れ替わる鮮度の高い売り場づくりに取り組まれてきた（『日経流通新聞』1998年6月4日付）。また，ブランドの展開についてもその他の国と同様の取り組みを見せている。主力ブランドであるザラを出店して認知度を高めた後に，その他のブランドを投入してきた。ザラを出店してから13年後の 2011年4月にベルシュカを出店した。次いで2013年4月にザラホームを出店した。そして2014年4月には，兵庫県西

‖ 図表11−7 ‖ 日本市場における店舗展開（単位：店）‖

年　度	1998	1999	2000	2001	2002	2003	2004	2005	2006	2007
ザラ	1	2	6	5	6	9	12	18	23	29
プル&ベア	9	9	11							
ベルシュカ										
ザラホーム										
ストラディバリウス										
合　計	10	11	17	5	6	9	12	18	23	29

年　度	2008	2009	2010	2011	2012	2013	2014	2015	2016	2017
ザラ	40	50	63	74	83	90	95	98	100	98
プル&ベア										
ベルシュカ				4	7	14	20	21	24	25
ザラホーム						2	8	15	17	17
ストラディバリウス							8	11	11	10
合　計	40	50	63	78	90	106	131	145	152	150

注：インディテックスは，ザラに先駆けてプル&ベアをフランチャイジングで展開していた。
出所：Inditex（1999-2018）*Annual Report 1998-2017*を用いて作成。

宮市のショッピングセンターにストラディバリウスを出店した。なお，追随的に投入するブランドについては，ザラの旗艦店に隣接する場所に集中的に出店することによって，インディテックスのブランドが互いに来店を促す相乗効果を追求するような取り組みも見せている（『日経流通新聞』）2014年12月8日付）。

　日本市場での出店は，高級店が軒を連ねる銀座を皮切りに，東京や大阪などの大都市の繁華街に大型の旗艦店を構える戦略を展開してきた。地方都市への進出に際しても，第1号店は大型店を構えてきた。ところが，日本の都心部では大型店を出店するための不動産物件を確保することが困難であった。そうした中で，ファストファッションのビジネスモデルに備わる市場志向が立地条件に応じた展開をもたらしている。具体的には，地方都市への進出や百貨店，駅ビル，ファッションビル，そしてショッピングセンターなど既存の商業施設に小型店を出店することで店舗網を拡大してきた。北海道から鹿児島に至る地方都市で商業の衰退に対峙する商業施設が，世界的に有名なザラを核テナントとして誘致することによって賑わいの創造と集客の強化を図ったことが追い風と

なった。日本市場に参入して20年が経過した現在，4つのブランドを合計すると150店舗を展開するに至っている（**図表11－7**参照）。

　なお，これまで実店舗を中心に事業拡大を推進してきたインディテックスは，小売業におけるインターネット通販の拡大に大きな影響を受けていることはいうまでもない。したがって，これからはインターネット通販を拡大すると同時に，実店舗の魅力を高める取り組みが要求される。日本市場においては，2011年10月からザラがインターネット通販に取り組んでいる。また，顧客が持ち帰る商品がかさばることに対応し，2015年5月からザラホームが通販を始めた。また実店舗の魅力を高めるための取り組みとして，東京，愛知，大阪，そして京都に出店するザラの店舗で最新の流行を熟知する販売員が顧客に似合う商品やコーディネートのアドバイスを提供する「パーソナルスタイリングサービス」を提供している[15]。特別な訓練を受けた専門の販売員による洗練された顧客サービスの提供は店頭で創造される新たな付加価値となり，競合他社と差別化を図るに際しての効果的な手段として評価できる（『日経流通新聞』2018年12月3日付）。今後は，このように店頭で提供する顧客サービスや経験が実店舗で提供する重要な付加価値となる。

4　おわりに

　インディテックスの国際展開は，消費者あるいは顧客を起点に世界規模でディマンドチェーンを構築することによって推進されてきた。例えば，それは2006年のアニュアルレポートにおける「インディテックスは，すべての活動の中心に顧客を位置づけている。デザイン，生産，流通，そして店頭販売からなるビジネスモデルのすべての過程は，私たちの店舗に訪れる顧客に可能な限り最高の経験を提供するように設計されている」（Inditex 2007, p. 27）といった見解や創業者であるオルテガの「私たちは，ファッション・コレクションの創造と店舗，ロジスティクス・システム，そしてその他の活動のデザインの両方において，常に顧客を意識の中心に位置づけておかなければならない」（Inditex 2011, p. 6）といった考えにも明示されている。改めてこうした見解に触れてみると，インディテックスのマーケティングは標的市場と真摯に向き合うこ

とを重視する「市場志向（Market Orientation）」に立脚しているものと評価することができる（Mazaira *et al.* 2003）。

　周知のように，市場志向とは，市場調査を通じて情報を収集し，それを組織内で共有し，さらにその情報を糧として適切な対応を図る取り組みとして認識される（Kohli and Jaworski 1990）。製造業で持続的な成長発展をもたらす源泉となっていることが見出された市場志向の概念は，小売業のマーケティングにも同様に要求される[16]。実際，小売企業の国境を越えるマーケティングにおいても，現地市場の調査を通じる「情報生成」，情報の共有を通じて意思疎通を図る「情報普及」，そして現地の顧客を基点とするマーケティングの実践を意味する「反応」が現地市場における成長発展に繋がることが検証されてきた（Rogers *et al.* 2005；Leelapanyalert and Ghauri 2007）。かつてオルテガは「工場と顧客から両手を離してはならない（Touch the Factories and Customers with Two Hands）」（Ferdows *et al.* 2004, p. 110）と述べているが，インディテックスの世界規模の躍進についても，市場志向のマーケティングに基づいているものと評価することができる。

■付記

　本研究は，JSPS科研費18K01900の助成を受けた研究成果の一部である。

■注

(1) こうした認識については，マーシャル・マクルーハン（Marshall McLuhan）がメディアの発達を通じて実現される経験の同時性について考察する中で，「地球村（Global Village）」という概念を提示している（McLuhan 1962, 1964）。この概念においては，ラジオの普及によって世界中の出来事が瞬時に個人的な体験として受け止められるようになった状況を目の当たりにして，「地球村」と「地球人」を成立させうる収縮した世界観が見出された。

(2) 本節で取り上げる「ビジネスモデル」と「事業システム」という用語は，同義語として用いられることがある。しかし本章では，前者を「ビジネスのデザインについての設計思想（論理）」，そして後者を「その設計に基づき経営資源を一定の仕組みで体系化したもの」と認識する。こうした認識は，加護野・井上（2004，45-50頁）に依拠している。

(3) なお，現在は「ファストフードに由来する言葉で，安くて気軽に手に入れることができるファッションのこと」（自由国民社編 2018，783頁）と改訂されている。『現代用語の基礎知識』は，当初からファストファッションを象徴するブランドとして「ユニクロ」を取り上げてきた。しかし

厳密には，ユニクロはファストファッションに該当しない。実際，株式会社ファーストリテイリング社長の柳井正は，「よく混同されますが，ユニクロの服はファストファッションとはまったく違うものです。私たちはファストファッションを目指したことはないし，これからやることもない」（柳井 2011, 82頁）と述べている。

(4) なお，ファストファッションに備わる根底の考え方は，決して新しいものではない。その起源は，1970年代の後半から80年代にかけての東アジア諸国のアパレル産業から及ぶ圧力に危機感を抱いたアメリカのアパレル業界において構築された「クイック・レスポンス（Quick Response）」に遡る。クイック・レスポンスとは，消費者が望む商品を望む時に適切な価格で販売することを追求する事業システムの仕組みをいう。生産時期や商品を完成品として仕上げるタイミングを可能な限り販売時点に接近させ，売れ行きを見守りながら追加生産することで見切りロスや販売機会ロスなどのリスクを軽減して収益の向上に繋げる。

(5) ザラのビジネスモデルについては，南（2002, 2003）やFerdows *et al.*（2003, 2004）などにおいて詳しく紹介されている。

(6) 製造小売業とは，単独の企業が商品の企画や製造から販売に至るサプライチェーンのすべての段階に介入して垂直的統合を図るものをいう。その仕組みは，1980年代の後半から90年代の初頭にかけてアメリカのアパレル業界と食品業界が効率的なサプライチェーンを目指して独自に構築した製販同盟の体制を基盤としている。日本では「SPA」と称され，専門用語として定着している。この言葉は，アメリカのカジュアル衣料品業界で躍進していたギャップが1987年の株主総会で用いた「Speciality Store Retailer of Private Label Apparel」という成句に由来する。それを同年5月30日付の『繊維新聞』が紹介するに際して短縮して表現したものであり，「カジュアルウェアの製造小売業」と訳語が付されたことに起源がある。

(7) なお，その商品調達の速さは，供給業者の能動的な姿勢にも支えられている。例えば，ザラに生地を供給するトルコのメーカーは，「世界各地で流行を調査してザラが求めるデザインを先回りしてサンプルを作り，毎週のように提案している」（『日経ビジネス』2012年11月5日，32頁）と述べている。

(8) 例えば，この点についてザラの最高経営責任者であるホセ・マリア・キャステラーノ（José María Castellano）は「外部の工場に生産を委託すると，前もってまとまった数量を発注しなければならず，途中で生産計画を変更しにくい。ファッションが売り物のザラは，あくまで変化の速さを優先する」（『日経ビジネス』1999年11月8日，57頁）と述べている。

(9) チャンドラーは，情報獲得の速度，意思決定の速度，商品開発の速度，顧客対応の速度，そして業務遂行の速度など，速度を上げることで享受できる効率性を「速度の経済性」と称した（Chandler 1977, pp. 281-285）。

(10) スタンレー・C・ホランダー（Stanley C. Hollander）は，高級品を取り扱う小売企業（専門店）の国際展開が経済活動の中心を担い文化的にも洗練された世界の主要都市に集中して出店する現象を「ニューヨーク・パリ・ロンドン・シンドローム」と称している（Hollander 1970, pp. 19-20）。

(11) このように急激な国際展開を成し遂げてきたインディテックスは，1985年に設立してからわずか3年（ザラが誕生して13年）で国際展開に踏み出したことから，生まれながらにして地球規模で躍進する可能性を備えた「ボーン・グローバル・カンパニー（Born Global Company）」に相当すると評価されている（Bhardwaj *et al.* 2011, p. 304）。

(12) インディテックスの国際展開がヨーロッパに集中している理由については，地理的な条件や文化的な特性によって類似の市場が選択されていること（Lopez and Fan 2009, pp. 285-286；Bhardwaj *et al.* 2011, p. 303）や商品調達の拠点を本国を中心とする地域に集中させてきたことなどが指摘されている（Ghemawat 2005, p. 102）。多国籍企業の国際展開が特定の地域に集中している事実は，アラン・M・ラグマン（Alan M. Rugman）によって指摘されてきた（Rugman

2000)。また，世界市場で躍進しているかのように映る小売企業についても，その活動が本国を中心とする地域市場（ホーム・リージョン）に集中していることが見出されてきた（Rugman and Girod 2003；Rugman 2005, p. 82；Myers and Alexander 2007）。さらには，世界市場よりも特定の地域市場に集中するほうが業績に繋がることも検証されている（Mohr *et al.* 2014；Oh *et al.* 2015）。

⒀　ザラの国際マーケティングについては，Bonache and Cerviño（1997），Ferdows *et al.*（2003），Burt *et al.*（2006），東（2008），Lopez and Fan（2009），南（2009），そしてViardot（2014）などにおいても検討されている。

⒁　ネバハット・トカートリ（Nebahat Tokatli）は，インディテックスが商品調達の拠点を本国や近隣諸国から繊維産業の発展が著しい新興経済国に分散させてきた経緯を振り返り，その他のアパレル小売業と同様の展開を見せていると指摘している（Tokatli 2008, pp. 35-36, 2015, pp. 639-641）。

⒂　ザラ・ジャパンのホームページにおいては，「最新トレンドを熟知したスタイリストスタッフがお客様のご希望のスタイリングをご提案させて頂くサービスです。お好きなアイテムを使った着こなし方やご希望のシーンに合わせたスタイル提案」（http://zara-personalstyling.jp/apply/index.php）に取り組むと謳われている（最終閲覧日：2019年5月7日）。

⒃　なお，小売業の市場志向は，小売企業レベル，店舗レベル，そして小売企業と供給業者の協働というレベルで把握できる点に特徴があると説明されている（Elg 2003, 2007a, 2007b）。

■参考文献──────────────────────────────

【日本語文献（五十音順）】

東　伸一（2008）「ザラ（インディテックス）：スペイン発グローバル・ファッション小売業」マーケティング史研究会編『ヨーロッパのトップ小売業：その史的展開』同文舘出版，231-257頁。

加護野忠男・井上達彦（2004）『事業システム戦略：事業の仕組みと競争優位』有斐閣。

自由国民社編（2008）『現代用語の基礎知識：2009年版』自由国民社。

自由国民社編（2018）『現代用語の基礎知識：2019年版』自由国民社。

鳥羽達郎（2010）「ファストファッションの事業システム：H&Mの国際戦略と日本市場における初期展開」『世界経済評論』55(2)，世界経済研究協会，89-98頁。

鳥羽達郎・岸本寿生（2017）「アパレル小売企業の商品調達と共通価値の創造：インディテックスの事例研究」『世界経済評論』61(4)，国際貿易投資研究所，82-91頁。

日経MJ編（2009）『日経MJトレンド情報源2010』日本経済新聞出版社。

南　知恵子（2002）「ファッション・ビジネスの論理：ZARAの挑戦」『繊維製品消費科学』43(1)，日本繊維製品消費科学会，14-19頁。

南　知恵子（2003）「ファッション・ビジネスの論理：ZARAに見るスピードの経済」『流通研究』6(1)，日本商業学会，31-42頁。

南　知恵子（2009）「ザラのSPA戦略とグローバル化」向山雅夫・崔　相鐵編『小売企業の国際展開』中央経済社，181-204頁。

柳井　正（2011）『柳井正の希望を持とう』朝日新聞出版。

【英語文献（アルファベット順）】

Barnes, L. and Lea-Greenwood, G.（2006）"Fast Fashioning the Supply Chain: Shaping the Research Agenda," *Journal of Fashion Marketing and Management*, 10（3）, pp. 259-271.

Berger, S.（2005）*How We Compete: What Companies Around the World Are Doing to Make It in Today's Global Economy*, Doubleday.〔楡井浩一訳（2005）『MITチームの調査研究によるグローバル企業の成功戦略』草思社〕

Bhardwaj, V., Eickman, M. and Runyan, R. C.（2011）"A Case Study on the Internationalization Process of a 'Born-Global' Fashion Retailer," *The International Review of Retail, Distribution and Consumer Research*, 21（3）, pp. 293-307.

Bonache, J. and Cerviño, J.（1997）"Global Integration without Expatriates," *Human Resource Management Journal*, 7（3）, pp. 89-100.

Burt, S., Dawson, J. and Larke, R.（2006）"Inditex-Zara," in Dawson, J., Larke, R. and Mukoyama, M.（eds.）*Strategic Issues in International Retailing*, Routledge, pp. 71-90.

Byun, S. E. and Sternquist, B.（2008）"The Antecedents of In-Store Hoarding: The Measurement and Application in the Fast Fashion Retail Environment," *The International Review of Retail, Distribution, and Consumer Research*, 18（2）, pp. 133-147.

Chandler, A. D.（1977）*The Visible Hand: The Managerial Revolution in American Business*, Harvard University Press.〔鳥羽欽一郎・小林袈裟治訳（1979）『経営者の時代：アメリカ産業における近代企業の成立（上）』東洋経済新報社〕

Corstjens, M. and Lal, R.（2012）"Retail Doesn't Cross Borders: Here's Why and What to Do about It," *Harvard Business Review*, 90（4）, pp. 104-111.〔ダイヤモンド社編集部訳（2012）「守るべき4つのルール：総合スーパーが海外進出に成功する時」『Diamondハーバード・ビジネス・レビュー』37（7），ダイヤモンド社，84-95頁〕

Crofton, S. O. and Depico, L. G.（2007）"Zara-Inditex and the Growth of Fast Fashion," *Essays in Economic & Business History*,（25）, pp. 41-51.

Deloitte（2019）*Global Powers of Retailing 2019*, Deloitte Tohmatsu Limited.

Drucker, P. F.（1969）*The Age of Discontinuity: Guidelines to Our Changing Society*, Harper & Row.〔林　雄二郎訳（1969）『断絶の時代：来たるべき知識社会の構想』ダイヤモンド社〕

Elg, U.（2003）"Retail Market Orientation: A Preliminary Framework," *International Journal of Retail & Distribution Management*, 31（2）, pp. 107-117.

Elg, U.（2007a）"Market Orientation as Inter-Firm Cooperation: An International Study of the Grocery Sector," *European Management Journal*, 25（4）, pp. 283-297.

Elg, U.（2007b）"Market Orientation Processes in Retailing: A Cross-National Study," *European Journal of Marketing*, 41（5/6）, pp. 568-589.

Ferdows, K., Lewis, M. and Machuca, J. A. D.（2003）"ZARA," *Supply Chain Forum: An International Journal*, 4（2）, pp. 62-67.

Ferdows, K., Lewis, M. A., and Machuca, J. A. D.（2004）"Rapid-Fire Fulfillment," *Harvard Business Review*, 82（11）, pp. 104-110.〔マクドナルド京子訳（2005）「ザラ：スペイン版トヨタ生産方式」『Diamondハーバード・ビジネス・レビュー』30（6），ダイヤモンド社，58-67頁〕

Fernie, J., Moore, C. M. and Lawrie, A.（1998）"A Tale of Two Cities: An Examination of Fashion Designer Retailing within London and New York," *Journal of Product & Brand Management*, 7（5）, pp. 366-378.

Ghemawat, P.（2005）"Regional Strategies for Global Leadership," *Harvard Business Review*, 83（12）, pp. 98-108.〔マクドナルド京子訳（2006）「5つの戦略タイプで海外事業をとらえ直す：グローバル競争とリージョナル戦略」『Diamondハーバード・ビジネス・レビュー』31（2），ダ

イヤモンド社, 58-71頁〕

Ghemawat, P.（2006）"ZARA: Fast Fashion," *Harvard Business School Case*, No.9-703-497, Harvard Business School Publishing, 1-35.

Hollander, S. C.（1970）*Multinational Retailing*, Institute for International Business and Economic Development Studies, Michigan State University.

Inditex（2004-2018）*Annual Report 2003-2017.*

Inditex（2018a）"Pablo Isla Announces that All Inditex Brands Will Be Selling Online Worldwide by 2020," Inditex News Release, 04 September.

Inditex（2018b）"Zara Launches Online Sales in 106 New Markets through New Global Platform," Inditex News Release, 07 November 2018.

Kohli, A. and Jaworski, B.（1990）"Market Orientation: The Construct, Research Propositions and Managerial implications," *Journal of Marketing*, 54（2）, pp. 1-18.

Leelapanyalert, K. and Ghauri, P.（2007）"Managing International Market Entry Strategy: The Case of Retailing Firms," in Cavusgil, S.T.（ed.）*Advances in International Marketing*, ⒄, Emerald Group Publishing Limited, pp. 193-215.

Levitt, T.（1983）"The Globalization of Markets," *Harvard Business Review*, 61（3）, pp. 92-102. 〔ダイヤモンド社編集部訳（1983）「地球市場は同質化へ向かう」『Diamond ハーバード・ビジネス』8（4）, ダイヤモンド社, 9-22頁〕

Lopez, C. and Fan, Y.（2009）"Internatinalisation of the Spanish Fashion Brand Zara," *Journal of Fashion Marketing and Management*, 13（2）, pp. 279-296.

Mazaira, A., González, E. and Avendaño, R.（2003）"The Role of Market Orientation on Company Performance through the Development of Sustainable Competitive Advantage: The Inditex-Zara Case," *Marketing Intelligence & Planning*, 21（4）, pp. 220-229.

McLuhan, M.（1962）*The Gutenberg Galaxy: The Making of Typographic Man*, Routledge & Kegan Paul.〔森　常治訳（1986）『グーテンベルクの銀河系：活字人間の形成』みすず書房〕

McLuhan, M.（1964）*Understanding Media: The Extensions of Man*, Routledge & Kegan Paul. 〔栗原　裕・河本仲聖訳（1987）『メディア論：人間の拡張の諸相』みすず書房〕

Mohr, A., Fastoso, F., Wang, C. and Shirodkar, V.（2014）"Testing the Regional Performance of MNEs in the Retail Sector: The Moderating Effects of Timing, Speed and Experience," *British Journal of Management*, 25（Supplement S1）, pp. S100-S115.

Moore, C. M., Doherty, A. M. and Doyle, S. A.（2010）"Flagship Stores as a Market Entry Method: The Perspective of Luxury Fashion Retailing," *European Journal of Marketing*, 44 （1/2）, pp. 139-161.

Myers, H. and Alexander, N.（2007）"The Role of Retail Internationalisation in the Establishment of a European Retail Structure," *International Journal of Retail & Distribution Management*, 35（1）, pp. 6-19.

Oh, C. H., Sohl, T. and Rugman, A. M.（2015）"Regional and Product Diversification and the Performance of Retail Multinationals," *Journal of International Management*, 21（3）, pp. 220-234.

Porter, M. E. and Kramer, M. R.（2011）"The Big Idea: Creating Shared Value," *Harvard Business Review*, 89 ⑿, pp. 62-77.〔ダイヤモンド社編集部訳（2011）「経済的価値と社会的価値を同時実現する共通価値の戦略」『Diamondハーバード・ビジネス・レビュー』36（6）, ダイヤモンド社, 8-31頁〕

Rogers, H., Ghauri, P. N. and George, K. L.（2005）"The Impact of Market Orientation on the Internationalisation of Retailing Firms: Tesco in Eastern Europe," *The International Review of Retail, Distribution and Consumer Research*, 15 (1), pp. 53-74.

Rugman, A. M. (2000) *The End of Globalization*, Random House.

Rugman, A. M. (2005) *The Regional Multinationals: MNEs and "Global" Strategies Management*, Cambridge.

Rugman, A. M. and Girod, S. (2003) "Retail Multinationals and Globalization: The Evidence is Regional," *European Management Journal*, 21 (1), pp. 24-37.

Salmon, W. J. and Tordjman, A. (1989) "Internationalisation of Retailing," *International Journal of Retailing*, 4 (2), pp. 3-16.

Schmitt, B. H. (1999) *Experiential Marketing: How to Get Customers to Sense, Feel, Think, Act, and Relate to Your Company and Brands*, The Free Press. 〔嶋村和恵・広瀬盛一訳 (2000)『経験価値マーケティング：消費者が「何か」を感じるプラス a の魅力』ダイヤモンド 社〕

Streeck, W. (2009) "On Suzanne Berger 'How We Compete: What Companies Around the World Are Doing to Make It in Today's Global Economy', New York, Doubleday, 2005," *Socio-Economic Review*, (7), pp. 505-533.

The Economist (2005) "Inditex: The Future of Fast Fashion," *The Economist*, June 18th, The Economist Newspaper Limited, pp. 55-56.

Tokatli, N. (2008) "Global Sourcing: Insights from the Global Clothing Industry: The Case of Zara, a Fast Fashion Retailer," *Journal of Economic Geography*, 8 (1), pp. 21-38.

Tokatli, N. (2015) "Single-Firm Case Studies in Economic Geography: Some Methodological Reflections on the Case of Zara," *Journal of Economic Geography*, 15 (3), pp. 631-647.

Tungate, M. (2005) *Fashion Brand: Branding Style from Armani to Zara*, Kogan Page.

Viardot, E. (2014) "Always Trust the Customer: How Zara has Revolutionized the Fashion Industry and Become a Worldwide Leader," in Jham, V. and Puri, S. (eds.) *Cases on Consumer-Centric Marketing Management*, Business Science Reference, pp. 68-94.

Treadgold, A. (1990/91) "The Emerging Internationalisation of Retailing: Present Status and Future Challenges," *Irish Marketing Review*, 5 (2), pp. 11-27.

（鳥羽　達郎）

第12章

ヘネス＆マウリッツ

──調達の国際化とグローバル競争優位の構築

▌1　はじめに

　ヘネス＆マウリッツ（Henness & Mauritz：以下，H&Mと略称）は，スウェーデンのファストファッション小売業である。2005年にスペインのザラ（ZARA）に首位を奪われたものの（Nadine and Wiebke 2008, p. 3），世界トップクラスの売上規模を誇る。2017年度の売上高は2,317億7,100万スウェーデンクローナ（SEK）（日本円で約2兆9,072億円），69ヵ国で4,739店舗を展開し，全世界で約17万1,000名を雇用する。オンライン市場への参入も活発で，43ヵ国でECサイトを開設している。これだけのグローバル企業に成長した現在でも創業家が最大の株主であり，創業者の息子が会長を，創業者の孫がCEOを務め，経営をコントロールしている。主要ブランドのH&Mブランドは，全店舗のうちの90.5％，4,288店舗を占める，まさに同社の代名詞となるブランドであるが，その他にも複数のブランドを展開している。8つのアパレル・ブランド，すなわち「コス（COS）」「ウィークデイ（Weekday）」「チープマンデイ（Cheap Monday）」「モンキ（Monki）」「H&Mホーム（H&M HOME）」「アンドアザーストーリーズ（& Other Stories）」「アーケット（ARKET）」，そしてマーケットプレイス・ブランドの「アファウンド（Afound）」である[1]。

　H&Mのビジネスコンセプトは，「ファッションと品質をベストプライスかつサステイナブルに提供する」ことである。そのため，デザイン・企画，マーケティング・販売という中核業務を自社で担い，その他の調達・生産・輸送等の

業務を独立したサプライヤーに委託し，自社（100％子会社である各国の生産オフィス）はその監督に注力するというモデルを確立している。この点は，ファストファッション業界のもう一方の雄であるザラの手法と大きく異なる。ザラは，デザイン・企画，生産，物流といった川上のバリューチェーンの各段階をすべて自社で所有・コントロールしようとするモデルである。そのため，広告には注力せず（Nadine and Wiebke 2008, p. 1），海外の出店も直接投資にこだわらない。対してH&Mはマーケティング，特に広告とブランディングに大いに注力する。

　例えば店舗のデザインやレイアウト，陳列は細部まで徹底して計画される。H&Mの店舗の内装，店頭の陳列や展示は，重要なマーケティングツールとして機能しているというのがその理由だ。広告で商品や価格，ブランド名を常に露出し，その世界観を店頭と徹底的に連動することで，ブランドイメージを確立しようとする。また，広告はすべての市場で統一した内容を展開している。それにより，強いブランドイメージを構築する（Göransson *et al* 2007, p. 34）。顕著な例が，2004年に実施した著名なファッションデザイナーであるカール・ラガーフェルド（Karl Lagerfeld）とのコラボレーションである。このコラボにより30着が製造されたが，店頭では数時間で売り切れる盛況ぶりであった。

　本章では，H&Mが「ファッションと品質をベストプライスかつサステイナブルに提供する」というビジネスコンセプトを実現する組織能力を，どのように獲得してきたかについて明らかにしていく。

2　国内展開：“流行と品質をベストプライスで” 提供する仕組み

(1)　誕生と成長の軌跡

　H&Mの歴史は，アーリン・パーソン（Erling Persson）が1947年にスウェーデンのヴェステロースに，女性のファッションチェーン「ヘネス」の第1号店を開店したことに始まる。彼はアメリカ旅行で，特に流行服を安価に提供していたラーナーショップ（Lerner Shop）の影響を受け，当時，大量生産された既製服が販売されることがほとんどであったスウェーデンに「あらゆる人に

合った価格で提供するファッション」という新しい女性向けアパレル小売業を開店したのである（Giertz-Mårtenson 2012, p. 110）。

　1952年には首都ストックホルムに出店し，同市に2店目を開店した1954年には，すでにかなりの人気を博していた。そこから国内での出店を40店舗まで拡大し，1964年にノルウェー，1967年にはデンマークへと海外出店を開始した。1968年に，ストックホルムを拠点とする狩猟用アパレルおよび釣り具の小売業「マウリッツ・ウィドフォース」（Mauritz Widforss）を買収し，企業名が現在の「ヘネス＆マウリッツ」となる。このときに，男性や子ども向けの衣服の提供を開始し，家族のすべてのメンバーにファッションを提供できる会社になった。1974年にストックホルム株式市場に上場し，店舗名を「H&M」としてリブランディングした。この時点で売上高5億5,000万スウェーデンクローナ（SEK），スカンジナビア半島に72の店舗を展開していた。1980年にスウェーデンの通信販売会社ローウェルズ（Rowells）を買収し，通販事業を開始。オンライン市場への進出は，1998年のスウェーデンが初となる。ここから国内外のオンライン市場への進出を拡大する。2018年にはインド，フランチャイズによりサウジアラビアとアラブ首長国連邦のオンライン市場に進出し，オンライン市場の進出国はすでに43ヵ国に達している。

　1990年代には著名モデルを起用した広告を展開した。1990年に始まったクリスマス・アンダーウェアキャンペーンで特集したエル・マクファーソン（Elle Macpherson）を初めとし，シンディ・クロフォード（Cindy Crawford），ナオミ・キャンベル（Naomi Campbell），クラウディア・シファー（Claudia Schiffer），クリスティ・ターリントン（Christy Turlington）のモデル界の"ビッグ5"を起用した。さらに2004年にはシャネルのデザイナーのカール・ラガーフェルドとコラボレーションし限定服を提供，「デザインは価格の問題ではない」とファッション業界を大いに驚かせた。以来，H&Mは毎年1回，著明なデザイナーあるいはブランドとのコラボレーションを発表している。2007年に2つ目のブランド「コス」が登場，ロンドンに第1号店をオープンした。ここからブランドの増加が始まる。2008年のファブリック・スカンディナビアン（FaBric Scandinavien AB）の買収により，「ウィークデイ」，「モンキ」，「チープマンデイ」のブランドが新たに加わり，2009年には「H&Mホーム」

を立ち上げた。2013年には，パリとストックホルムのデザイン・スタジオを有したオリジナルブランド「アンドアザーストーリーズ」が登場，2014年にはスポーツラインの「H&Mスポーツ」，2015年にはメイクラインの「H&Mビューティ」が加わった。

⑵　"流行と品質をベストプライスで"提供する仕組み

　以上のような経緯で成長してきたH&Mは，一貫して，"流行と品質をベストプライスで"提供するというビジネスコンセプトの下，世界第2位のシェアを持つ衣料品企業に上り詰めた。これを実現した同社の強みは，①ファッショナブルな商品デザインを，②中価格帯で，③高速に市場に投入することができる（Tokatli 2008, pp. 22-24）ことである。ここで注意しておきたいのは，中価格帯とは「流行と品質を兼ね備えた商品としてのベストプライス」のことであるという点である。ベーシックとファッション，品質の程度は，価格帯との相関性があり，ファッション性の高い商品，品質の高い商品は高価格帯で提供され，ベーシックな商品で品質はそれなりの商品は低価格帯で提供される。そのような中で，ファッション性が高く（流行のタイミングを逃さず，高速に），品質が高い商品をベストプライス（中価格帯）で提供するのが，同社の強みである。他方，ベーシックアイテムについては"高速"ではなく，"適速"によるベストプライスで市場投入できることも，もう1つの強みである。この2種類のサプライチェーンを同時に回すことができる能力こそが，同社の競争優位であるといえる。

　それでは，これらの競争優位を実現するための組織能力・体制はどのようなものなのか。バリューチェーンの川上から順を追って見ていきたい。H&M商品を企画・デザインするのは，ストックホルムの本社にいるおおよそ100名のデザイナーである（Giertz-Mårtenson 2012, p. 111）。彼らの重要な仕事は新たなトレンドをつかむこと。そのために主要な展示会に出席し自ら情報収集するとともに，生産オフィスや店舗がキャッチする各国の市場の発展状況，新たなトレンド，競合などの情報を活用する。彼らはファッションの流行を感知すると，バイヤーやパターン・メーカーと協業して新しい企画をデザインする。デ

ザイナーはバイヤーと密にコミュニケーションを取る一方で，バイヤーは14ヵ国の19の生産オフィスと密にコミュニケーションを取る（H&M 2018, p. 66）。

　生産オフィスは，主としてアジアと欧州にある751の契約サプライヤー（H&M 2018, p. 71）と価格交渉を行い，中央機能とサプライヤーとのコミュニケーションを調整し，サプライチェーンのコントロールを行う。こうして新商品に対して，世界中から価格，品質，期間，輸送の面で最適なサプライヤーを選択するのである（EMCC 2004, pp. 3-5）。

　H&Mが自社工場を持たないことは，すべてを自社所有して生産をコントロールしようとするザラとの対比でよく語られる話であるが，その裏では綿密なサプライヤーに対する監督が行われている。その直接の担い手が各国の生産オフィスである。生産オフィスは，これらサプライヤーが契約または所有する1,826の工場を，品質やH&Mの行動規範[2]の遵守などの面で監督する（Heuermann 2018, p. 68）。サプライヤーはH&Mの行動規範の厳密な遵守を求められるが，これに合格し契約に至った場合，その関係は長期的かつWin-Winの（お互いに大きな利益のある）ものとなる。

　商品が生産されると，外部契約業者との都度のスケジューリングおよび発注により，商品が輸送される。多くの商品はドイツ・ハンブルクの中央倉庫へ集められ，仕分けされ，店舗へ配送される。また一部の商品は，各国の物流倉庫へサプライヤーから直接輸送される（Arrigo 2018）。十分な物量があれば直接店舗へ輸送されるものもある（EMCC 2004, p. 4）。

　以上のような企画から店頭までの一連の流れを情報通信技術（ICT：Information and Communication Technology）が支援する。ICTを通じて各店舗，中央倉庫，調達部門や生産オフィスが情報連携され，個々のアイテムごとに販売，在庫，生産能力と，自動的に策定される調達計画を確認することができる（EMCC 2004, pp. 3-5）。

　企画から店頭までのリードタイムは20日である（EMCC 2004, p. 3）[3]。競合ザラの14日に比べて長いものの，製造小売業（SPA：Specialty Store Retailer of Private Label Apparel）の中では極めて短い数字を誇る。他方，スピードを求められないベーシックアイテムについては，6ヵ月前に発注する（Nadine and Wiebke 2008, p. 12）など，ファッションアイテムとのバランスを取る。事

前発注は全体の80％に上る[4]。

　最短リードタイムでザラに引き離されている理由は，ザラは工場を自社所有しコントロール可能な状態にする一方，輸送のスケジュールを事前に厳密に決め，それに合わせるように生産が進められているという点にある。そうすることでスピードを取る。そのため，コストは高くなる。他方H&Mは工場を所有せず，輸送スケジュールを都度発注とすることで，柔軟性とコストメリットを取る。スピードは"最速"とはいかないものの，適度なスピードと有利なコストを取ることができる。いわば"適速"のサプライチェーンといえる。

(3)　アウトソース（委託）とコントロール（管理）の両立

　"ベストプライスで"提供することができる大きな要因は，工場を"所有しない"で生産を"アウトソース"することにあるといえる。一般的に，工場の"所有"は生産の高度な"コントロール"を可能にし，自社商品の品質を担保することができる。それではH&Mは自社商品の品質を担保するために，どのようにアウトソース先の生産を"コントロール"しているのだろうか。まずはサプライヤーの契約時と契約後のコントロール方法について見ていきたい。

　すべてのサプライヤーはH&Mとの取引を行うために，主として職場環境，エコシステム，動物保護の3つに焦点を当てたサステナビリティ・コミットメント（SC）にサインをする必要がある。同規定は，必達水準と目標水準があり，必達水準はすべてのサプライヤーが必ず到達しないとならないレベルだが，目標水準はコミットメントや達成により報酬が与えられるものである（Heuermann 2018, p. 68）。

　契約後，サプライヤーは毎年の自己評価によりSCに関するパフォーマンスが評価され，その結果を参考に，H&Mは年次で各工場の適正水準を決定する。リスクが高い，新しいサプライヤーには，1年に1度実地調査を行うが，基本的には書類上の適正調査で十分となっている。H&Mが決定するサプライヤーの適正水準は3つのレベルに分かれており，法規制要件等必達要件を満たしているレベル（レベル1），マネジメントシステムが存在・機能し，自身の目標を設定しているレベル（レベル2），KPIに基づく高い目標設定がなされてい

るレベル（レベル３）である（Heuermann 2018, p. 69）。このパフォーマンス基準は，サステイナブル・アパレル連合[5]のHiggインデックスと同社独自のKPIに基づき設定された，サステナビリティ・インデックス（SI）に統合されている。各工場は０から100の間のSIスコアで評価され，最初の発注が行われるまでに96％の工場が評価を受ける（Heuermann 2018, p. 70）。2017年度は，１次・２次の新規サプライヤーに対する1,736の契約要件調査，１次・２次サプライヤーに対する1,860の書類調査，1,589の実地調査を行った（H&M 2018a, p. 84）。

　SIは同社とサプライヤーとの間のサプライヤー・インパクト・パートナーシッププログラム（SIPP）の評価を通じて算出される。SIPPでは，サプライヤーに対して一方向の監査ではなく，双方向の対話を行うことを推進している。同社は15年の下期に最初のSIPP評価を実施した。ここでは１次サプライヤーが対象となったが，将来的には２次サプライヤーや広告資材など非商品分野にも広げていきたいと考えている（Heuermann 2018, p. 69）。

　基準に達したサプライヤーは，H&MとWin-Winの関係を構築できる。例えば，ゴールドサプライヤーであれば３年間の発注が，プラチナサプライヤーであれば５年間の発注が保証される（Heuermann 2018, p. 70）。そしてこれらのサプライヤーが全商品の60％を生産している[6]。

　それでは日々のオペレーションにおけるコントロールはどうなっているのか。バングラデシュの例で見てみたい。1982年に開設したバングラデシュの生産オフィスでは，130の直接契約のサプライヤーと30〜40の間接契約のサプライヤーと取引を行っている。H&Mは既存の取引業者との取引を重要視するが，新しいサプライヤーの選抜も随時行っている（Alim and Hasan 2010, p. 64）。新しいサプライヤーを選ぶ基準は，価格，生産能力，リードタイム，品質，H&Mの「行動規範」の遵守である（Alim and Hasan 2010, p. 71）。

　ストックホルムの本社から注文を受けると，バングラデシュの生産オフィスではサプライヤー数社による入札を行う。ここで価格・リードタイムの交渉や，品質調査チームによる品質調査，行動規範チームによる行動規範遵守に対する調査が行われる。品質調査では，グーグル（Google）やその他の情報源を利用して，サプライヤーの生産能力や品質の調査，品質不備による輸送キャンセル

の有無の確認を行う。最後に，行動規範チームは工場を訪問し，低賃金，安全性，児童労働，労働強制といった問題点がないかを目視確認する（Alim and Hasan 2010, p. 72）。

　発注が決定すると，サプライヤーはH&M指定のメーカーや自社が選択したメーカーから原材料を仕入れる。自社で選択したメーカーに発注する場合，サプライヤーはH＆Mに仕入メーカーについて報告をする必要がある。部品メーカーの60〜80％は現地企業であるためリードタイムの平均は10〜15日だが，生地の調達は香港，中国，台湾，インドネシア，インドといった海外からの輸入になるためリードタイムの平均は37〜44日にも上る（Alim and Hasan 2010, p. 73）。

　原材料が到着すると，サプライヤーは注文時に指定した仕様に適しているかをチェックする。このリードタイムは2，3日である。次に裁断に1，2日，生産に10〜15日（10万ユニットで）がかかる。生産工程において，サプライヤーのマーチャンダイザーは生産部門の検査を行い，品質管理チームは継続的な品質検査を行う。さらにサプライヤーのコンプライアンス・チームが行動規範の遵守を監督する。この生産過程でも，生産オフィスのマーチャンダイザーと品質管理チームが現地サプライヤーを監督する。工場のライン調査（週に2，3回）と出荷前調査で品質チェックが行われている。また生産オフィスの監査チームが既存・新規サプライヤーに対して，18ヵ月〜24ヵ月の間に1回のフル監査とそれに続く3回のフォローアップ監査を6ヵ月の間隔で実施し，行動規範のチェックを行っている（Alim and Hasan 2010, p. 74）。

　さらに多段階のサンプリングチェックも行われる。まずストックホルムでデザインが完成した段階で，サプライヤーに初回のサンプルの提出が求められる。次に大量生産に入る前に2回目のサンプル提出が必要となる。そして出荷前に，完成品が初回サンプルと同等かどうかをチェックするために，最後のサンプルの提出が求められる（Alim and Hasan 2010, p. 85）。

　以上のようにH&Mは，サプライヤーの契約時・契約後の定点において，また発注，生産，出荷の各オペレーション・フェーズで多数の監査を行い，品質や行動指針の遵守を確実なものにしているということが見て取れる。

■3　国際展開：グローバルな調達ネットワークを基盤とした店舗の国際化

(1) 店舗の国際化

　海外への出店は、1964年にノルウェーへの進出から始まった。ここから約30年余りは、2、3年に1回、欧州の中の未出店国へ進出するという緩やかなペース (Mo 2015, p. 226) で海外拠点を拡大していった。その結果、1997年の段階で海外売上比率は売上高で79.2%、店舗数で76.1%にまで達している（図表12－1参照）。

　スペインに進出した2000年に、ニューヨークの5番街に旗艦店をオープンし、欧州以外の市場であるアメリカへの進出を開始。このように、失敗のリスクを最小限にし、消費者の行動や需要をより詳細に把握するために、常に大都市から海外市場への参入を開始している。またアメリカでは進出当時から物流センターといったインフラの整備を進め、急速に店舗網を拡大した (Nadine and

┃図表12－1┃売上高・店舗数・従業員数（1997年）┃

進出国	設立	売上高 (SEK M)			店舗数			従業員数		
		1997年	%	前年比	1997年	%	前年比	1997年	%	前年比
スウェーデン	1947	4,426	20.8%	107.2%	117	23.9%	100.0%	2,934	24.7%	104.9%
ノルウェー	1964	2,111	9.9%	122.5%	49	10.0%	104.3%	1,010	8.5%	107.9%
デンマーク	1967	1,184	5.6%	112.7%	40	8.2%	105.3%	696	5.9%	111.0%
イギリス	1976	601	2.8%	159.4%	21	4.3%	116.7%	424	3.6%	118.8%
スイス	1978	1,829	8.6%	111.7%	42	8.6%	105.0%	947	8.0%	107.6%
ドイツ	1980	6,606	31.0%	128.1%	123	25.1%	121.8%	3,556	30.0%	130.4%
オランダ	1989	1,371	6.4%	124.4%	39	8.0%	102.6%	903	7.6%	108.5%
ベルギー	1992	1,014	4.8%	126.9%	27	5.5%	112.5%	454	3.8%	102.0%
オーストリア	1994	1,847	8.7%	154.8%	25	5.1%	131.6%	856	7.2%	131.3%
ルクセンブルク	1996	28	0.1%	466.7%	2	0.4%	200.0%	20	0.2%	400.0%
フィンランド	1997	262	1.2%	671.8%	5	1.0%	-	70	0.6%	-
合計		21,279	100.0%		490	100.0%		11,870	100.0%	
海外比率			79.2%			76.1%			75.3%	

出所：H&M (1996, 1997) Annual-Report 1996, 1997 より作成。

Wiebke 2008, p. 16)。2000年に30店舗，2005年に91店舗，2010年に208店舗，2017年には536店舗に達し，現在，最も店舗数が多い国となっている。2001年，2002年には新たな国への進出をストップし，欧州以外の国への進出が軌道に乗り始めた2003年，再度海外出店を加速した。2000年以降，進出国数の伸びは，5年ごとに1.6〜1.7倍となっており，現在では69ヵ国に進出している（**図表12−2**参照）。

　2007年には中国（上海）に進出，アジアへの進出を果たした。中国での出店スピードは目覚ましく，2010年に47店舗，2015年に353店舗，2017年に506店舗に達し，2017年にはアメリカに次ぐ店舗数に達した。日本には2008年に進出している。

　2006年には中東初の店舗がドバイとクウェートでオープンした。それまで直営店のみを展開していたH&Mにとって，フランチャイズ契約による初の出店でもあった。フランチャイジーは中東で最大の小売業アルシャヤ（M. H. Al-shaya）であり，契約当時，すでに11ヵ国で900のフランチャイズ店舗を運営している実績のある企業であった。H&Mはアルシャヤに商品を販売，配達し，アルシャヤが在庫を管理し顧客に販売するというオーソドックスな契約形式である。H&Mは，商品をフランチャイジーに販売した段階で商品の代金を受け

❙ 図表12−2 ❙ 店舗数・売上高の推移 ❙

	2000年		2005年		2010年		2015年		2017年	
進出国数	14		22		38		61		69	
店舗数 （国内）	115	16.9%	124	10.4%	168	7.6%	176	4.5%	172	3.6%
店舗数 （国外）	567	83.1%	1,069	89.6%	2,038	92.4%	3,748	95.5%	4,567	96.4%
総店舗数	682	100.0%	1,193	100.0%	2,206	100.0%	3,924	100.0%	4,739	100.0%
売上高 （国内） (SEK M)	4,208	13.8%	6,190	8.6%	6,742	6.2%	7,606	4.2%	8,236	4.1%
売上高 （国外） (SEK M)	26,246	86.2%	65,696	91.4%	101,741	93.8%	173,255	95.8%	191,768	95.9%
総売上高 (SEK M)	30,454	100.0%	71,886	100.0%	108,483	100.0%	180,861	100.0%	200,004	100.0%

出所：H&M（2000-2017）*Annual-Report 2000-2017*より作成。

取り，フランチャイジーが消費者に商品を販売した段階でフランチャイズ・フィーを受け取る。H&Mのコンセプトを徹底するため，立地の選択や店舗設備から，商品選定や従業員教育に至るまで，あらゆることをH&M側がコントロールしている（H&M 2007，p. 18）。2007年にはカタール，2008年にはエジプト，サウジアラビア，バーレーン，オマーンに進出した。2010年には新たなフランチャイジーであるマッチリテール（Match Retail）を通じて，イスラエルに進出した。2017年時点でフランチャイズ契約による運営店舗は219店舗（4.6%），売上は全体の2.1%を占める。しかしながらフランチャイズ契約は，直接投資では出店できない地域でのみの次善の選択肢であり，H&Mは，中東を除き，フランチャイズ契約は出店戦略の選択肢の1つではないと明言している（H&M 2007，p. 18）。

(2)　調達の国際化

　他方，商品を発注し，生産するという"調達"プロセスの国際化は，1960年代から始まった。当初はほとんどの生産をスウェーデン（国内）で行っていたが，1960年代にスカンジナビア半島の国々およびイギリスに生産拠点を移した。1960年代末には，南欧，主としてイタリアやポルトガルに拠点を移したが，ハンガリー，ポーランド，旧ユーゴスラビアの生産拠点も維持した（EMCC 2004，p. 2）。1970年代には，生産を東アジアに移した。東アジアで最初の生産オフィスは，1978年に香港で開設された。現在では，14ヵ国，19の生産オフィスを有し，欧州とアジアではほぼ半分ずつとなっている。

　店舗の欧州以外の国への拡大が2000年以降に始まったことを考えると，調達の国際化はより早く開始されていたことが窺える。1968年には，このような調達体制を背景に，これまでのアパレル業界の常識であった年4回の調達という慣行を破り，月1回の調達を開始している。1997年の段階で自社の生産オフィスは15（欧州に7ヵ所，アジアに8ヵ所），品質管理担当者は100名，サプライヤーは1,600に上り，生産の約半分が欧州で残り半分がアジアで生産されていた（H&M 1998，p. 11）。生産地域は商品特性によって分けられており，少量生産のものや流行性の高い衣類は短納期納品が可能な欧州のサプライヤーで生産

され，コスト重視のベーシックな衣類や子ども服はアジアで生産された（Nadine and Wiebke 2008, p. 10）。この基本方針は現在も同様である。

　生産された商品は，直接契約したフォワーダーと輸送会社の手により，オランダ，ドイツ，イギリスの中央倉庫に集められ，最終検査を経て欧州の各店舗へ日々配達された。翌年の1998年には，欧州の各国に中央倉庫が整備され，そこで詰替え，検査，スチームプレス等が行われた。1,600まで増えたサプライヤーは，1999年に900まで減少した。これはガルネ・グンナー（Galne Gunnar）ブランドの廃止が一因であったが，同ブランドの店舗は18店舗[7]に過ぎず，H&Mによるサプライヤーへのコントロール体制の再構築・再強化の結果であったといえる。H&Mは，自社の行動規範を理解し遵守するサプライヤーへの集中化を進め，さらにサプライヤー自身も下請けを整理し，自社工場や自社工場の生産能力を増強した。現在では，751のサプライヤーと契約し，これらサプライヤーが契約または所有する1,826の工場で生産を行っている。生産の割合は約60％がアジア，残りが欧州となっている[8]。

(3)　国際展開とH&Mの競争優位

　以上のように，H&Mの店舗の国際化と調達の国際化は，競争優位の構築に重要な意味を持っていた。すなわち，調達の国際化により同社の競争優位が構築され，調達の国際化により確立されたグローバルな調達ネットワークをさらに組み替えていくことで，競争優位の国際移転，すなわち店舗の国際化が推進された。順を追って整理してみたい。

　H&Mは1960年代末に，南欧，主としてイタリアやポルトガルに生産拠点を設け，ハンガリー，ポーランド，旧ユーゴスラビアの生産拠点との柔軟なサプライチェーンを構築した。このような調達体制を背景に，1968年に業界慣行に反し，月1回の調達を敢行。市場の流行をタイムリーに反映するための体制を確立した。したがって，「ファッションアイテムを中価格帯で高速に提供する」という同社の競争優位を実現する組織能力は，この時点で確立されたといっても過言ではない。この時点での進出国は，スウェーデンに加え，ノルウェーとデンマークのみであった（**図表12−1**参照）。

　1970年代にはイギリス，スイスに進出。1978年に東アジアで最初の生産オフィスが香港で開設され，そこから1980年代にかけて欧州と東アジアにおける調達ネットワークが構築された。これに伴い，80年代末から欧州内での国際展開が加速する。1989年のオランダを皮切りに，90年代にはベルギー，オーストリア，ルクセンブルク，フィンランドへ進出した（**図表12－1**参照）。80年代に確立した欧州・東アジアの調達ネットワークが，新たな市場に進出するための基盤となった。

　2000年になると，欧州以外の国への出店が始まった。その前年の1999年に，サプライヤーの大幅な整理が行われた。1,600ほどにまで増えていたサプライヤーを900にまで減らしたのである。これ以降，サプライヤーの数は増減を繰り返し，傾向としては微減している。さらに1998年には，最終工程（検査，スチームプレス等）と仕分けを行うため，欧州の各国に中央倉庫が整備された。その後，まずは北米，そしてアジア，中東へと国際展開が加速した。このように，H&Mの競争優位の確立にとって，またその競争優位を国外さらには欧州以外の国に展開するために，調達ネットワークの整備は必要不可欠なものであったことが見て取れる。そのため，店舗の国際化よりも調達の国際化が先行して行われた。

　次に，調達と店舗の国際化において，所有戦略はどのようなものだったかを整理したい。サプライチェーンの川上である調達ネットワークについては，コントロール拠点である生産オフィスを直接投資により構築するが，工場は所有せず，サプライヤーとの長期的な契約により実際の調達・生産を回していくという手法を採っている。しかしながら生産オフィスによるサプライヤーのコントロールは非常に徹底されており，所有しない代わりにコントロールを有効にするためのさまざまな監督手法を整備している。他方，サプライチェーンの川下にある店舗ネットワークについては，直接投資によりブランドコンセプトやマーチャンダイジングのコントロールを徹底している。中東地域においてはフランチャイズ展開を行っているが，それは次善の策として位置づけられており，直接投資による出店が同社の基本戦略となっている。したがって，川上については直接投資を生産オフィスに留め，サプライヤーと長期的な契約を締結しながらも随時入れ替えることで，調達ネットワークの柔軟性を確保している。川

下については直接投資を行い，ブランドコンセプトの徹底を実現している。

▌4　おわりに

　以上のようにH&Mでは，調達の国際化がグローバルな競争優位を構築し，店舗の国際化を推進したことが窺えた。同社は今後，どのような戦略を採っていくのか。10年前より始まっているブランドの多角化がキーといえる。

　同社は，独立した8つのブランドをグループ共通の12の機能が横串で支援するというマトリックス型組織を採用している（H&M 2018, pp. 56-59）。8つのブランドは"それぞれ"，デザインと調達機能を有する自社組織と，各国の現地販売組織を持ち，それぞれの責任者がそれらを管理している。各事業の支援機能として，「会計」「事業開発」「コミュニケーション」「コントロール」「出店」「人的資源」「法務」「物流」「生産」「セキュリティ」「サステナビリティ」があり，各ブランドのグループ横断組織として機能している。現地の販売組織は，各国の店頭や小売オペレーションの責任を有している。各国での支援機能は，現地販売組織に権限委譲されているが，本社の各グループ機能からの指示を受けている。

　このようなマトリックス型の組織は，H&Mブランドと他のブランドとが同じ組織体制，同じバリューチェーンで運営されることを意味している。そのため，H&Mブランドが達成してきた店舗の国際化が，その他のブランドでも同様に推進されていくと考えられる。ただし現状では4つのブランドにおいて，オンラインサイトの進出国数が店舗の進出国数を上回っている。店舗の国際化よりもオンラインサイトの国際化のほうが先行しているブランドが多数あるのだ。したがって今後は，オンラインサイトの国際進出が実店舗の国際進出に与える影響にも注視していく必要があるだろう。

　またブランドの淘汰も始まっている。チープマンデイは2019年6月をもって販売を終了することを発表している。モンキは2013年に日本に進出し，2016年に撤退，2017年の出店も1店舗と低調だ。強いブランドへの経営資源の集中が始まっている。さらに2018年には，自社および他社のブランドをオフ・プライスで販売するマーケットプレイス「アファウンド」の実店舗とオンラインスト

アを，スウェーデンで出店した。サプライチェーンのスピードの差でザラに後れを取っているH&Mは，セールを積極的に行うなど，在庫を処分する必要性が出ているという[9]。他方H&Mは，オフ・プライスマーケットに「新しい風を吹き込む」[10]としている。"適速"のサプライチェーンは最速のサプライチェーンに対して，消費者にどのような付加価値を提供できるのか。今後の動向を注視したい。

■注

(1) 2017年度末の時点で店舗数はH&M：4,288店舗，COS：231店舗，Monki：119店舗，& Other Stories：60店舗，Weekday：33店舗，Cheap Monday：3店舗，ARKET：5店舗，H&M HOME：H&M店舗内に46ヵ国332拠点である。全店舗のうち219店はフランチャイズ店舗である。またオンラインサイトは43ヵ国で展開され，H&M：43，コス：20，モンキ：19，アンドアザーストーリーズ：15，ウィークデイ：18，チープマンデイ：18，アーケット：18，H&Mホーム：37に上る。

(2) 法制度の遵守，児童労働の禁止，安全規範・工場規範の遵守，労働者の権利と団結の自由の遵守，住居環境等環境側面の整備。

(3) 「H&Mアニュアルレポート2000，p. 11」では，デザインから店頭までのリードタイムは商品特性に応じて3，4週間〜6ヵ月となっている。

(4) Tradegecko https://www.tradegecko.com/blog/hm-retail-inventory-control

(5) 環境や地域社会，ステークホルダーに害を及ぼすことなく，持続可能な生産を可能にするための，アパレル業界，フットウェア業界，テキスタイル業界の企業連合。世界で200社が参加している。

(6) H&M http://sustainability.hm.com

(7) Encyclopedia.com https://www.encyclopedia.com/

(8) Tradegecko https://www.tradegecko.com/blog/hm-retail-inventory-control

(9) Business Insider https://www.businessinsider.com/hm-new-store-more-discounts-2018-1

(10) Drapers https://www.drapersonline.com/news/hms-afound-vows-to-put-fresh-spin-on-off-price/7028866.article

■参考文献

【日本語文献（五十音順）】

『日本経済新聞（電子版）』2018年7月12日付。

【外国語文献（アルファベット順）】

Alim, A. and Hasan, R. (2010) "Factors Affecting Supply Chain Management Efficiency in Cross Border Outsourcing: A case study of H&M and its Outsourcing Operations in Bangladesh," School of Business, Economics and Law, University of Gothenburg, Master's Dissertation.

Arrigo, E. (2018) "The Key Role of Retail Stores in Fast Fashion Companies: The H&M Case Study," In Chow PS., Chiu, CH., Yip A. and Tang A. (eds) *Contemporary Case Studies on Fashion Production, Marketing and Operations*. Springer Series in Fashion Business, Singapore: Springer.

European Monitoring Centre on Change (EMCC) (2004) "Industrial Change in the Textiles and Leather Sector: Hennes & Mauritz," URL: https://www.eurofound.europa.eu/sites/default/files/ef_files/emcc/publications/2004/ef0465en_1.pdf〈2018年11月10日参照〉

Giertz-Mårtenson, I. (2012) "H&M – Documenting the Story of One of the World's Largest Fashion Retailers," *Business History*, 54 (1), pp. 108-115.

Göransson, S., Jönsson, A. and Persson, M. (2007) "Extreme Business-Models in the Clothing Industry : A Case Study of H&M and ZARA," Kristianstad University, Bachelor Dissertation.

H&M (1996-2017) *Annual Report 1996-2017*.

H&M (2017a) *Sustainability Report2017*.

Heuermann, H. (2018) "Creating Sustainable Business Partnerships at H&M Through Collaboration," In Jastram S., Schneider A. M. (eds) *Sustainable Fashion: Governance and New Management Approaches*, Cham, Switzerland: Springer.

Mo, Z. (2015) "Internationalization Process of Fast Fashion Retailers: Evidence of H&M and Zara," *International Journal of Business and Management*, 10 (3), pp. 217-236.

Nadine, P. and Wiebke M. (2008) *Successful Business Models in the Fashion Retail Industry: Strategic Audit of H&M compared to ZARA*, Norderstedt, Germany: GRIN.

Tokatli, N. (2008) "Global Sourcing: Insights from the Global Clothing Industry : The Case of Zara, a Fast Fashion Retailer," *Journal of Economic Geography*, 8 (1), pp. 21-38.

Tokatli, N., Wrigley, N. and Kizilgün, Ö. (2008) "Shifting Global Supply Networks and Fast Fashion: Made in Turkey for Marks & Spencer," *Global Networks*, 8 (3), pp. 261-280.

【Webサイト】

Business Insider　https://www.businessinsider.com/hm-new-store-more-discounts-2018-1（アクセス日：2018年11月1日）

Drapers　https://www.drapersonline.com/news/hms-afound-vows-to-put-fresh-spin-on-off-price/7028866.article（アクセス日：2018年11月1日）

Encyclopedia.com　https://www.encyclopedia.com/（アクセス日：2018年11月1日）

H&M Webサイト

　http://about.hm.com/（アクセス日：2018年11月7日）

　http://sustainability.hm.com（アクセス日：2018年11月7日）

Tradegecko　https://www.tradegecko.com/blog/hm-retail-inventory-control（アクセス日：2018年11月1日）

（今井　利絵）

第13章

アマゾン
―─プラットフォーマー小売業の創設と成長

▌1 はじめに

インターネットの登場は，ユビキタス社会といわれるように，「いつでも，どこでも，なんでも，誰にでも」アクセスを可能とし，コミュニケーションをとることだけでなく，商品やサービスの売買や提供を可能にした。インターネットの普及は，**図表13－1**に示すように，電子商取引（EC）市場[1]を急速に成長させ，中国やアメリカなどの取引額の大きな国においても2016年における前年の伸び率は15.4%，14.3%と２桁を記録している。またEC市場におけるシェアは，アマゾン・ドット・コム（Amazon.com）が高いことがわかる。母国市場アメリカでは，33.0%，最初の進出国であったドイツでは40.8%，日本でも20.2%を占めトップ企業である。

アマゾンは「地球上で最も豊富な品揃え」をコンセプトにEC市場で取り扱い品目を増やし，1995年の創業からわずか１ヵ月で，アメリカの50州すべてと，世界の45ヵ国以上で販売実績を築いたグローバルなEC小売企業の１つである。また近年では，人工知能（AI）音声認識サービス「アマゾンアレクサ（Amazon Alexa）」の開発を行い，またAWS（Amazon Web Services）というクラウドコンピューティングサービスを提供し，市場のシェアナンバーワンを誇るテクノロジー企業でもある。本章では，アマゾンのEC小売企業としてのみならず，プラットフォーマー小売企業としてのビジネスモデルの特徴と海外進出の動向について考察する。

| 図表13－1　主要国のEC市場の取引額と市場シェア |

	取引額 (百万ドル)	前年 伸び率 (%)	主要各社の市場シェア（％）					
			1　位		2　位		3　位	
中国	366,078	15.4	アリババ集団	43.5	京東商城	20.2	蘇寧電気	3.1
アメリカ	312,064	14.3	アマゾン	33.0	ウォルマート	7.8	イーベイ	7.4
イギリス	73,456	9.8	アマゾン	26.5	イーベイ	10.1	テスコ	6.6
日本	72,577	9.5	アマゾン	20.2	楽天	20.1	ソフトバンク	8.9
ドイツ	44,094	12.3	アマゾン	40.8	イーベイ	15.0	オット	11.2
フランス	35,769	9.4	アマゾン	10.7	カジノグループ	9.9	E・ルクレール	7.5
インド	21,648	39.4	フリップカート	39.5	ジャスパー・インフォテク	30.2	アマゾン	12.1
ロシア	11,494	15.0	マクサス	4.6	ワイルド・ベリーズ	4.3	ウルマート	3.6
ブラジル	10369	12.3	ロジャス・アメリカナス	18.7	メルカド・リブレ	17.6	カジノグループ	15.5
メキシコ	4,563	26.0	メルカド・リブレ	9.5	ロケット・インターネット	5.8	アマゾン	5.5

注：取引額はEuromonitor Internationalによる推計値。推計値は，端末を問わずインターネット上で行われたB2Cの
　　消費財（輸送機器を除く）取引を示す。なお食料品や雑貨などの宅配サービス，店舗支払い，受け取りによ
　　る取引は含まない。
出所：ジェトロ（2017）90頁より作成。

2　国内展開：誕生と成長発展の軌跡

(1)　オンライン書店としてのアマゾン

　1995年7月にアマゾンは，ジェフ・ベゾス（Jeffrey P. Bezos）がオンライン書店としてアメリカのシアトルにて創業した。立ち上げから最初の1ヵ月で，アメリカの50州すべてと，世界の45ヵ国以上で販売実績を残した（Brad Stone 2014）。この時アマゾンが目指した書籍の取り扱いは，一般的な書店では取り扱いの書籍は限定されて販売されるが，電子商取引をベースとするアマゾンでは既刊の書籍すべてを取り扱うことが可能となるような販売システムを構築することであった。

　「世界最大の書店」のオンライン企業として，創業後わずか3年でナスダック（米株式店頭市場）に株式を公開することとなり，株価は1.5ドルから80ドルに上昇した（高井2000，214頁）。ジェフ・ベゾスは「当社の経営効率は既存書店よりも一けた高い。インターネットは電子商取引にはまだ未成熟という声

もあるが，もはや世界の流れは止められない」（『日本経済新聞』1998年1月1日付）といい，アマゾンは，インターネットの特性を活かし，購入したい本の検索や新刊紹介，注文のすべてをオンラインで24時間受け付ける体制を整えた。この書籍の取り扱いをはじめとして，1997年にはCD・DVDを1999年にはゲーム・玩具，2000年以降には家電・キッチン・ホーム用品・消費財・食品などさまざまなカテゴリーの商品を取り扱うようになっていった（佐藤 2018, 28頁）。また，アマゾンは1999年以降，イギリス，ドイツをはじめとしてカナダ，フランス，日本，中国，イタリア，スペイン，ブラジル，インド，メキシコ，オーストラリア，オランダ，トルコ，シンガポールへと国外への展開を着実に広げていった。

　アマゾンは「地球上で最も顧客第一主義の会社」を企業のミッションとして掲げている。このアマゾンのビジネスモデルは**図表13－2**に示すように，ジェフ・ベゾスが書いたシンプルなサイクルで説明される（佐藤 2018, 85-102頁；田中 2017, 55-59頁）。Growth（成長）を中心とした6つの要素が矢印で結ばれている。Selection（品揃え）を充実させることによって，Customer Experience（顧客経験価値）を高める。この顧客経験価値，つまり顧客満足度が高まるとTraffic（来客数）が増える。この来客数が増加することによって，アマ

｜図表13－2｜アマゾンのビジネスモデル｜

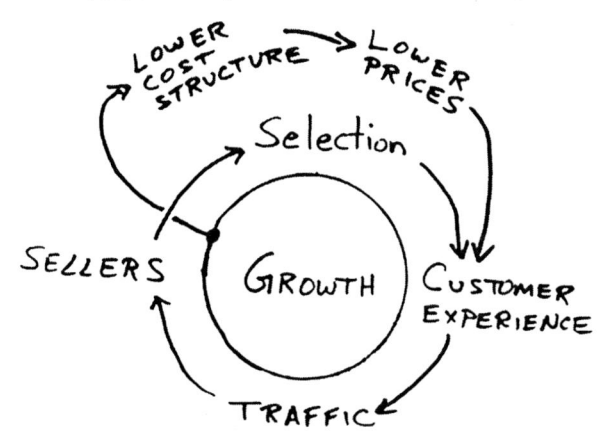

出所：アマゾンのホームページ（https://www.amazon.jobs/jp/landing-pages/about-amazon）。

ゾンで商品を取り扱ってもらいたいというSellers（売り手）が増え，結果とし
てSelection（品揃え）が充実することにつながり，そこにGrowth（成長）と
いう無限ループが完成し，アマゾンの成長が継続的なものであり，またその成
長を支えるのは顧客の経験価値・満足度の高さということになるのである。つ
まり結果として，「地球上で最も顧客第一主義の会社」というミッション達成
へとつながっていくのである。このGrowth（成長）によって，企業規模や販
売量などが多くなり，規模の経済が発揮され，さらなるLower Cost Structure
（低コスト構造）がもたらされることになる。Lower Cost Structure（低コス
ト構造）は商品のLower Prices（低価格）提供を可能にし，Customer Experi-
ence（顧客経験価値）の高まりへとつながっていくことになるのである。ア
マゾンが目指している顧客第一主義の根底を支えているのは，低価格であり，
品揃えの豊富さである。

⑵　EC小売企業としてのアマゾンの特徴

　本項では，アマゾンのEC小売企業としての成長と特徴を考察する。顧客の
経験価値を高めるためにアマゾンはさまざまな顧客サービスやシステムを提供
した。特許を取得した「ワン・クリック」方式[2]はいわゆるショッピングカー
トなどを経ることなく，1度のクリックで注文が確定できるシステムである。
消費者が事前に必要な情報を入力しておくことにより，注文に関するクリック
回数を減らすことが可能となる。

　リコメンデーション機能とは，購入履歴や閲覧履歴または登録した情報に基
づいて，顧客の趣味や嗜好に合った商品をホームページやメールで紹介する機
能のことである。「○○さんへおすすめ」や「この商品を見た人は以下の商品
をみています」などがホームページ上で表示されているものである。

　「プライム会員」は有料制会員サービスで，商品購入時の配達無料手数料の
割引，音楽や写真，映画の提供，さまざまなサービスを提供してくれるもので
ある。またプライムナウ（Prime Now）という短時間宅配サービスは，サブ
スクリプションサービスの1つであり，アマゾンの主要な事業になってきてい
る。

　また，アマゾンの取扱商品を増やすため，「マーケットプレイス」の導入と小売系グループサイトとの連携を行った。マーケットプレイスとは，第3者がアマゾンサイトを利用して商品を売買できるシステムで，月額料金を払えば誰でもアマゾンサイト上に出品することができ，商品が売れれば出品者は収入が得られる仕組みになっている。このようにしてアマゾンは，取扱商品の数を増やし，顧客の求めるあらゆる商品を取り扱うことのできるシステムを構築したのである。また，小売系グループサイトとの提携によっても取扱商品を増やしている。1999年から医薬品販売やスポーツ用品販売を行う企業と提携し，アマゾンサイトでの販売を始めた。現在では，書籍のみならず，CD・DVD，ゲーム・玩具，家電，キッチン用品，ホーム用品，食品，生鮮食品などあらゆる商品を取り扱うようになった。

　この取扱商品を迅速に配達するためのシステムとして，フルフィルメントセンターと呼ばれる倉庫システムがある。アマゾンはこの配送までを自動ライン化した物流拠点で，迅速にパッケージングして出荷する独自の最先端のシステムと設備を構築したシステムを持っている。また，このフルフィルメントセンターを活用したフルフィルメントBy Amazon（FBA）というサービスもある。FBAは，アマゾンが出品者から商品を預かり，注文処理をして，フルフィルメントセンターから発送し，返品に関するカスタマーサービスなどを代行するサービスも提供している。

　アマゾンはサイト運営におけるサービスの提供だけではなく，人工知能（AI）音声認識サービス「アマゾンアレクサ」をはじめとするアマゾン・デバイスを充実させているし，2015年から始まったAWSは他の事業を圧倒するような収益性の高い事業を展開し，クラウドコンピューティング市場でシェアナンバーワンの地位を獲得している。アマゾンはEC小売企業として成長するとともに，他の分野においても積極的に投資し，成長している。

⑶　プラットフォーマーとしてのアマゾンの特徴

　本項では，アマゾンのプラットフォーマーとしての特徴を考察する。プラットフォーマーとは，プラットフォーム＝「基盤」となるシステムやモノがあり，

そのプラットフォームに第3者が利用することによって新たな価値を生み出している企業といえる。ガーファ（GAFA）と呼ばれるグーグル（Google），アップル（Apple），フェイスブック（Facebook），アマゾン（Amazon）の4大企業がその代表として挙げられ，それぞれの企業で，提供しているプラットフォームは異なるものの，そのプラットフォームをオープンにすることによって，様々な企業や消費者と接点を持ち，世界中に活動の場を広げている。

　アマゾンは無数の商品提供者を集め，消費者との交換の場としてのプラットフォームとして「マーケットプレイス」を創り出した。この「マーケットプレイス」は，楽天やヤフーといった他のEC小売業も類似するプラットフォームを持っている。アマゾンの強みはFBAのサービスを提供したことにある。FBAを利用すると，商品の保管から出荷，決済，配送まですべてをアマゾンが代行してくれる。つまり，アマゾンが独自で作り上げた物流システムは，プラットフォームとしてFBAを利用するすべての企業に提供されている。このプラットフォームは100ヵ国以上の国の出品者に利用され，国境を越え，180ヵ国以上の顧客に商品を届けている（成尾 2018，67頁）。アマゾンの作り上げたプラットフォームは利用する企業や消費者を結び付けるネットワーク化とオープン化によって，規模の経済をもたらし，個別対応と即時対応によって顧客満足を高めることができた。

　アマゾンの提供するプラットフォームは無数の商品提供者と消費者が出会う場であり，商品提供者と消費者までをつなぐ物流のシステムであり，商品情報や顧客情報の集まる情報インフラであった。これらのプラットフォームはアマゾンを利用する企業や消費者によって利用され，アマゾンはプラットフォーマーとして成長していった。

⑷　アマゾンの今後の展開

　アマゾンはEC小売業として，プラットフォーマー企業としてインターネットを介するEC市場において成長をとげていく一方で，2015年にリアル書店として，アマゾンブックス（Amazon Books）をオープンし，2018年で20店舗へと拡大させている。また商品の受け取り・返品やアマゾン端末のデモ・購入で

きるポップアップストア（Amazon Pop-up），2017年にスーパーマーケットを展開しているホールフーズマーケットを買収し，また2018年1月に無人コンビニエンスストストアとしてアマゾンゴー（Amazon Go）も開設し，リアル店舗の充実を図っている。

　このような背景には，消費者行動の変化やそれに伴うインターネットをはじめとする新しいチャネルとリアル店舗との活用をどのように行っていくのかということがある。つまり，消費者が店内で買い物中に消費者がインターネットでバーチャル店舗との価格比較を行い，バーチャル店舗が安ければ，店内で商品を購入せずにバーチャル店舗で購入するという新たな消費者行動パターンが生まれている。また，はじめからバーチャル店舗での購入を決めていて，リアル店舗で商品を実際にみて，購入はバーチャル店舗で行う行動がみられるようになってきた。つまり，リアル店舗が商品を購入する場所ではなく，店舗のショールーム化している現象が出てきた。このような現象は「ショールーミング（Showrooming）」と呼ばれている。ショールーミングしやすい商品として家電，CD・DVD，書籍などがあげられる。また，消費者が買い物に出かける前にオンラインで商品をチェックする行動は「ウェブルーミング（Webrooming）」といわれている。

　このようなショールーミングやウェブルーミングといった消費者行動に対して，既存の小売業をはじめ，アマゾンといったバーチャル店舗においても戦略が求められ，リアル店舗からのバーチャル店舗への行動あるいは逆のバーチャル店舗からリアル店舗へどのように消費者をシームレスに購買行動へとつなげていくのかといったオムニチャネル戦略への模索がなされている。つまり，アマゾンゴーの取り組みは消費者の購買動向だけではなく，店舗内行動についても情報として集積され，活用されることによって，消費者のリアルとバーチャルな行動を把握できるのである。

　リアル店舗のアマゾンブックスの特徴は，アマゾンのウェブサイトで収集したビッグデータの活用である。棚に並ぶ本は，アマゾンのサイトでベストセラーを獲得した本，あるいは星（ユーザーレビュー）4つ以上という基準をクリアしたものである。また予約販売状況や売上データ，店舗の近隣エリアに住む顧客の本の購入状況や売上データ，店舗の商圏範囲の顧客の購入状況などを

分析し，店舗で扱う商品や在庫調整を行っているのである（城田 2018, 27-31頁）。アマゾンにとってリアル店舗は消費者行動を実際にデータとして収集できる場所であり，データ分析の結果に基づいて店舗運営を試験的に試みるところである。例えば，価格は店舗では表示しておらず，タブレットを介して価格をみることができる。さらにプライム会員であれば，割引料金で商品を購入することができるのである。アマゾンのリアル店舗展開は，従来リアル店舗がオムニチャネルで実践しようとしてきた方法とは全く異なる方法でリアルとバーチャルの融合を図っている。

3　国際展開：経緯と現状分析

⑴　アマゾンの国外事業展開

アマゾンの国際展開は，創業から2年後の1998年にイギリスのオンライン書店ブックページーズ（Bookpages, Ltd.）とドイツのオンライン書店テレブック（Telebook, Inc.）の買収によるイギリスとドイツ2ヵ国でのECサイトの開設から始まる。さらに，2000年にフランス・日本でのECサイトをオープンし，現在では，その他にカナダ，中国，イタリア，スペイン，ブラジル，インド，メキシコ，オーストラリア，オランダ，トルコ，シンガポールのECサイトを開設し15ヵ国で展開している。

図表13−3に示すように，アマゾンの国外売上はアメリカ母国市場を含む北米の売上と比較すると決して大きくはない。アマゾンのアニュアルレポートで公表されるようになった2010年からみると，当初は9億8,100万ドルあった営業利益も2012年には7,600万ドルへと減少し，2013年に少し上昇したものの，2014年に2億9,700万ドルの損失，翌年も営業損失を計上し現在まで利益を生み出していない。国外事業の主力である3ヵ国と母国市場のアメリカの状況をみることにより，国外事業を考察する。

図表13−4に示すように，近年3年間の国別売上の推移をみると，アメリカが総売上高の3分の2を占め，グローバルEC小売企業のイメージの強いアマゾンであるが，国内市場への比重の高さがわかる。国外事業の売上が大きい

｜ 図表13－3 ｜ アマゾンの売上高の推移 ｜

（単位：百万ドル）

北米市場	2010	2011	2012	2013	2014	2015	2016	2017
売上	18,707	26,705	34,813	44,517	55,469	63,708	79,785	106,110
操業費用	17,752	25,772	33,221	42,631	53,364	62,283	77,424	103,273
営業利益	955	933	1,592	1,886	2,105	1,425	2,361	2,837

国外市場	2010	2011	2012	2013	2014	2015	2016	2017
売上	15,497	21,372	26,280	29,935	33,519	35,418	43,983	54,297
操業費用	14,516	20,732	26,204	29,828	33,816	36,117	45,266	57,359
営業利益（損失）※	981	640	76	107	(297)	(699)	(1,283)	(3,062)

注：（　）は損失を示す
出所：Amazon（2013-2018）*Annual Report 2012-2017*より作成。

｜ 図表13－4 ｜ アマゾンの国別売上高の推移 ｜

（単位：百万ドル）

年	2015		2016		2017	
アメリカ	70,537	65.9%	90,349	66.4%	120,486	67.7%
ドイツ	11,816	11.0%	14,148	10.4%	16,951	9.5%
イギリス	9,033	8.4%	9,547	7.0%	11,372	6.4%
日本	8,264	7.7%	10,797	7.9%	11,907	6.7%
その他の国	7,356	6.8%	11,146	8.1%	17,150	9.6%
総売上	107,006	100%	135,987	100%	177,866	100%

出所：Amazon（2018）*Annual Report 2017*より作成。

のがドイツで，2015年に118億1,600万ドルあった売上が，2017年には約1.5倍に伸び169億5,100万ドルとなっている。イギリスと日本はほぼ同じ売上推移を占めているが，ドイツ・イギリス・日本を除く「その他の国」の売上が2015年の73億5,600万ドルから2017年には171億5,000万ドルへと著しく伸び，国外事業が順調に伸びていることがわかる[3]。しかし，2017年のドイツ等3ヵ国の総売上は402億3,000万ドルであるが，これはアマゾンの総売上1,778億6,600万ドルに対して2割強を占めるにすぎない。

　アマゾンは，1998年にドイツのオンライン書店テレブックを買収し，当初はドイツ語と英語の本のみを販売していた。現在では3億品目を超える商品を取

り扱っている。アマゾン・ドイツの特徴は，アメリカやイギリスと比較して中小企業による出品が多く，手工芸品など手づくりの製品を集めたハンドメイド（Handmade）や起業してすぐの商品を紹介するロンチパッド（Launchpad），中小企業の商品を特集したストアフロント（Storefronts）を利用しており，2017年の中小企業商品の販売額は約21億ユーロを上った（太田 2018，86頁）。

　イギリスにおけるアマゾンの展開は，ドイツと同様に1998年から事業を開始した。オンライン書店ブックページーズを買収し，2015年に90億3,300万ドルの売上を計上し（Amazon 2018），アマゾンの認知度を高め，現在では「イギリス顧客満足度指数」（2018年1月）調査において連続5回の第1位になった。また，大手スーパーマーケットチェーンの多くが食品EC事業に着手しており，2016年にアマゾンもモリソンズ（Morrisons）と業務提携を行い，「アマゾンフレッシュ」という生鮮食品の宅配を行うようになった（太田 2018，86頁）。

　イギリス，ドイツに続いて3番目の進出となったのはフランスであった。2000年に物流センターをフランス国内に設置し，コールセンターをオランダに置くことによって，ベルギーやスイス，アフリカフランス語圏の顧客の開拓も視野に入れたものであった（『日本経済新聞』2000年9月4日付）。アマゾンのように国境を越えた事業展開は，従来の小売国際化における市場認識と大きく異なる。アマゾンは欧州のドイツ，イギリス，フランス，スペイン，イタリアの5ヵ国で事業展開しているが，アマゾンは欧州連合加盟国28ヵ国の人口5億人を超えた7億人をターゲットとしている。事業展開の拠点を置く地域とコールセンターや物流拠点となるフルフィルメントセンターをどの地域に設置するのかといった課題は，別に考えられた戦略を採っている。アマゾンの国外事業は主に欧州に力を注いできた。一方，日本は別格の扱いでアマゾンの投資が行われてきた。

　日本にアマゾンが進出してきたのは，2000年である。翌年にはCDやDVDの取り扱いを始め，札幌市にカスタマーセンターを設置し，2017年には119億700万ドルの売上であった。アマゾンの国外事業の中で比較すると6.7%（**図表13-4参照**）とわずかであるが，日本国内のEC小売企業の中ではトップである。アジアでは，人口増加が続いており，またスマートフォンの普及も急速に進んでいる。これまでアマゾンは欧米を中心に事業進出してきたが，新興市場の開

拓はアマゾンにとって国際展開の重要課題であり，その一環として2017年のシンガポールへの進出があった（『日本経済新聞』2017年8月2日付）。またアマゾンの付加サービスは進出後，進出国の状況に合わせて導入されることが多いが，シンガポールにおいては「プライムナウ」サービスは当初からスタートさせた。その背景には他のEC小売企業との差別化を図るとともに，進出直後からフルフィルメントセンターの充実した設備があると考えられる。

⑵　小売業の国際展開の課題に対するアマゾンの対応

　上述してきたように，アマゾンは世界中の消費者1人ひとりが求めるものすべてを品揃えするかのように取扱商品を増やし，倉庫や物流システムを整備しながら成長してきた。しかし，小売業の国際化論において，「小売業は，その本来の機能から，国際的な関連を持つことが少ない産業分野の1つである。消費者に各種の消費財を少量ずつ販売することが小売業の機能である」（鈴木1968，115頁）あるいは，「小売企業は，その店舗が立地する場所を基点とする一定の商圏内の消費者を相手に活動を行い，その商圏特性に適応することによって存続が可能であり，一定の商圏に根を張る活動が要求されるという意味で『植物的』といえる」（向山 1996，60頁）といった議論がなされてきた。

　アマゾンの国際小売業としての課題とは，異なる市場特性に品揃えという点で，どのように対応するのかということであろう。この異なる市場特性に合わせた品揃えといった課題は，アマゾンの「地球上で最も豊富な品揃え」というコンセプトによって対応しようとしている。また，アマゾンのようにマーケットプレイスやFBAの展開はアマゾンへと商品が集まってくる仕組みを形成している。そのように集められた商品は，現地の小売企業でも扱えないほどの取り扱い商品量になる。つまり，あらゆる商品を扱うというコンセプトは，従来の品揃えの議論や現地市場の消費者の嗜好に合わせた商品を揃えるといった困難を克服する。この豊富な品揃えとそれを実現するためのシステムづくりが，プラットフォーマーと呼ばれる所以である。

　しかし，アマゾンが抱える課題は，「ラストワンマイル」をどのようにするのかといったことである。つまり，いかにして最終顧客へ効率的に商品を配送

するのかという課題である。それに対応するために，アマゾンは各国に進出直後からフルフィルメントセンターの充実した設備を設置している。この異なる市場特性にどのように応えていくのかは，小売国際展開を抱える企業すべてが直面する課題である。EC小売業としてのアマゾンはこの課題も従来の小売企業が展開していた解決戦略とは異なった方法で，上述したEC小売業の特徴を最大限に活かした方法でクリアしている。これはアマゾンの持つ強みでもあり，EC小売業の強みでもある。

(3)　アマゾンの持つ課題

　アマゾンといえば，グローバルな展開を行い，グローバルなEC小売業というイメージがあり，好調にみえる国外展開であるが，2017年時点では30億6,200万ドルの営業損失を出している（Amazon 2018, p. 69）。しかし，**図表13－5**に示すように，2017年の売上高は前年比30.8％増の1,778億6,600万ドル，純利益は前年比27.9％増の30億3,300万ドルであった。アマゾンプライムの会員数の増加，50億以上のアイテムの出荷などによりすべての部門において増収，増益であった。

｜図表13－5｜アマゾンの売上構成｜

（単位：百万ドル）

	2015		2016		2017	
	売上高	構成比	売上高	構成比	売上高	構成比
オンライン店舗	76,863	72％	91,431	67％	108,354	61％
リアル店舗					5,798	3％
サードパーティ販売サービス	16,086	15％	22,993	17％	31,881	18％
サブスクリプションサービス※	4,467	4％	6,394	5％	9,721	5％
ＡＷＳ	7,880	7％	12,219	9％	17,459	10％
その他	1,710	2％	2,950	2％	4,653	3％
総売上	107,006	100％	135,987	100％	177,866	100％
純利益	596		2,371		3,633	

※アマゾンプライムなど。
出所：Amazon（2018）*Annual Report 2017*, p.69. より加筆・修正。

　2017年のオンラインストアの売上は前年比20％増の1,083億5,400万ドル，リアル店舗の売上の大部分は，ホールフーズマーケットの買収によるリアル店舗売上で，57億9,800万ドルである。この売上高は2017年から計上されるようになった。今後も買収したホールフーズマーケットのPB商品をアマゾンのウェブサイトで販売したり，またアマゾンで購入した商品のピック・アップやアマゾンロッカーの設置などを行ったり，アマゾンのプライム会員割引をホールフーズマーケットでも行ったりと，ホールフーズマーケットとアマゾンの連携が今後も進められ，アマゾンのオムニチャネル戦略はより積極的に展開していくであろう。

　また，2017年のサブスクリプションサービスは前年度比49％増の97億2,100万ドルと，アマゾンプライムの会員数が順調に伸びていっているのがわかる。しかし，すべての部門において一番伸びているのは，AWSである。2017年の販売額は，前年比45％増の174億5,900万ドルである。2017年度の構成比でみると，総売上の10％にしかすぎないが，営業利益は43億3,100万ドルであり，北米の営業利益28億3,700万ドルと比較すると，AWS事業がアマゾンにおける競争優位性の源泉の1つといえる。このAWSはクラウドコンピューティングサービスの分野においてシェアナンバーワンであり，アマゾンは「世界最強のシステム会社」でもある（田中 2017，74頁）。アマゾンはグローバルEC小売業としての新たなプラットフォームを提供しているが，クラウドコンピューティングのシステム会社としてもAWSというプラットフォームを提供している。

　つまり，アマゾンがグローバルEC小売企業であり，世界中からアマゾンのサイトにアクセスがあり，日々顧客満足度を高めるべくアマゾンプライム会員へのサービスの充実化をはじめ，リアル店舗の買収による新たなオムニチャネル戦略やAWS事業の展開と企業努力をしていることは疑いがないが，国際展開においては，今後どのように収益性を高めていくのかは大きな課題である。

▌4　おわりに

　本章では，アマゾンのEC小売業としての側面とプラットフォーマーとしての小売業の側面の両面から考察することによって，新しいビジネスモデルとし

ての特徴を考察した。特にプラットフォーマーとしてのアマゾンと他の類似するEC小売企業の違いを明らかにした。「アマゾン・エフェクト」といわれるように，アメリカのリアル店舗が相次いで閉鎖されている実情がある。JCペニーは2017年に全店舗の1割以上にあたる138店舗，メイシーズは68店舗，シアーズ／Kマートは358店舗を閉鎖し，家電量販店やドラッグストアなど他の小売も含めると約7,000もの店舗が閉鎖されている（城田 2018, 22-27頁）。これら店舗の閉鎖にアマゾンの行動が影響を及ぼしているのである。伝統的な小売企業にとっては，新しいデジタル時代に合わせた消費者との新しい関係性に対応するオムニチャネル戦略の模索や「アマゾン・エフェクト」といわれる市場の変革や混乱からどのように回避するのかを考える必要がある。

　アマゾンがリアル店舗に対して強い影響力を持っていることを疑う余地はない。しかし，小売企業として国際的に成功しているといえるのであろうか。上述したようにアマゾンの収益を支えているのはAWSであり，営業利益の約70%近くを占める。この収益で国外事業の損失の補填を行っているのである。小売企業としてアマゾンを捉えて論じるよりも，AWSやアレクサといったAIをどのように企業内のドメインとして位置づけ評価していくのかによって，今後のアマゾンの成長の方向性も変化するであろう。創業者のジェフ・ベゾスは「アマゾンはテクノロジー企業であって小売企業ではない」と主張している（田中 2017, 144頁）。アマゾンは確かに既存の小売業者に代替する新しいバーチャル小売業の存在を示す一方で，新しいプラットフォームを準備し，多くの企業がそのプラットフォームを利用し，かつ新しい需要を創り出しているのである。つまり，アマゾンをプラットフォーマーとして，小売業であるとしつつも，テクノロジー企業として単なる国際的小売業を超えた存在として位置づけ今後の国際展開を考察することで，アマゾンの真のグローバルEC小売企業としての競争優位性を明らかにすることができるのではないかと考える。

■注

(1) 経済協力開発機構（OECD）はEC（電子商取引）を「モノ・サービスの売却あるいは購入であり，企業，世帯，個人，政府，その他の公的あるいは私的機関の間で，インターネット上で行われる

　もの。物・サービスの注文はインターネットで行われるが，支払及び配送はインラインで行われても，オフラインで行われても構わない」と定義する。ECは3つに区分される。B2B（企業と企業）の取引，B2C（企業と消費者）の取引，C2C（消費者と消費者）の取引である。
(2)　この「ワン・クリック」に関する特許は1999年にアメリカ・日本においては取得できたが，拒絶された国もある。また，この特許は2017年に失効した。
(3)　アマゾンの年次報告書では，各地域の現地通貨での売上は，隔年の平均USドルレートで換算している。また2012年まではアメリカの売上額は北米（アメリカだけではなく，カナダを含んだ売上）を計上していた。

■参考文献

【日本語文献（五十音順）】

井口耕二訳（2014）ブラッド・ストーン著『ジェフ・ベゾス　果てなき野望：アマゾンを創った無敵の鬼才経営者』日経BP社。

太田美和子（2018）「欧州アマゾン最前線　新興企業，中小企業と巧みに連携」『ダイヤモンド・チェーンストア』2018年12月1日号。

角井亮一（2015）『オムニチャネル戦略』日本経済新聞出版社。

栗原　啓・立原　繁（2018）「覇権を争うEコマース企業とラストマイルの進化」『東海大学総合社会科学研究』(1)，東海大学総合社会科学研究所，1 - 19頁。

佐藤将之（2018）『アマゾンのすごいルール』宝島社。

ジェトロ（2017）『ジェトロ世界貿易投資報告2017』。

城田真琴（2018）『デス・バイ・アマゾン　テクノロジーが変える流通の未来』日本経済新聞。

鈴木安昭（1968）「小売業の『国際化』」『青山経営論集』3(2)，青山学院大経営学部，115-132頁。

高井　一（2000）『米国E流通革命』東洋経済新報社。

田中道昭（2017）『アマゾンが描く2022年の世界』PHPビジネス新書。

成尾　眞（2018）『amazon 世界最先端の戦略がわかる』ダイヤモンド社。

向山雅夫（1996）『ピュアグローバルへの着地：もの作りの深化プロセス探求』千倉書房。

『日本経済新聞』1998年1月1日付。

『日本経済新聞』2017年8月2日付。

『日本経済新聞』2000年9月4日付。

【外国語文献（アルファベット順）】

Amazon（2013-2018）*Annual Report 2012-2017.*

Brad Stone（2014）*The Everything Store: Jeff Bezos and the Age of Amazon*, Back Bay Books

Deloitte（2018）*Global Powers of Retailing 2018: Transformative Change, Reinvigorated Commerce*, Deloitte Tohmatsu Limited.

（山口　夕妃子）

第14章

キッザニア
——エデュテインメント事業における文脈価値作り

▌1　はじめに

　本章では，メキシコを母国として物品販売を伴わないサービス業であるキッザニア（KidZania）を取り上げる。キッザニアは，子ども向けの職業体験型テーマパークであり，同社の経営コンセプトは楽しみながら学ぶ「エデュテインメント（Edutainment）」である。2018年12月末現在，20ヵ国26拠点で展開し2019年には新たに４ヵ国に進出，その後もグローバル展開を進めていく計画である。本章では，キッザニアの事業モデルにはどのような特性があるのか，非物販業であるキッザニアはどのようなグローバル展開を推進するメカニズムを有しているか，という２点を中心に考察していく。なお，ウォルマート（Wal-Mart），カルフール（Carrefour），アマゾン（Amazon）など本書で取り扱っている物販業のグローバル展開と非物販業であるキッザニアとの相違点についても併せて考察する。

▌2　国内展開：エデュテインメント業態の誕生

⑴　キッザニアの事業モデル

　メキシコの事業家のグループが創業したキッザニア・デ・メヒコ（KidZania de Mexico）は，ハビエル・ロペスCEOにより開発された屋内施設型テーマパー

クである。1999年にメキシコのサンタフェに第1号拠点を開業し，2018年12月末現在20ヵ国26拠点を有している。日本では2006年に東京，2009年に甲子園で開業している。実際の企業がスポンサーになったパビリオンにおいて職業・社会体験をするアクティビティを通じて，子ども[1]が社会のルールやマナー，働くことの楽しさや厳しさを学び，自立性や社会性を身に付ける環境を提供している。

エデュテインメントにおける「学び」の要素を追求すると，子どもが反復してアクティビティを経験し一定の技術や作法を身に付ける行動をとるように促すことが必要になってくる[2]。反復経験をするために顧客の再来場を誘引する施策には，運営システムによる促進と接客従業員のサービスによる促進がある。本節においては，まず前者について触れる。

キッザニアでは，「キッゾ」と呼ばれる仮想通貨の流通によりエデュテインメントの効果を上げ，顧客の再来場を促している。入場店時にトラベラーズチェックとして50キッゾを受け取った子どもは，顧客として参加するサービス系のパビリオンではキッゾを支払い，子どもが働き手として活動するアクティビティを体験するとキッゾを獲得する[3]。キッゾは銀行のパビリオンで預金をすれば10%の金利が付く。キッゾのやり取りを通じて子ども達は経済の仕組みを学習するとともに，仕事の喜びと厳しさを肌で感じていく。

またアクティビティにおけるリアリティの追求も顧客の反復利用のインセンティブとなっている。実際のサイズの3分の2で作られた街並みやパビリオンを背景に消防車や救急車が走り，現実の社会の縮図が忠実に表現されている。子ども達が着用するユニフォームも，実際のスポンサー企業が使用するもののミニチュア版である。サービスメニューや食材などの素材も，実際のビジネスで使用するものが用いられている。日本でモスバーガーがスポンサーを務めているハンバーガーショップでは，子ども達が実際に野菜や肉を使って調理をしている。モスバーガーの実店舗では，レタスを食した際にシャキッとした歯ごたえが出るよう，4℃の氷水に漬けた後に調理を行っている。キッザニアのパビリオンでもその原理を子ども達に説明した後に，子ども達がこのレシピに従った製造をしている。顧客への提供価値を上げるために，ひと手間を加える積み重ねた結果が仕事であることを，子ども達が自然に理解できるようキッザ

ニアは工夫している。

(2)　先行研究の概観

　ここで，キッザニアのエデュテインメント事業の構造を分析する上で有効となる「価値共創」と「サービス・マーケティング」にかかわる先行研究を参照したい。

　まずバーゴ（Vargo）とラッシュ（Lusch）は，価値を生み出すのは企業と顧客の双方であり，相互作用を通じて価値を創造する，という価値共創を前提とするサービス・ドミナント・ロジック（以後，SDロジックと略称）を提唱している。SDロジックは，企業にできることはあくまでも顧客に対する価値の提案であり，価値の実現は，顧客が製品やサービスを使用する際に顧客の活動を伴って初めてなされるという「文脈価値」の考え方を基軸に置いている。文脈価値は，伝統的なマーケティングが採ってきた「交換価値」の考え方と対極のものである[4]。伝統的マーケティングでは，企業が価値を生み出し，企業は自らの提供物が市場で交換されるその瞬間に実現する交換価値の向上に努める存在であるという立場を採る。

　村松は，交換価値と文脈価値がどのような関係にあるかを論じている（村松2016，5-7頁）。交換価値は，モノに焦点を置くことから始まったマーケティングが市場での等価交換に耐えうるように，企業が事前にモノあるいはサービシーズ（以後，サービスと略称）に与えた価値である。一方，文脈価値はモノやサービスが市場で交換された後に生み出されるものであり，この文脈価値と交換価値は当然のことながら同じではない。同じ入場料4,000円を支払っても，高いと思う顧客もいれば，安いと思う消費者もいる。価格の高低の認識は，時間の経過とともに変わりうる。この問題は，経済システムと社会システムをどのように捉えるのかの問題ともいえる。交換価値に焦点が置かれるのは市場を媒介とする経済システムにおいてであり，文脈価値は企業と顧客のサービス関係を軸とした社会システムにおいてである。入場料を娯楽の対価である経済システムとして捉えるのみでなく，子どもの成長を促す学びの観点から社会システムとして長期的な視点で捉える価値共創の視点はキッザニア事業において有

| 図表14－1 | キッザニアのサービス・トライアングル |

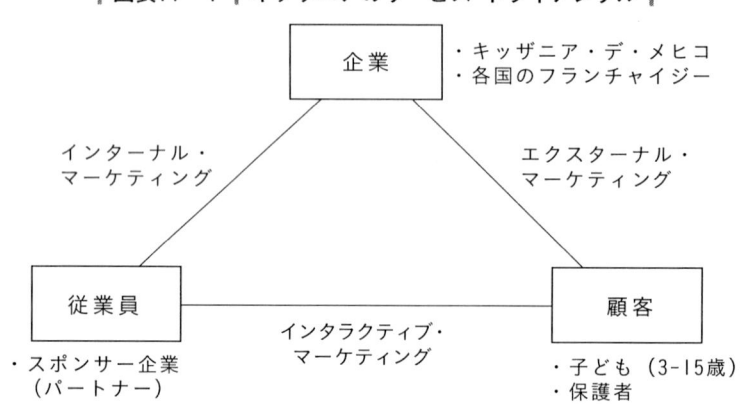

出所：Zeithaml and Bitner (2010)，Figure.5，p. 7を加筆修正。

効であると思われる。

　次いでザイタムル（Zeithaml）とビトナー（Bitner）によれば，企業・顧客・従業員の３つの関係のバランスを図ることが長期的な価値の最大化につながるとするサービス・トライアングルモデルを提唱している（Zeithaml and Bitner 2010）（**図表14－1**参照）。同モデルは接客を要する業態において，企業，顧客，従業員の３者を頂点とした３角形によりサービスの相互提供関係を示している。企業と顧客との関係は，エクスターナル・マーケティングとして商品やサービスのやり取りを表す。企業と従業員間の関係はインターナル・マーケティングとして表され，企業が立案した商品やサービスの顧客満足を高めるような教育や動機付けを企業が社員に対して行う。従業員と顧客の関係は，インタラクティブ・マーケティングであり，従業員と顧客が直接接し双方向にコミュニケーションを行う相互作用の活動を通して価値共創を目指すものである。インタラクティブ・マーケティングにおいては，いわゆる「真実の瞬間」[5]を安定的に実現することが重要となり，その顧客満足の向上にはサービス生産に関するオペレーションの精度向上が不可欠となる（近藤 1997，80頁）。本章ではサービス・トライアングルのフレームワークの中で，特にインタラクティブ・マーケティングに着目していく[6]。

　キッザニアがサービス対価を受け取る顧客には子ども，その保護者，パブリ

オンを提供するスポンサー企業の3者が存在する。キッザニアの事業モデルを
サービス・トライアングルのモデルに当てはめた場合，スポンサー企業は従業
員のパートナー的な立場の役割を果たしている。子ども，保護者に対する提供
価値とインタラクティブ・マーケティングに焦点を当てていく。

①　子　ど　も

　キッザニアの主要顧客である子どもに対し，スーパーバイザーと呼ばれる接
客従業員は対等の関係で接している。日本を例にとれば，スーパーバイザーは
子どもに対し「ちゃん付け」ではなく，「さん付け」で呼び，子どもを1人前
の存在として遇する姿勢であることを示している。子どもの自主性を重んじる
ため，アクティビティに取り組む判断も子ども自身に任せている。外科医の体
験で尻込みする小学生に「怖いならやめてもいいけど，どうしますか」や「少
し怖いかもしれないけど，頑張ってみますか」と言葉をかけて背中を押す（住
谷 2014，38頁）。病院のアクティビティで高価な手術機器を使用する前に，「丁
寧に扱って下さい」と命令調で接するのではなく，「これは仕事の大切な道具
です」と仕事の向き合い方に対する道理を説く。納得した子ども達がふざけた
り，乱暴に扱ったりすることで機器が壊れることはない。

　ケーキを作る子どもに対して「上手にできてすごいね」と褒めるのではなく，
「お父さんの誕生日に好物のケーキを作るなんて優しいですね」とアクティビ
ティで取り組んだ作品に込められた子ども達の思いとそれを作る過程を的確に
観察して声をかける。こうしたスーパーバイザーとのやり取りの積み重ねによ
り，子どもは自信を持ち，働くことが好きになっていく（住谷 2014，31頁）。
子どもとスーパーバイザーとのインタラクティブ・マーケティングで生まれた
価値は，アクティビティが終了した瞬間に完結する交換価値ではなく，帰宅後
の家族や友人との会話，子どもが1人になった時の省察などその後の文脈で大
きくなっていく文脈価値である。子どもとスーパーバイザーとの相互作用を起
点に，時間の経過とともに拡大した文脈価値が，交換価値を大きく上回ること
で再来場につながっていく。

②　保　護　者

保護者とのインタラクティブ・マーケティングにおいて，スーパーバイザーは，子どもは遊園地で戯れているのではなく，それぞれのアクティビティに真剣に向き合っていることを保護者に認知させる役割を演じる。アクティビティ中の子どもの注意を引いて写真撮影のポーズを決めさせようとしたり，子どもに声をかけてアクティビティをうまく進行させようとしたりする保護者に対し，スーパーバイザーは「お仕事中です」と一言添える。自己責任で仕事に向かう経験を積むことで，子どもが自己を律することを促す役目をスーパーバイザーは負っている。計画性がなく片付けができなかった子どもが，キッザニアを体験した後は自分から進んで準備を行い，やがて整理整頓をするようになる。「整理整頓しなさい」と大人から100回いわれるより，自分で片付けの重要性に気づくことができれば子どもの行動は変化していく（住谷 2014, 22頁）。キッザニアは，保護者がアクティビティに興じる子どもを見て短期的な視点で交換価値を感じるとともに，帰宅後の生活の中で子どもの成長が確かめられる長期的な視点で文脈価値を感じる仕掛けを用意している。こうした親の思いは，Webサイト上の「心温まるエピソード」という投書欄に掲載されている。さまざまな文脈価値があることを保護者が認識し，再来場するインセンティブを高める工夫が凝らされている。

③　企業スポンサー

パビリオンの建設コストと年会費を拠出する企業スポンサーは，資金の出し手であるだけでなく，子どもが本物のアクティビティを経験するために企業ノウハウを提供する教師であり，キッザニアとともに子どもの成育を担うパートナーである。スーパーバイザーは，必要に応じ担当のスポンサー企業の従業員を対象とする研修に参加し，パビリオンを運営する上で欠かせない知識とスキルを学ぶ。子どもに対し企業のサービスの本質を的確に伝えたいというスーパーバイザーの思いと，将来の自社の顧客となる子どもを大切に育てたい，パビリオンを通して自社の業界を適切に理解するようになって欲しいという企業側の思いが交錯し，緊張感と熱気を伴って研修は進んで行く。このような企業スポンサーとスーパーバイザーとのインタラクティブ・マーケティングがリア

リティに裏打ちされたアクティビティを生み，子どもと保護者が再来場するインセンティブにつながっている。

▌3　国際展開：グローバル化のメカニズム

(1)　キッザニア事業の標準化と適応化

　メキシコで2つの拠点を開業した後，キッザニアは初めての海外拠点として2006年キッザニア東京をオープンした。2018年12月末現在，20ヵ国26拠点を展開している（**図表14-2**参照）。このうち，教育熱が高いアジアには11拠点と半数近くを展開している。

　まず，ライセンサーであるキッザニア・デ・メヒコがマネジメントする国際展開のガイドラインから見ていきたい。まず，広場を中心に設計された街並みと，市民が生活する上で欠かせない機能であるMustパビリオンは，すべての国で標準的に配置するよう指導されている。Mustパビリオンには，警察，消防署，裁判所，空港，銀行，パン屋，ハンバーガーショップ，ガソリンスタンドなどが含まれる。また，スーパーバイザーは，子どもを1人の大人として尊重して接すること，子どもが本物の職業体験ができるようパビリオンや使用する道具・サービス内容は実際のビジネスと同等か，極めて近いものとすること，

▌ **図表14-2** ▌ キッザニアの国際展開 ▌

地域	国	拠点	展開状況（開業年度）
北中米	2	5	メキシコ 4（1999，2006，2012，2018），コスタリカ 1（2018）
アジア	8	11	日本 2（2006，2009），インドネシア 1（2007），韓国 2（2010，16）マレーシア 1（2012），タイ 1（2013），インド 2（2013,16）フィリピン 1（2015），シンガポール 1（2016）
欧州	3	3	ポルトガル 1（2009），イギリス 1（2015），ロシア 1（2016）
中東アフリカ	5	5	アラブ首長国連邦 1（2010），クウェート 1（2013）エジプト 1（2013），トルコ 1（2014），サウジアラビア 1（2015）
南米	2	2	チリ 1（2012），ブラジル 1（2015）
合計	20	26	

出所：KCJ GROUP株式会社提供資料。

スポンサー企業は1業種1社体制とすることなどを標準化メニューとして規定している。加えて，各国において新しい拠点の開業や新しいパビリオンの設置はキッザニア・デ・メヒコの承認を得るように取り決めている。

　一方，各国のフランチャイジーに任されていることとして，独立採算に基づく経営，集客，スポンサーの手配，従業員の採用・教育などが挙げられる。ガイドラインの取り決めは微に入り細に入るものでなく，むしろ自国の子ども・保護者・スポンサー企業に対するマーケティングをフランチャイジーの裁量で展開することを前提にした業態であるといえる。遊園地のジェットコースターのような大規模な設備投資を伴うハードコンテンツと異なり，キッザニアのアクティビティはソフトコンテンツであるため，加工，修正そしてリニューアルが行いやすい（薗部 2017，149頁）。そのため，グローバル展開においてもエデュテインメント事業は現地適応化を進めやすい特徴を持つ。

　ここで，キッザニアの現地適応化の状況について見ていきたい。第1に，各国特有の職業体験を他の国に対して水平展開することで，パビリオンの魅力を向上させる点である。初の海外進出先である日本発の取り組みは多い。クロネコヤマトの宅急便をパビリオンとして導入しようとした際，なぜこの企画が子ども達の興味を引くのか，キッザニア・デ・メヒコからはなかなか理解されなかった。委託された荷物を正確に届けることの社会における重要性，配達員の礼儀正しい応対や丁寧な運転が顧客の信頼を得て日本の日常生活に溶け込んでいること，日常的に配達従業員に接している子ども達にとってクロネコヤマトは極めて身近な存在であることを繰返し伝えた結果，アクティビティとして承認された。開業後，人気のパビリオンとして子ども達が列を作っている状況を確認したキッザニア・デ・メヒコはDHLをスポンサー企業とし，メキシコやその他の国においても宅配便のパビリオンを水平展開するようになった。また，集英社がスポンサーとなっている漫画家のアクティビティも他国に水平展開されている。職業体験をすると受け取れるお仕事カードや予約したパビリオンを書き込んだJOBスケジュールカード，リニューアルや新しい企画を立ち上げる際に子ども達の声を取り入れるこども議会[7]など，運用面の工夫も日本発で水平展開している事例である。

　一方で，文化的特殊性を考慮し水平展開していないアクティビティもある。

メキシコ，ブラジル，チリなどで展開されているタトゥー・ショップは，任侠を想定させるため日本や韓国などアジアでは導入されていない。またメキシコやトルコでは，古代文明の遺跡の壁画や墓の発掘を取り扱ったパビリオンがあるが，他国ではそのような例がない。イスラム諸国のモスクなど宗教色が強いアクティビティも展開には制限を設けている。キッザニアでは，アクティビティの現地化と水平展開を，積極的にかつ慎重なネガティブチェックを施しながら進めている。

　第2に各国の特徴をさらに掘り下げながらアクティビティの特性を際立たせている点である。自動車レースが盛んなイギリスでは，3人1組のチームワークでタイヤ交換やエンジン点検などの自動車整備をいかに迅速に行うかというEF1[8]のアクティビティが人気である。空港サービスは多くの国で展開されている欠かせないパビリオンの1つであり，ドバイやメキシコなど貿易が盛んな国では税関パビリオン等を造り，リアルなアクティビティを提供している。徴兵制がある韓国（ソウル）では，基礎体力を養成するパビリオンがある。また同じ韓国においても港町である釜山では，ボート操縦をシミュレーションできるアクティビティのメニューがある。

　中東諸国では，社会・文化情勢に現地適応し，キッザニア創業時には想定していなかったコンセプトを開発している。キッザニアの海外戦略は進出国の人口，特に当該国の主要顧客である子どもの人口が多くリピート顧客として取り込めることを進出条件として置いている。しかし，人口400万人のクウェート，1,000万人のアラブ首長国連邦など中東に進出した背景には，娯楽インフラを整備した同地区を訪れる海外からの観光客を標的顧客に含めた。また同地区に特有の存在するオイルマネー関連の資産家層の子弟への提供価値は特異性が強い。石油関連の事業経営を継承する彼ら自身は，将来キッザニアが提供するアクティビティの職業に就く可能性はまずない。しかし，社会を適切に理解するため，汗を流して働く経験をするためにキッザニアにおける職業体験は貴重な機会となっている。彼らは列を作って並ぶという習慣やグループで協力して1つの仕事をするという機会も少ないため，キッザニアにおける社会的マナー習得の意義が大きい。紙，プラスチック，ペットボトル，缶などリサイクル用途別に行うゴミの分別を行う環境教育の成果も大きい。また同地では保護者と

して両親以外にベビーシッター（Nanny）が帯同する例が散見される。ナニーズ・ラウンジはベビーシッター同士の情報交換の場となっている。

　第3に，基本的に各国の大企業や財閥がフランチャイジーとしてキッザニア・デ・メヒコからライセンスを受け，それぞれの国でキッザニアを経営している点である。入場客数の制限を行うキッザニアでは売上が一定水準以上を計上することが難しく，収益性が高いビジネスであるとはいい難い。スポンサー企業との契約次第では収益性が向上するが，他のフランチャイズビジネス同様，フランチャイザーに対するテリトリー・フィーや毎年のロイヤリティ・フィーなどの支払い義務を含め，各国のフランチャイジーが財務リスクを負う構造になっている。エデュテインメントという社会性が強いキッザニア事業のコンセプトを理解し，企業の社会的責任（以下，CSRと略称）の観点から長期的視野に立って同事業を経営する企業体力がフランチャイジーには必要となる。アラブ首長国連邦では，ドバイモール（Dubai Mall）など商業施設や住宅開発を手掛ける大手不動産ディベロッパーのエマール・プロパティ（EMAAR Properties），イギリスではチョコレート・飲料メーカーのキャドバリー（Cadbury）の家族（親会社は食品と飲料でネスレやペプシコに次ぐモンデリーズ・インターナショナル（Mondelēz International, Inc.），シンガポール・マレーシアでは政府出資会社であるシームド・アトラクションズ・リゾーツ・アンド・ホテルズ（Themed Attractions Resorts & Hotels）等などがフランチャイジーとなっている。日本では，ケンタッキー・フライドチキンなど欧米の外食産業の日本国内事業を手掛けてきた住谷栄之資氏がキッザニア事業を展開するために創業したKCJグループ株式会社が，事業展開をしてきたが，更なる拠点拡大やアクティビティへの先端技術投資に備えるため，KCJは2018年10月通信大手のKDDI株式会社の子会社となった。

　このようにキッザニアはコンテンツを標準化するプロセスが簡潔にデザインされた上で，フランチャイジーが適応化する領域を明示して海外進出を行っている。「標準化と適応化のベストミックス」が，キッザニアの迅速なグローバル化を支えているといえる（臼井 2009, 534-535頁）。

⑵　キッザニア事業における課題

　ここでキッザニアが事業の構造上絶えず向き合っていかねばならない課題について概観したい。

　第1に，アクティビティのコンテンツが陳腐化しないよう常に鮮度を磨き，刷新しなければならないことである。第2節で既述したように，エデュテインメントにおける「学び」を追求するには，第1の顧客である子ども達が繰り返し来場するサイクルを作り上げることが必要になる。キッザニアでは，約60種類のパビリオンと約100種類のアクティビティのすべてを終了するには20回程度の来場[9]が必要となる。貯金と持ち帰りが可能な仮想通貨キッゾ，体験履歴の記録や来場回数に応じた割引クーポンが発行されるキッザニアクラブ[10]，こども議会などさまざまな仕掛けを取り入れている。一方，子ども達の休日や学校から帰宅後に家族と時間を合わせて行動することは，学校行事や学習塾，習い事などの比重が増え学年が進むにつれて難しくなる。家族で出かける対象としても，他のテーマパーク，動物園，水族館，キャンプやスキーなどのアウトドア，そして温泉や観光地巡りと数多くの候補がある。子どもとその保護者が再来場したいと強く思う気持ちがなければ，複数回の利用は望みにくい。再来店した子ども達は，今まで体験していないパビリオンに行くとともに，前回自分が行ったアクティビティに再度挑戦しよりよい仕事をすることを目指す場合が多い。繰返しアクティビティを経験しても絶えず新しい発見があるように，接客従業員がサービスの質を高めること，そして定期的に新しいアクティビティが提供され子ども達の関心を呼ぶことが根幹である。

　第2に，各国のフランチャイジーのキッザニア事業の財務構造である。フランチャイジーの収入源は，顧客からの入場料やキッザニアクラブの年会費，入場後に顧客が消費する飲食やお土産代，スポンサー企業から支払われる初期投資と年間手数料である。日本のキッザニアは，1日2回の入替え制[11]で運営しており，子どもが快適にアクティビティを経験できるように，それぞれの入場者数を制限している[12]。加えて，来店が集中するのは，子どもが通学していない週末や夏休みなどの長期休暇となり，特に平日の午前中に集客することは難しい。修学旅行などの学校行事での利用を募っているが，入場料の割引を伴

うため，利益率が悪化する。このように来場客数には上限があり，飲食代やスポンサー収入も大きく上昇するものではないため，相当な企業努力を行っても売上が一定額を超えることは難しい。人件費や家賃・減価償却などの固定費をカバーし，メキシコのフランチャイザーに対するロイヤリティなどのフィーを支払った上で安定して利益を計上していくことは容易ではない[13]。各国のライセンシーにはコングロマリットの財閥企業が多いため，キッザニア事業を完全にCSRの対象としたり，節税対策ととらえたり採算を度外視しているところがある可能性もあるが，営利法人である以上，ライセンシーが収支構造を改善していく取り組みは不可欠である[14]。

　第3に，エデュテインメントの価値を作り出すために欠かせない接客をする従業員を安定的に確保することである。キッザニアの店舗は，高いヒューマンスキルを持ったアルバイトのスーパーバイザーを中心に運営されている。既述のように子どもの目線に合わせ，子ども達の学ぶ意欲，仕事への憧れを育んでいく志向とスキルを持っている人材は限られている。加えて，リアリティに富んだアクティビティを提供するには，当該パビリオンの企業による研修を受けて企業活動の本質を理解する必要があるため，スーパーバイザーの育成には時間がかかる。日本事業を例にとるとアルバイトのスーパーバイザーは，保育士や教員の見習いなど子どもに関連する職業へ就業待機者や劇団研究員などが多く，キッザニアを単に生計を立てる場としてだけでなく，子どもの成長を育む力を養うための修行の場としてとらえている者が多い。こうした人材は正規職員としての就職が決まると退職してしまうが，その欠員を一般の求人媒体で即座に補うことは難しい。このため，常に現場では接客従業員の勤務シフト作りに苦心している。志とスキルを備えた質が高いスーパーバイザーによるインタラクティブ・マーケティングがあって初めて，キッザニアが準備しているエデュテインメントの価値を提供できる。優秀なスーパーバイザーを安定的に確保することができるか否かは，キッザニア事業の要諦である。

　第4に，スポンサー企業がどのようにキッザニアを位置づけているか，その変化を見極めて良好な関係を維持するとともに，新規のスポンサー企業を獲得し続けることである。これは各国のライセンシー企業の根幹業務の1つである。キッザニアは1業種1企業の原則を掲げており，当該国で一度スポンサーにな

れば競合企業がパビリオンを構えることはなく，スポンサー企業は安定した運営を行っていくことができる。一方，スポンサー企業になることで，企業の売上が飛躍的に増加したり短期的なプロモーション効果が得られたりすることは難しい（薗部 2017，152頁）。これは，子ども達が当該企業の製品やサービスを購買する顧客になるには時間を要することや，キッザニアの施設内における製品やサービスのプロモーション活動が禁じられているためである。このような状況において，スポンサー企業になるインセンティブとして，企業ブランドや製品・サービスに対する認知度を高めること，ブランドイメージの連想に対する顧客の知覚を作り出すこと，自社の顧客作りだけでなく健全な業界を作っていくこと，エデュテインメントを推進するという企業理念に賛同したCSRの取り組みなどが挙げられる。いずれも長期的視点に立った文脈価値を作り出すことを企図している。このように長期的視点に立ってスポンサーを始めるものの，時間が経過するとともに企業によっては内部の検証で投資対効果が見られない，売上や認知度の向上に寄与されないという理由からスポンサー契約を打ち切る場合も見られる。

その一方で，日本で長年スポンサーを務めた大手飲料メーカーは，キッザニアのパビリオンでは企業ロゴなどマーケティング面の露出が多いため，グローバル本社が新たに定めたCSR基準に合わなくなったという理由でスポンサーを取りやめた。

いずれも短期的視点である交換価値と長期的視点である文脈価値との狭間で，企業がいかなるバランスをとるか，という問題である。エデュテインメント事業としてのキッザニアのアイデンティティに関わる問題であり，企業との距離の取り方は経営の要諦であるといえる。

(3) キッザニアのグローバル化のメカニズム

物販業のグローバル展開には，多店舗により規模の経済を実現し，コストの削減と調達の多様化による経営の安定化を図るメカニズムが存在している。そのようなロジックが当てはまらない非物販のコンテンツ事業であるキッザニアのグローバル化には，どのようなメカニズムが存在するのであろうか。これま

での議論を踏まえて検討したい。

　第1に，キッザニアはエデュテインメントという非日常的なサービスを提供するニッチな市場で展開し，かつスポンサー企業を手当てする難易度が高いために，1つの国では多店舗展開が困難である点である。キッザニアは母国のメキシコで4拠点・2番目の進出国の日本で2拠点[15]，インド・韓国においても2拠点，他の国では1拠点と，1つの国で2〜3桁の出店を行う物販のグローバルリテーラーと比べると1つの国で開業できる拠点数が限定的である。1つの業態が進化発展を図るためには，新しい市場を求めて拠点を拡大することが不可欠である。キッザニアが開業当初から海外進出を志向することは，必然であったといえる。

　第2に，子どもが社会的に成長を遂げるプロセスは，国や文化が変わっても不変であり，生活や社会が一定水準を超えた国や地域ではキッザニアのコンセプトが事業として成立することを海外進出の過程で確認できた点である。子どもは大人が働く姿や立ち振る舞いを見よう見まねで学び，ロールモデルを見ながら成長していく。こうした児童心理学の定理を事業化するという発想は，社会水準が高く，娯楽産業が発達したアメリカをはじめとする先進国からではなく，中進国のメキシコで発祥した点が興味深い。むしろ，メキシコにおいては娯楽産業や教育産業が発展途上であったことが両産業を組み合わせたエデュテインメント産業を生む土壌になったのかもしれない。キッザニア日本法人（KCJ株式会社）の創業者住谷氏は，自身が訪れたメキシコのキッザニアで，スペイン語を解しない2人の孫が夢中になってアクティビティに興じる姿を見て，同事業の日本における成功を確信した。さまざまな文化を持つ国での成功を重ねる中でキッザニアは，自らの業態はグローバル展開できる普遍性を有していることを発見していったと考えられる。

　第3に，キッザニアが進めるエデュテインメントの理念を理解するとともに，同フランチャイズ事業の経営リスクに耐えられるフランチャイジーが各国に存在する点である。製造業から始まった海外進出はサービス業にまで及び，グローバル化により仕事のボーダーレス化が進んでいる。こうした中，世界的に社会階層の格差が拡大しており，親は少しでも子どもに良い教育を受けさせたいという欲求が強い。キッザニアが進出しているアジア諸国はとりわけ教育熱

が高い。エデュテインメントというコンセプトを受け入れる土壌が世界的に醸成されており，企業がCSRとして取り組むことに対する理解が高い。またキッザニアの進出国は先進国，もしくは新興国で経済水準が一定レベルを超えており，財閥や大企業が生まれる条件が整っている。すでにみたように，キッザニアの顧客からの売上は飛躍的に伸びにくい構造になっているため，フランチャイジーの経営は一定の財務リスクを伴う。こうしたリスクを許容できる企業体力を持ち，かつキッザニア事業への投資を長期的視野で捉えることができる企業が進出国に存在できるようになったことが，キッザニアのグローバル化を支えていると考えられる。

　第4に，フランチャイザーであるキッザニア・デ・メヒコ にとって海外進出は，キッザニア事業のコンテンツの充実とブランド価値の向上とにつながる点である。これまで見てきたように，さまざまな進出国の慣習や文化を反映したアクティビティを開発することで，新しいアイディアや仕組みが生まれ，これをキッザニア・デ・メヒコが取り込むことでエデュテインメント事業のコンテンツが更に充実する。既述したクロネコヤマトのパビリオンやこども議会など新しいアイディアや仕組みは，移植が可能な国に水平展開することで，コンテンツの鮮度が向上する。コンテンツを充実させながらグローバルな拠点作りを拡げることは，キッザニアのブランド価値向上につながる。ハードコンテンツと比べリニューアルし易いソフトコンテンツの事業を営むキッザニアは，同時に競合から容易に模倣されやすい面を持つ。エデュテインメント市場が成立する要件が整った国にキッザニアが進出しなければ，模倣者によって市場を席巻されるリスクがある。コンテンツのリニューアルとブランド価値向上の努力を怠れば，場合によってはフランチャイズ契約の更新時に，フランチャイジーが契約更改をしないという事態も起こり得る。新しい国への海外進出はキッザニア・デ・メヒコにとって，ロイヤリティなどフランチャイジーからの収入増加とともに事業を発展継続するためのコンテンツとブランドを充実させる側面を持つ。

▌4　おわりに

　最後に本章の考察を概観したい。第1は，キッザニアの事業モデルは，子ども達は楽しみながら学びたい，保護者は子どもの自立性・社会性を育みたいという社会的システムの中から生じたビジネス形態という特性を持っている点である。この場合の社会システムとは，経済システムを含有した概念である。エデュテインメント施設を体験したからといって，子どもの成長は即座に効果が表れるものではなく，学校生活・家族との団らん・友人との触れ合いなど，子どもが経験するさまざまな出来事と入り混じりながら長い時間をかけて熟成されながら達成されていく。キッザニアにおいて生まれる価値は，アクティビティを通して子どもがスーパーバイザーや他の子ども達との相互作用を楽しむ即時的な共創価値と，長いプロセスの中で形成される文脈価値があり，エデュテインメントは子どもの成長を促進する触媒的存在である。入場料の対価である交換価値に比べ，文脈価値が大きいと感じる顧客は継続して来場する。キッザニアはこの文脈価値を形成するために，スーパーバイザーのインタラクティブ・マーケティングのスキル，スポンサー企業の企業ノウハウと財務サポートを得ながら，独自のエデュテインメント・システムを用意しているといえる。こうしたサポート体制は手作りの仕組みであり，キッザニアでは多店舗展開による規模の利益を追求できない特徴を有する。

　第2に，キッザニアがグローバル展開を推進するメカニズムとして，各国のフランチャイジーの経営資源を存分に活用している点が挙げられる。Mustパビリオンの設置やスーパーバイザーの子どもへの接し方などのガイドラインを遵守した上で，標準化と適応化をベストミックスさせる方針の下，フランチャイジーは各国の社会・文化情勢に合わせたコンテンツを開発していく。キッザニアの財務モデルは高収益とはなりにくいが，財務余力があるフランチャイジーがエデュテインメントを長期的なスパンで社会の価値を高めるCSR活動の一環ととらえることによって，グローバルな展開が可能となっている。そしてグローバル化により各国の知識やスキルが融合し，キッザニアのコンテンツの充実とブランド価値の向上につながるサイクルとなっている。

　ここで，物販系を営む小売業のグローバル戦略を参照することでキッザニアのグローバル戦略への考察を加えたい。物販系のグローバルリテーラーが取り扱う商品・衣料・住居余暇関連商品は，基本的に日常生活を営む上で必要性が高い生活必需品である。顧客は，少しでも安く，早く商品を手に入れ，食欲や生活の不便の解消など自らのニーズを満たしたいと考える。この場合の価値は，消費者と供給者が店舗などの市場で商品を交換した瞬間に発生する交換価値であり，経済システムの領域で発生しているといえる。スーパーマーケットなどのセルフサービスの業態は，工業化社会で大量の製品が生産され，これを効率よく販売（交換）するために考案された業態であり，交換価値に準拠したビジネスの形態である。そのため，市場である店舗はできるだけ多く設置して，経済効率を向上させる規模の経済を実現することが合理性を持つ。物販系の小売業のグローバル戦略は，こうしたロジックを軸に展開されている。この点で，一国での多店舗展開が難しいキッザニアのグローバル展開は対極にあるといえる。

　人工知能（AI）やモノのインターネット（IoT）の進展により，従来人間が行ってきた領域が機械に代替され，多くの職が失われる懸念が取り上げられている。また，グローバル化と情報化が進展する中，この恩恵を受ける層とそうでない層とで序列化が進み，社会における格差の拡大が問題視されている。キッザニアが手掛けるエデュテインメントは，デジタルの論理では処理しきれない極めて人間的な領域である。キッザニアのように文脈価値を取り扱うビジネスのあり方が新たな雇用の吸収先になり得るのではないだろうか。また，各国の大企業・財閥企業のCSR活動に携わるインセンティブとなっているキッザニアの事業モデルは，社会格差を解消する企業のあり方として考えられるのではないだろうか。

　今後，他の海外拠点の取材を重ね，キッザニアがグローバル戦略を通して文脈価値を生み出すメカニズムの分析を進めるとともに，このメカニズムの他の領域への適用可能性について検討していきたい。

■追記

　本章の執筆にあたり取材させて頂いたKCJ GROUP株式会社の国際部，およびキッザニア・デ・メヒコの国際部に感謝申し上げる。

■注

(1) メキシコでは1～14歳までの子ども，日本では3～15歳までの子どもを主要顧客として定義している。

(2) キッザニア東京のリピート来店率は約70％である。

(3) 受けるサービスや仕事の内容によって5～8キッゾまで設定されている。

(4) SDロジックと同様に交換価値を前提とした従来のマーケティングに対する概念として，グルンルース（Gronroos）はサービス・ロジックを提唱している。

(5) スカンジナビア航空を立て直したヤン・カールソンが提唱した，接客における顧客満足は最初の15秒で決まるという概念。

(6) キッザニアでは時折新聞広告を出す程度で大きな露出は行わず，口コミ・予約を取った既存顧客へのメール配信を主たるエクスターナル・マーケティングの手法としている。

(7) キッズ・コングレス（Kids Congress）として15ヵ国で展開され，パーク内の店舗における商品開発も手掛けている。

(8) EF1（Electronic Formula 1：電気自動車のレース）として，環境に配慮している点を強調したアクティビティを提供している。

(9) キッザニアのアクティビティは15～60分程度かかるため，100種類のアクティビティをすべて体験しようとすると単純計算で20回程度の来場が必要となる。

(10) 日本では入会金5,000円・年会費5,000円で会員になれる。同一アクティビティを3回以上体験し，必要とされる知識やスキルを習得したと認定されると，そのパビリオンから認定書が交付される。

(11) キッザニア東京では第1部を9:00～15:00，第2部を16:00～21:00と設定している。

(12) キッザニア東京では，1日に2,800人程度の受け入れが限界である。東京ディズニーランドの平常の休日入場者は3万人程度であり，入場制限をする目安は6～7万人程度である。

(13) キッザニアは非上場会社であるため財務数値は公表されていないが，二次データで入手した客数やコスト，入場料から推定した客単価を総合して，同社の財務構造を想定した。

(14) フランチャイザーであるキッザニア・デ・メヒコは，収入として各国からの売上歩合のロイヤリティ・フィー，テリトリー・フィーなどを計上できる点がライセンシーの収支構造と異なる。

(15) KCJは名古屋に3つ目の拠点を開業する方針を発表している。

■参考文献

【日本語文献（五十音順）】

安孫子　薫・数住伸一（2013）『ディズニーとキッザニアに学ぶ　子どもがやる気になる育て方』総合法令出版。

臼井哲也（2009）「グローバル製品化プロセスの探索的検討：住友スリーエム社＜ポスト・イット＞製品のケース」『日本大学法学部創設120周年記念論文集』(2)，日本大学法学部，516-541頁。

キッザニア裏技調査隊（2018）『キッザニア裏技ガイド　東京＆甲子園』廣済堂出版。

近藤隆雄（1997）「サービス・マーケティング・ミックスと顧客価値の創造」『経営・情報研究（多摩大学研究紀要）』(1)，多摩大学経営情報学部，65-81頁。

住谷栄之資（2014）『キッザニア流！体験のすすめ』ポプラ社。

薗部靖史（2017）「教育を通じて企業活動を可視化させる場の提供：日本におけるキッザニアのブランディング」『Japan Marketing Journal』37(1)，日本マーケティング学会，139-156頁。

村松潤一（2015）「価値共創の論理とマーケティング理論との接続」村松潤一編著『価値共創とマーケティング論』同文舘出版，129-149頁。

村松潤一（2016）「価値共創とは何か」村松潤一編著『ケースブック 価値共創とマーケティング論』同文舘出版，1-17頁。

【外国語文献（アルファベット順）】

David Guemes Castorena and Jose Aldo Diaz Predo（2013）"A Mexican Edutainment Business Model: KidZania," *Emerald Emerging Markets Case Studies*, (5), pp. 1-14.

Zeithaml, V. A. and Bitner, M. J.（2010）"Service Marketing Strategy," *Wiley International Encyclopedia of Marketing*, John Wiley & Sons Ltd, pp. 1-11.

Vargo, L. S. and Lusch, R. F（2004）"Evolving to a New Dominant Logic for Marketing," *Journal of Marketing*, 68 (1), pp. 1-17.

（星田　剛）

索　引

■ 執筆者紹介（執筆順）

佐々木保幸（ささき　やすゆき）　　　　　　　はしがき，第2章，編集
関西大学経済学部教授・博士（経済学）

丸谷雄一郎（まるや　ゆういちろう）　　　　　　　　　　　第1章
東京経済大学経営学部教授・商学修士

李　東勲（い　どんふん）　　　　　　　　　　　　　　　第3章
石巻専修大学経営学部教授・博士（経営学）

真部和義（まなべ　かずよし）　　　　　　　　　　　　　第4章
久留米大学商学部教授・商学修士

戸田裕美子（とだ　ゆみこ）　　　　　　　　　　　　　　第5章
日本大学商学部准教授・博士（商学）

井原　基（いはら　もとい）　　　　　　　　　　　　　　第6章
埼玉大学大学院人文社会科学研究科教授・博士（経済学）

川端庸子（かわばた　やすこ）　　　　　　　　　　　　　第7章
埼玉大学大学院人文社会科学研究科准教授・博士（経営学）

土屋仁志（つちや　ひとし）　　　　　　　　　　　　　　第8章
愛知大学経営学部准教授・博士（商学）

白　貞壬（べっく　じょんいむ）　　　　　　　　　　　　第9章
流通科学大学商学部教授・博士（商学）

鳥羽達郎（とば　たつろう）　　　　　　　第10章，第11章，編集
富山大学経済学部教授・博士（地域政策学）

今井利絵（いまい　りえ）　　　　　　　　　　　　第12章

ハリウッド大学院大学特任教授・博士（商学）

山口夕妃子（やまぐち　ゆきこ）　　　　　　　　　　第13章

佐賀大学芸術地域デザイン学部教授・博士（商学）

星田　剛（ほしだ　たけし）　　　　　　　　　　　　第14章

安田女子大学ビジネス学部教授・経営学修士（MBA）

■ 編者紹介

佐々木 保幸（ささき やすゆき）

関西大学経済学部教授・博士（経済学）
関西大学大学院商学研究科博士後期課程単位取得満期退学
1994年大阪商業大学商経学部専任講師，1997年同大学助教授，2007年同大学総合経営学部教授を経て，2008年より現職
【主要業績】
著書『日本社会の活力再構築』（共編著）中央経済社，2018年
　　　『フランスの流通・政策・企業活動』（共著）中央経済社，2015年
　　　『格差社会と現代流通』（共編著）同文舘出版，2015年
　　　『地域の再生と流通・まちづくり』（共編著）白桃書房，2013年
　　　『現代フランスの小売商業政策と商業構造』同文舘出版，2011年　ほか多数
翻訳『ロレアル「美」の戦略』（共訳）中央経済社，2018年

鳥羽 達郎（とば たつろう）

富山大学経済学部教授・博士（地域政策学）
神戸商科大学（現 兵庫県立大学）大学院経営学研究科博士後期課程単位取得満期退学
2005年大阪商業大学総合経営学部専任講師，2008年同大学准教授，2010年富山大学経済学部准教授を経て，2015年より現職
【主要業績】
著書『マーケティング学説史・アメリカ編Ⅱ』（共著）同文舘出版，2019年
　　　『日系小売企業のアジア展開』（共編著）中央経済社，2017年
　　　『日本企業のアジア・マーケティング戦略』（共著）同文舘出版，2014年
　　　『グローバル・マーケティングの新展開』（共著）白桃書房，2013年
　　　『Global Strategies in Retailing』（共著）Routledge，2013年　ほか多数
翻訳『グローバル・ポートフォリオ戦略』（共訳）千倉書房，2015年

欧米小売企業の国際展開

■その革新性を検証する

2019年11月1日　第1版第1刷発行
2021年9月30日　第1版第2刷発行

編著者　佐々木　保　幸
　　　　鳥　羽　達　郎

発行者　山　本　　　継

発行所　㈱中央経済社

発売元　㈱中央経済グループ
　　　　パブリッシング

〒101-0051　東京都千代田区神田神保町1-31-2
電　話　03 (3293) 3371 (編集代表)
　　　　03 (3293) 3381 (営業代表)
https://www.chuokeizai.co.jp
製版／三英グラフィック・アーツ㈱
印刷／三　英　印　刷　㈱
製本／誠　製　本　㈱

© 2019
Printed in Japan

日系小売企業の アジア展開

東アジアと東南アジアの小売動態

柳　純・鳥羽達郎〔編著〕

■A5判・272頁
■ISBN：978-4-502-23381-4

東アジアと東南アジア各国の流通構造や競争環境に焦点を当てて，当該国の小売市場へと参入した日系小売企業の活動を分析。製造業ではみられない経営課題を明らかにする。

◆本書の主な内容◆

中央経済社